精品课程配套教材

21世纪应用型人才培养"十三五"规划教材

"双创"型人才培养优秀教材

总主编 王克富 朱春峰

企业经营管理
模拟实训指导教程

（沙盘操作）

主　编　王新桥　杨安宁　林　宙　陈孟君

主　审　花美莲

副主编　杨远霞　袁海洋　郑述招　陈世艳
　　　　李　婉　白洁宇　孙亚明

湖南师范大学出版社

图书在版编目（CIP）数据

企业经营管理模拟实训指导教程／王克富，朱春峰总主编．—长沙：湖南师范大学出版社，2017.1

ISBN 978 - 7 - 5648 - 0825 - 9

Ⅰ．①企… Ⅱ．①王… ②朱… Ⅲ．①企业经营管理 - 教材 Ⅳ．①F270

中国版本图书馆 CIP 数据核字（2012）第 124845 号

企业经营管理模拟实训指导教程

QIYE JINGYING GUANLI MONI SHIXUN ZHIDAO JIAOCHENG

王克富　朱春峰　总主编

◇全程策划：林　川

◇组稿编辑：陈永平

◇责任编辑：蒋旭东

◇责任校对：刘　伟

◇出版发行：湖南师范大学出版社

　　　　　　地址／长沙市岳麓山　　邮编／410081

　　　　　　电话/0731-88872751　　传真/0731-88872636

　　　　　　网址/http：//press. hunnu. edu. cn

◇经　　销：全国新华书店

◇印　　刷：北京俊林印刷有限公司

◇开　　本：787mm×1092mm　1/16

◇印　　张：16. 75

◇字　　数：376 千字

◇印　　次：2017 年 1 月第 3 次印刷

◇书　　号：ISBN 978 - 7 - 5648 - 0825 - 9

◇定　　价：30. 00 元

精品课程配套教材 编审委员会
"双创"型人才培养优秀教材

前　言

《企业经营管理实训指导教程》是企业经营管理综合实训系列教材之一。

《企业经营管理实训指导教程》的编写遵循了"加强实践、培养技能、突出应用"的原则，力求做到以能力培养为主线，突出教材的"实用性、针对性、易懂性"的特点。全书共分6章，包括：模拟企业介绍、模拟企业组织结构、基础资料准备、手工线生产、自动线的正常业务流程、异常业务处理。每章后均附有实训与评估，旨在训练学生灵活运用所学知识和技能，使其就业后能尽快适应企业工作岗位。

本书由王克富、朱春峰总任主编，王新桥、杨安宁、袁海洋、郑述招、林宙、陈孟君、白洁宇、杨远霞、陈世艳、李婉参与编写；全书分工如下：王克富、朱春峰、王新桥编写备战篇、应战篇，杨安宁、董伟、袁海洋、郑述招、林宙、陈孟君、白洁宇、杨远霞、陈世艳、李婉招编写善战篇，编写论战篇及附录。最后由王克富统筹全稿，本书特邀请了花美莲担任主审，负责全书的审校工作。

《企业经营管理模拟实训指导教程》可作为本专科、成人高校、民办高校及本科院校举办的二级职业技术学院的经济管理、企业管理、市场营销、物流管理、财务管理、计算机与信息管理等专业的教学用书，也可作为五年制高职、中职相关专业教材，还可作为社会从业人士的业务参考书及培训用书。

本书的编写和出版得到了湖南师范大学出版社、首都经济贸易大学、中国市场学会市场营销教育中心、校企合作单位——苏州恒润进出口有限公司的大力协助，中国市场学会市场营销教育中心孙栋老师、许薇薇老师、邓昌部老师，苏州恒润进出口有限公司张海军经理对教材的编写思路提出了大量宝贵意见，在编写过程中还借鉴和吸收了国内外专家和学者的大量研究成果，在此一并表示感谢。

编者虽尽力减少谬误，但限于时间仓促、水平有限，不足之处在所难免，恳望读者不吝赐教指正。

编者

2017 年 1 月

目　录

备战篇　兵马未动　粮草先行

应战篇——知己知彼　百战不殆

善战篇——运筹帷幄　决胜千里

论战篇——失之东隅　收之桑榆

——兵马未动 粮草先行

模块一 认识 ERP 沙盘

**模块导读**

　　沙盘模拟以其直观性、趣味性、体验性、互动性、实战性、竞争性、综合性等特点在企业培训、高校教学过程中受到欢迎。ERP 沙盘模拟是目前主流沙盘之一，通过教具、一系列简化了的规则以及角色扮演，模拟企业的经营与竞争，通过 ERP 沙盘模拟学习，学员可以体会采购与供应、生产、销售、财务、人力资源等知识在实践中的应用，展示团队力量，了解企业间的博弈，理解企业的本质。本模块主要介绍 ERP、ERP 沙盘的基本知识以及 ERP 沙盘模拟的规则，通过本模块学习，学员可以对 ERP 沙盘模拟的背景有一个基本的了解。

任务一 认识 ERP

　　ERP 集成了企业的各种资源，实现企业的物流、资金流、信息流的协同。本任务主要介绍 ERP 的基本知识，通过本任务的学习，使学员了解 ERP 的概念和产生背景，理解 ERP 的核心思想，了解 ERP 的基本功能。

知识目标
1. 理解 ERP 的概念、发展历程；
2. 了解 ERP 的系统特点、主要功能。

技能目标
1. 能根据企业资源计划表述物流、资金流和信息流的关系；
2. 能根据 ERP 系统功能机构图描述各部门业务流程。

**任务情境**

生活中的 ERP

　　一天中午，丈夫在外给家里打电话："亲爱的老婆，晚上我想带几个同事回家吃饭可以吗？"（订货意向）

　　妻子："当然可以，来几个人，几点来，想吃什么菜？"

　　丈夫："6 个人，我们 7 点左右回来，准备些酒、烤鸭、西红柿炒蛋、凉菜、蛋花汤……你看可以吗？"（商务沟通）

　　妻子："没问题，我会准备好的。"（订单确认）

　　妻子记录下需要做的菜单（MPS 计划），具体要准备的菜：鸭、酒、西红柿、鸡蛋、调料……（BOM 物料清单）；发现需要：1 只鸭，5 瓶酒，4 个番茄……（BOM 展开），炒蛋需要 6 个鸡蛋，蛋花汤需要 4 个鸡蛋（共享物料）。打开冰箱一看（库房），只剩下 2 个鸡蛋（缺料）。

来到自由市场。

妻子:"请问鸡蛋怎么卖?"(采购询价)

小贩:"1个1元,半打5元,1打9.5元。"

妻子:"我只需要8个,但这次买1打。"(经济批量采购)

妻子:"这有一个坏的,换一个。"(验收、退料、换料)

回到家中,准备洗菜、切菜、炒菜……(工艺路线),厨房中有燃气灶、微波炉、电饭煲……(工作中心)。妻子发现拔鸭毛最费时间(瓶颈工序,关键工艺路线),用微波炉自己做烤鸭可能就来不及(产能不足),于是决定在楼下的餐厅里买现成的(产品委外)。

下午4点,电话铃又响:"妈妈,晚上几个同学想来家里吃饭,您帮忙准备一下。"(紧急订单)

"好的,儿子,你们想吃什么,爸爸晚上也有客人,你愿意和他们一起吃吗?"

"菜你看着办吧,但一定要有西红柿炒鸡蛋。我们不和大人一起吃,6:30左右回来。"(不能并单处理)

"好的,肯定让你们满意。"(订单确认)

鸡蛋又不够了,打电话叫小贩送来。(紧急采购)

6:30,一切准备就绪,可烤鸭还没送来,急忙打电话询问:"我是李太太,怎么订的烤鸭还没送来?"(采购委外单跟催)

"不好意思,送货的人已经走了,可能是堵车吧,马上就会到的。"

门铃响了:"李太太,这是您要的烤鸭。请在单上签字。"(验收、入库、转应付账款)

6:45,女儿的电话:"妈妈,我想现在带几个朋友回家吃饭可以吗?"(又是紧急订购意向,要求现货)

"不行呀,女儿,今天妈妈已经需要准备两桌饭了,时间实在是来不及,真的非常抱歉,下次早点说,一定给你们准备好。"(这就是ERP的使用局限,要有稳定的外部环境,要有一个起码的提前期)

送走了所有客人,疲惫的妻子坐在沙发上对丈夫说:"亲爱的,现在咱们家请客的频率非常高,应该要买些厨房用品了(设备采购),最好能再雇个小保姆(连人力资源系统也有接口了)。"

丈夫:"家里你做主,需要什么你就去办吧。"(通过审核)

妻子:"还有,最近家里花销太大,用你的私房钱来补贴一下,好吗?"(最后就是应收货款的催要)

(资料来源:互联网)

结合本例与企业实际,谈谈你对ERP的理解。

一、什么是ERP

企业资源计划(enterprise resource planning,ERP)是由美国著名管理咨询公司加特纳公司(Gartner Group Inc)于1990年提出来的,最初被定义为应用软件,随后迅速为全世界商业企业所接受,现已发展成为现代企业管理理论之一。ERP系统是指建立在信息技术基础上,以系统化的管理思想,为企业决策层及员工提供决策运行手段的管理平台。ERP是实施企业流程再造的重要工具之一,也是大型制造业所使用的公司资源管理系统。世界500强企业中有80%的企业都在用ERP软件作为其决策的工具和管理日常工作流程,其功效可见一斑。

ERP是整合了企业管理理念、业务流程、基础数据、人力物力、计算机硬件和软件于一体的企业资源管理系统。ERP是先进的企业管理模式,是提高企业经济效益的解决方案。其主要宗旨是对企业所拥有的人、财、物、信息、时间和空间等综合资源进行综合平衡和优化管理,协调企业各管理部门,围绕市场导向开展业务活动,提高企业的核心竞争力,从而取得最好的经济效益。所以,ERP 首先是一个软件,同时是一个管理工具。它是 IT 技术与管理思想的融合体,也就是先进的管理思想借助计算机来达成企业的管理目标。其系统结构如图 1.1 所示。

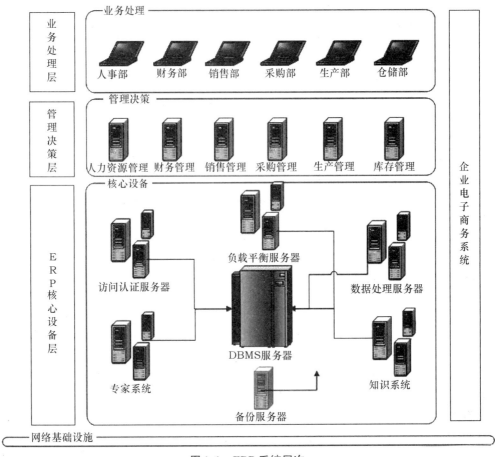

图 1.1 ERP 系统层次

二、ERP 发展历程

ERP 的发展是随着西方企业管理方法的发展而全面发展的,主要经历了以下几个阶段:

1. 订货点法

订货点法又称订购点法,始于 20 世纪 30 年代。订货点法指的是:对于某种物料或产品,由于生产或销售的原因而逐渐减少,当库存量降到某一预先设定的点时,即开始发出订货单(采购单或加工单)来补充库存,直至库存量降到安全库存时,发出的订单所订购的物料(产品)刚好到达仓库,补充前一时期的消耗,这个订货的临界点即称为订货点。订货点法的基本原理如图 1.2 所示。

但是订货点法并不完美,从订货单发出到所订货物收到这一段时间称为订货提前期,其本身具有一定的局限性。例如,某种物料库存量虽然降到了订货点,但是在近一段时间企业可能没有收到新的订单,所以近期内没有新需求产生,暂时可以不用考虑补货。故此订货点法也会造成一些较多的库存积压和资金占用。

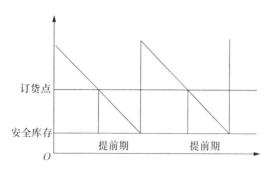

图 1.2 订货点法

2. 物流需求计划——MRP

到了 20 世纪 60 年代,随着计算机系统的发展,使得短时间内对大量数据进行复杂运算成为可能。于是人们提出了 MRP 理论,即物料需求计划(material requirement planning)。MRP 的逻辑流程如图 1.3 所示。

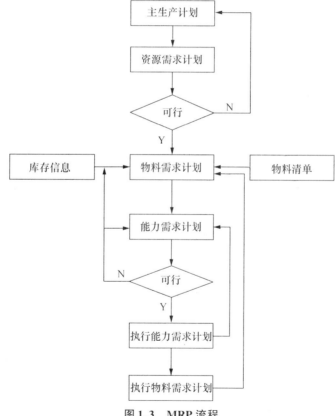

图 1.3 MRP 流程

3. MRP Ⅱ

20 世纪 80 年代计算机网络技术发展,企业内部信息得到充分共享,MRP 的各子系统也得到统一,形成了一个集采购、库存、生产、销售、财务、工程技术等为一体的子系统。于是发展了 MRP Ⅱ 理论,即制造资源计划(manufacturing resource planning)。MRP Ⅱ 的逻辑流程如图 1.4 所示。

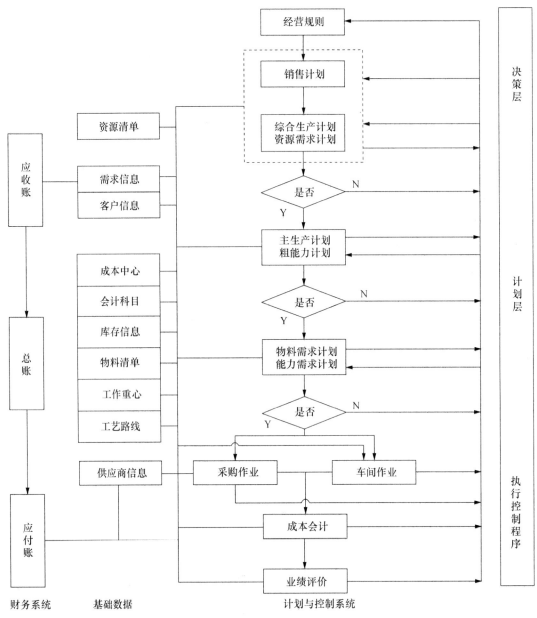

图 1.4 MPR II 逻辑流程

4. ERP 的产生

到了 20 世纪 90 年代,市场竞争进一步加剧,企业竞争的空间和范围进一步扩大,80 年代主要面向企业内部资源全面管理的思想随之逐步发展成为怎样有效利用和管理整体资源的管理思想。于是 20 世纪 90 年代初,美国加特纳公司(Gartner Group Inc)首先提出了企业资源计划(enterprise resource planning)的概念,ERP 就此产生并风靡全球。

三、ERP 管理系统的特点

(1)ERP 更加面向市场、面向经营、面向销售,能够对市场快速响应;它将供应链管理功能包含了进来,强调了供应商、制造商与分销商间的新的伙伴关系;并且支持企业后勤管理。

(2)ERP更强调企业流程与工作流,通过工作流实现企业的人员、财务、制造与分销间的集成,支持企业过程重组。

(3)ERP纳入了产品数据管理PDM功能,增加了对设计数据与过程的管理,并进一步加强了生产管理系统与CAD、CAM系统的集成。

(4)ERP更多地强调财务,具有较完善的企业财务管理体系,这使价值管理概念得以实施,资金流与物流、信息流更加有机地结合。

(5)ERP较多地考虑人的因素作为资源在生产经营规划中的作用,也考虑了人的培训成本等。

(6)在生产制造计划中,ERP支持MRP与JIT(准时制生产,just in time)混合管理模式,也支持多种生产方式(离散制造、连续流程制造等)的管理模式。

(7)ERP采用了最新的计算机技术,如客户/服务器分布式结构、面向对象技术、基于WEB技术的电子数据交换EDI、多数据库集成、数据仓库、图形用户界面、第四代语言及辅助工具等等。

一般而言,除了MRPⅡ的主要功能外,ERP系统还包括以下主要功能:供应链管理、销售与市场、分销、客户服务、财务管理、制造管理、库存管理、工厂与设备维护、人力资源、报表、制造执行系统(manufacturing executive system,MES)、工作流服务和企业信息系统等方面。此外,还包括金融投资管理、质量管理、运输管理、项目管理、法规与标准和过程控制等补充功能。

ERP是信息时代的现代企业向国际化发展的更高层管理模式,它能更好地支持企业各方面的集成,并将给企业带来更广泛、更长远的经济效益与社会效益。

四、ERP 的管理理念

ERP作为现代企业先进的管理理论,其管理理念主要有以下四点:

(1)体现了对整个供应链资料进行有效管理的思想,实现了对整个企业供应链上的人财物等所有资源及其流程的管理。

(2)体现了精益生产、同步工程和敏捷制造的思想,面对激烈的竞争,企业需要运用同步工程组织生产和敏捷制造,保持产品高质量、多样化、灵活性,实现精益生产。

(3)体现事先计划与事中控制的思想,ERP系统中的计划体系主要包括生产计划、物料需求计划、能力需求计划等。

(4)体现业务流程管理的思想,为提高企业供应链的竞争优势,必然带来企业业务流程的改革,而系统应用程序的使用也必须随业务流程的变化而相应调整。

五、ERP 系统的主要功能

由于各个ERP厂商的产品风格与侧重点不尽相同,因而其ERP产品的模块结构也相差较大。对于初次接触ERP的人来说,可能会弄不清到底哪个才是真正的ERP系统。所以,在这里,我们撇开实际的产品,从企业的角度来简单描述一下ERP系统的功能结构,即ERP能够为企业做什么,它的模块功能到底包含哪些内容。ERP是将企业所有资源进行整合集成管理,简单地说就是将企业的三大流——物流、资金流、信息流进行全面一体化管理的管理信息系统。它不仅可用于生产企业的管理,而且在许多其他类型的企业,如一些非生产、公益事业的企业也可导入ERP系统进行资源计划和管理。这里仍然以典型的生产企业为例来介绍ERP的功能模块。

在企业中,一般的管理主要包括三方面的内容:生产控制(计划、制造)、物流管理(分销、采购、库存管理)和财务管理(会计核算、财务管理)。这三大系统本身就是集成体,它们互相之间有相应的接口,能够很好地整合在一起对企业进行管理。另外,要特别一提的是,随着企业对人力资源管理重视的加强,已经有越来越多的 ERP 厂商将人力资源管理作为 ERP 系统的一个重要组成部分。ERP 系统功能结构如图 1.5 所示。

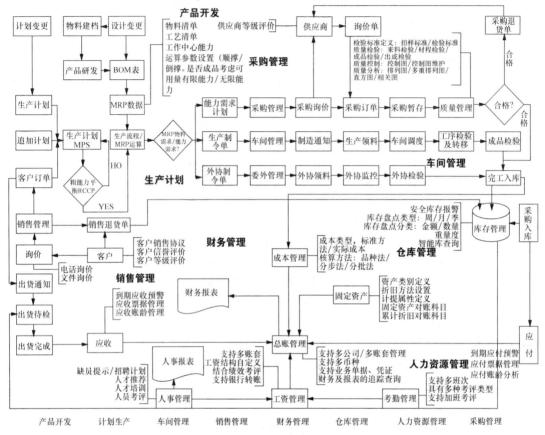

图 1.5　ERP 系统功能结构

六、ERP 系统成功实施的基本条件

ERP 系统作为一项针对性、专业性和系统性很强的信息系统,其实施成功有两个基本条件:一个是合适的软件,另一个是有效的实施方法。其中有效的实施方法可以归纳为十个方面的内容:

(1)高级管理层的支持和承诺;

(2)有一支既懂管理又精通软件的实施和咨询队伍;

(3)管理信息系统项目范围的重申和监督;

(4)管理信息系统项目小组的组成;

(5)管理信息系统项目工作的深入程度;

(6)详细可行的项目计划;

(7)详细可行的项目持续性计划;

(8)项目必须有适当的资源;

(9)"经验总结",所有有关部门的质量管理评估;

（10）项目从建模、测试、试运行到正式投入运行的转换管理。

 学习测评

一、知识测评

1. 什么是 ERP？
2. ERP 的产生经历了哪几个阶段？
3. ERP 体现了哪些管理思想？作为一个系统，ERP 有哪些功能？

二、技能测评

1. 结合"任务情境"中的例子，试分析例子中涉及了哪些资源。物流、信息流和资金流在该例子中是如何得到协调的？

2. 目前，有哪些提供 ERP 系统解决方案的企业？登录其企业网站查询主要 ERP 产品有哪些。

3. 曾经有一位企业家面对 ERP 系统感叹中国企业："上 ERP 是找死，不上 ERP 是等死！"搜集实施 ERP 成功和失败的例子，试分析企业家这句话的含义。

任务二　认识 ERP 沙盘

ERP 沙盘模拟为学员提供了了解企业经营的一个平台，加深理解企业各部门之间协调以及团队合作的意义和重要性。通过本任务的学习，学员将了解什么是 ERP 沙盘、ERP 沙盘的教具以及沙盘模拟环节等。

知识目标

1. 了解 ERP 沙盘的含义；
2. 了解 ERP 沙盘教具及其结构、功能；
3. 掌握沙盘模拟环节。

技能目标

1. 在沙盘盘面上，能指出各个功能中心，并说明其职能；
2. 会观察 ERP 沙盘盘面的每个职能中心，并说明其结构。

◆ 任务情境

据说，秦在部署灭六国时，秦始皇亲自堆制沙盘研究各国地理形势，在李斯的辅佐下，派大将王翦进行统一战争。后来，秦始皇在修建陵墓时，在自己的陵墓中堆建了一个大型的地形模型。模型中不仅砌有高山、丘陵、城池等，而且还用水银模拟江河、大海，用机械装置使水银流动循环，可以说，这是最早的沙盘雏形，至今已有 2200 多年历史。《后汉书·马援传》中记载：汉建武八年（公元 32 年），光武帝征伐天水、武都一带地方豪强隗嚣时，大将马援"聚米为山谷，指画形势"，使光武帝顿有"虏在吾目中矣"的感觉。

这是我国战争史上运用沙盘研究战术的先例。战争沙盘推演跨越了通过实战检验与培养高级将领的巨大成本障碍和时空限制，受到世界各国的普遍运用。同样，企业在培养优秀管理人才时，也面临培训成本高昂的困扰。因此，英、美知名商学院和管理咨询机构开发出将 ERP 先进的管理思想与沙盘相结合的新型模式，这就是 ERP 沙盘。

　　ERP沙盘盘面是由哪些部分构成的？你能描述这些部分分别代表实际企业的哪些部门吗？这些部门分别要履行哪些职能？

 任务导学

一、ERP沙盘简介

　　ERP沙盘(或ERP模拟沙盘)是针对代表先进的现代企业经营与管理技术的ERP而设计的角色体验的实验平台。

　　ERP模拟沙盘教具主要包括:六张沙盘盘面,分别代表六个相互竞争的模拟企业。模拟沙盘按照制造企业的职能部门划分了职能中心,把企业运营所处的内外环境抽象为一系列的规则,由学员组成六个相互竞争的模拟企业,模拟企业5~6年的经营,通过学员参与→沙盘载体→模拟经营→对抗演练→讲师评析→学员感悟等一系列的实践环节,融理论与实践于一体、集角色扮演与岗位体验于一身,使学员在分析市场、制订战略、营销策划、组织生产、财务管理等一系列活动中,参悟科学的管理规律,培养团队精神,全面提升管理能力。同时也对企业资源的管理过程有一个实际的体验。

二、ERP沙盘的内容

1. ERP沙盘教具

　　ERP沙盘模拟教学以一套沙盘教具为载体。沙盘教具主要包括六张沙盘盘面,分别代表六个相互竞争的模拟企业。沙盘盘面如图1.6所示。

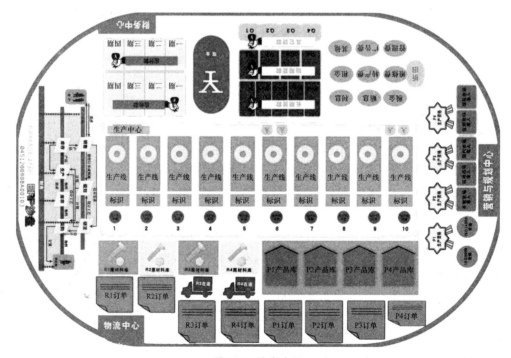

图1.6　沙盘盘面

　　沙盘盘面按照制造企业的职能部门划分了四个职能中心,分别是营销与规划中心、生产中心、物流中心和财务中心。各职能中心覆盖了企业运营的所有关键环节:战略规划、市场营销、生

产组织、采购管理、库存管理、财务管理等,是一个制造企业的缩影,ERP 沙盘四大职能中心的功能如表 1.1 所示。

表 1.1　ERP 沙盘四大职能中心的功能

职能中心	企业运营的关键环节	主要职能	简要说明	备注
营销与规划中心	战略规划市场营销	市场开拓规划	确定企业需要开发哪些市场,可供选择的有区域市场、国内市场、亚洲市场和国际市场	市场开拓完成换取相应的市场准入证
		产品研发规划	确定企业需要研发哪些产品,可供选择的有 P2 产品、P3 产品和 P4 产品	产品研发完成换取相应的产品生产资格证
		ISO 认证规划	确定企业需要争取获得哪些国际认证,包括 ISO9000 质量认证和 ISO14000 环境认证	ISO 认证完成换取相应的 ISO 资格证
生产中心	生产组织	厂房两种	沙盘盘面上设计了大厂房和小厂房,大厂房内可以建 6 条生产线;小厂房内可以建 4 条生产线	已购置的厂房由厂房右上角摆放的价值表示
		生产线标志	共有手工生产线、半自动生产线、全自动生产线、柔性生产线,不同生产线生产效率及灵活性不同	标志企业已购置的设备,设备净值在"生产线净值"处显示
		产品标志	四种:P1 产品、P2 产品、P3 产品、P4 产品	表示企业正在生产的产品
物流中心	采购管理、库存管理	采购提前期	R1、R2 原料的采购提前期为一个季度;R3、R4 原料的采购提前期为两个季度	
		原材料库四个	分别用于存放 R1、R2、R3、R4 原料,每个价值 1M	
		原料订单	代表与供应商签订的订货合同,用放在原料订单处的空桶数量表示	
		成品库四个	分别用来存放 P1 产品、P2 产品、P3 产品、P4 产品	
财务中心	会计核算财务管理	现金库	用来存放现金,现金用灰币表示,每个价值 1M	
		银行贷款	用放置在相应位置上的空桶表示,每桶表示 20M	长期贷款按年;短期贷款按季度
		应收/付账款	用放置在相应位置上的装有现金的桶表示	应收账款和应付账款都是分账期
		综合费用	将发生的各项费用置于相应区域	

2. ERP 沙盘教学环节

（1）组织准备工作

组织准备工作是 ERP 沙盘模拟的首要环节。主要内容包括三项:首先是学员分组,每组一般为 5~6 人,这样全部学员就组成了六个相互竞争的模拟企业(为简化起见,可将六个模拟企业依次命名为 A 组、B 组、C 组、D 组、E 组、F 组),然后进行每个角色的职能定位,明确企业组织内每个角色的岗位责任,一般分为 CEO、营销总监、运营总监、采购总监、财务总监等主要角色。当人数较多时,还可以适当增加商业间谍、财务助理等辅助角色。最后,在几年的经营过程中,可以进行角色互换,从而体验角色转换后考虑问题的出发点的相应变化,也就是学会换位思考。

特别需要提醒的是:诚信和亲历亲为。诚信是企业的生命,是企业生存之本。在企业经营模拟过程中,不要怕犯错误,学习的目的就是为了发现问题,努力寻求解决问题的手段。在学习过程中,谁犯的错误越多,谁的收获也就越大。

(2)基本情况描述

对企业经营者来说,接手一个企业时,需要对企业有一个基本的了解,包括股东期望、企业目前的财务状况、市场占有率、产品、生产设施、赢利能力等。基本情况描述以企业起始年的两张主要财务报表(资产负债表和利润表)为基本索引,逐项描述了企业目前的财务状况和经营成果,并对其他相关方面进行补充说明。

(3)市场规则与企业运营规则

企业在一个开放的市场环境中生存,企业之间的竞争需要遵循一定的规则。综合考虑市场竞争及企业运营所涉及的方方面面,简化为以下七个方面的约定:

①市场划分与市场准入;

②销售会议与订单争取;

③厂房购买、出售与租赁;

④生产线购买、转产与维修、出售;

⑤产品生产;

⑥产品研发与 ISO 认证;

⑦融资贷款与贴现。

(4)模拟企业的初始状态

ERP 沙盘模拟不是从创建企业开始,而是接手一个已经运营了若干年的企业。虽然已经从基本情况描述中获得了企业运营的基本信息,但还需要把这些枯燥的数字活生生地再现到沙盘盘面上,由此为下一步的企业运营做好铺垫。通过初始状态设定,可以使学员深刻地感觉到财务数据与企业业务的直接相关性,理解到财务数据是对企业运营情况的一种总结提炼,为今后"透过财务看经营"做好观念上的准备。

(5)企业经营竞争模拟

企业经营竞争模拟是 ERP 沙盘模拟的主体部分,按企业经营年度展开。经营伊始,通过商务周刊发布的市场预测资料,对每个市场每个产品的总体需求量、单价、发展趋势作出有效预测。每一个企业组织在市场预测的基础上讨论企业战略和业务策略,在 CEO 的领导下按一定程序开展经营,作出所有重要事项的经营决策,决策的结果会从企业经营结果中得到直接体现。

(6)现场案例解析

现场案例解析是沙盘模拟课程的精华所在。每一年经营下来,企业管理者都要对企业的经营结果进行分析,深刻反思:成在哪里?败在哪里?竞争对手情况如何?是否需要对企业战略进行调整?结合课堂整体情况,找出大家普遍感到困惑的情况,对现场出现的典型案例进行深层剖析,用数字说话,可以让学员感悟管理知识与管理实践之间的距离。

3. 教师与学员在模拟中的角色分工

在沙盘模拟的各个不同阶段,结合具体任务,教师与学员扮演着不同的角色,表 1.2 列出了这些角色的不同。

表1.2　模拟经营的不同阶段教师与学员的角色

模拟经营阶段	具体任务	教师角色	学生角色
组织准备工作		引导者	认领角色
基本情况描述		企业旧任管理层	新任管理层
企业运营规则		企业旧任管理层	新任管理层
初始状态设定		引导者	新任管理层
企业经营竞争模拟	战略制订	商务、媒体信息发布	角色扮演
	融资	股东、银行家、高利贷者	角色扮演
	订单争取、交货	客户	角色扮演
	购买原料、下订单	供应商	角色扮演
	流程监督	审计	角色扮演
	规则确认	咨询顾问	角色扮演
现场案例解析		评论家、分析家	角色扮演

4. ERP 沙盘知识拓展

ERP沙盘通过对企业经营管理的全方位展现,通过模拟体验,可以使学员在以下几方面获益:

(1)战略管理

成功的企业一定有着明确的企业战略,包括产品战略、市场战略、竞争战略及资金运用战略等。从最初的战略制订到最后的战略目标达成分析,经过几年的模拟,经历迷茫、挫折、探索,学员将学会用战略的眼光看待企业的业务和经营,保证业务与战略的一致,在未来的工作中更多地获取战略性成功而非机会性成功。

(2)营销管理

市场营销就是企业用价值不断来满足客户需求的过程。企业所有的行为、所有资源,无非是要满足客户的需求。模拟企业几年中的市场竞争对抗,学员将学会如何分析市场、关注竞争对手、把握消费者需求、制订营销战略、定位目标市场,制订并有效实施销售计划,最终达成企业战略目标。

(3)生产管理

在模拟中,把企业的采购管理、生产管理、质量管理统一纳入到生产管理领域,则新产品研发、物资采购、生产运作管理、品牌建设等一系列问题背后的一系列决策问题就自然地呈现在学员面前,它跨越了专业分隔、部门壁垒。学员将充分运用所学知识、积极思考,在不断的成功与失败中获取新知。

(4)财务管理

在沙盘模拟过程中,团队成员将清晰掌握资产负债表、利润表的结构;掌握资本流转如何影响损益;解读企业经营的全局;预估长短期资金需求,以最佳方式筹资,控制融资成本,提高资金使用效率;理解现金流对企业经营的影响。

(5)人力资源管理

从岗位分工、职位定义、沟通协作、工作流程到绩效考评,沙盘模拟中每个团队经过初期组建、短暂磨合,逐渐形成团队默契,完全进入协作状态。在这个过程中,各自为战导致的效率低下、无效沟通引起的争论不休、职责不清导致的秩序混乱等情况,可以使学员深刻地理解局部最优不等于总体最优的道理,学会换位思考。明确只有在组织的全体成员有着共同愿景、朝着共同的绩效目标、遵守相应的工作规范、彼此信任和支持的氛围下,企业才能取得成功。

(6)基于信息管理的思维方式

通过 ERP 沙盘模拟,使学员真切地体会到构建企业信息系统的紧迫性。企业信息系统如同飞行器上的仪表盘,能够时刻跟踪企业运行状况,对企业业务运行过程进行控制和监督,及时为企业管理者提供丰富的可用信息。通过沙盘信息化体验,学员可以感受到企业信息化的实施过程及关键点,从而合理规划企业信息管理系统,为企业信息化做好观念和能力上的铺垫。

5. 全面提升学员综合素质

ERP 沙盘模拟作为企业经营管理仿真教学系统还可以用于综合素质训练,使学员在以下方面获益:

(1)树立共赢理念

市场竞争是激烈的,也是不可避免的,但竞争并不意味着你死我活。寻求与合作伙伴之间的双赢、共赢才是企业发展的长久之道。这就要求企业知彼知己,在市场分析、竞争对手分析上做足文章,在竞争中寻求合作,企业才会有无限的发展机遇。

(2)全局观念与团队合作

通过 ERP 沙盘模拟对抗课程的学习,学员可以深刻体会到团队协作精神的重要性。在企业运营这样一艘大船上,CEO 是舵手、CFO 保驾护航、营销总监冲锋陷阵……在这里,每一个角色都要以企业总体最优为出发点,各司其职,相互协作,才能赢得竞争,实现目标。

(3)保持诚信

诚信是一个企业立足之本,发展之本。诚信原则在 ERP 沙盘模拟课程中体现为对"游戏规则"的遵守,如市场竞争规则、产能计算规则、生产设备购置以及转产等具体业务的处理。保持诚信是学员立足社会、发展自我的基本素质。

(4)个性与职业定位

每个个体因为拥有不同的个性而存在,这种个性在 ERP 沙盘模拟对抗中会显露无遗。在分组对抗中,有的小组轰轰烈烈,有的小组稳扎稳打,还有的小组则不知所措。虽然,个性特点与胜任角色有一定关联度,但在现实生活中,很多人并不是因为"爱一行"才"干一行"的,更多的情况是需要大家"干一行"就"爱一行"的。

(5)感悟人生

在市场的残酷与企业经营风险面前,是"轻言放弃"还是"坚持到底",这不仅是一个企业可能面临的问题,更是在人生中不断需要抉择的问题,经营自己的人生与经营一个企业具有一定的相通性。

学习测评

一、知识测评

1. 什么是 ERP 沙盘?

2. 简述 ERP 沙盘的四大职能中心的职能。

3. ERP 沙盘模拟包括哪些环节?

二、技能测评

1. 观察 ERP 沙盘盘面,说明各个职能中心的位置及其功能。

2. 在财务中心中有哪些项目?

3. 有人说:沙盘模拟就是一场游戏,不必当真。你怎么看待这一问题? 为什么?

任务三　ERP 沙盘模拟规则

ERP 沙盘模拟在合理地简化企业经营流程和市场竞争环境基础上,通过学员自愿结合组成模拟企业的经营团队,在模拟市场中按照简化的企业经营规则,严格按步骤完成一定年限的企业经营活动。在这个过程中,不同模拟企业间相互竞争又彼此合作,同一企业内的成员各展所长,群策群力,共同完成每一项企业计划与决策,管理模拟企业。本任务主要介绍 ERP 沙盘模拟的规则。通过本任务学习,学员将对 ERP 沙盘模拟企业运营有一个更清晰的认识。

知识目标

1. 理解 ERP 沙盘模拟企业的经营流程;

2. 理解并掌握 ERP 沙盘模拟各岗位的操作规则。

技能目标

1. 能够准确解释沙盘模拟规则;

2. 能够正确运用沙盘模拟规则。

常言道:"无规矩不成方圆。"ERP 沙盘模拟是对现实世界中的市场和企业进行模拟,其模拟经营包括生产管理、物流管理、财务管理、营销管理及综合评价等活动。在这些活动中,CEO 需要综合考虑企业市场处境制订企业发展规划,财务总监需要根据企业发展规划和企业现状进行资本运作,生产总监根据企业发展规划和市场需求平衡生产能力,营销总监根据企业发展规划制定市场、产品开发计划,采购总监需要及时调整物料供应以满足生产,在这一系列的操作过程中,需要详细的操作规则来明确各职能岗位业务流程及岗位间的信息传递。

你知道 ERP 沙盘是如何模拟企业运作的吗? 在沙盘模拟中,企业各部门的业务开展有哪些规则?

一、ERP 沙盘模拟企业经营流程

CEO 按照企业经营流程记录表中指示的顺序发布执行指令。每项任务完成后,CEO 须在任务项目对应的方格中打钩;财务总监在任务项目对应的方格内填写现金收支情况;生产总监在任务项目对应的方格内填写在制品的上线、下线情况;采购总监在任务项目对应的方格内填写原材料的入库、出库情况;营销总监负责竞标及把产品卖出去。

如没有特殊说明的操作,应严格按照企业经营流程记录表从上到下从左到右的顺序运营。

二、市场开发

市场开发按照表 1.3 市场开发规则简表所列规定进行:

表1.3 市场开发规则简表

市场	每年投资额	投资周期	全部投资总额	操作
本地				直接获得准入证
区域	1M	1年	1M	将投资放在准入证的位置处；当完成全部投资后，经裁判组核准，统一换取相应的市场准入证
国内	1M	2年	2M	
亚洲	1M	3年	3M	
国际	1M	4年	4M	

市场开发规则说明：①每个市场开发每年最多投入1M，允许中断或终止，不允许超前投资；②投资时，将1M投入到"市场准入"的位置处；③换取准入证后，将其放在盘面的相应位置处；④只有拿到准入证才能参加相应市场的订货会。

三、产品研发和生产

1. 产品研发

要想生产某种产品，先要获得该产品的生产许可证。而要获得生产许可证，则必须经过产品研发。P1产品已经有生产许可证，可以在本地市场进行销售。P2、P3、P4产品都需要研发后才能获得生产许可。研发需要分期平均投入研发费用。产品开发规则如表1.4所示。

表1.4 产品开发规则简表

产品	每季度投资额	完成开发所需投资	最小投资周期	操作说明
P2	1M	6M	6Q	每季度按照投资总额平均到开发周期，将现金放在生产许可证位置；当投资完成后，带所有投资的现金到裁判组处换取生产许可证；只有获得生产许可证后下一个季度才能开工生产该产品
P3	2M	12M	6Q	
P4	3M	18M	6Q	

产品开发规则说明：①产品研发可以中断或终止，但不允许超前或集中投入；②已投资的研发费不能回收；③开发过程中不能生产。

2. 产品原材料、加工费、成本

产品生产与原材料及加工成本规则如表1.5所示。

表1.5 产品生产规则简表

产品	原材料	原料价值	加工费（手工、半自动、自动、柔性）	直接生产成本
P1	R1	1M	1M	2M
P2	R1+R2	2M	1M	3M
P3	R2+R3	3M	1M	4M
P4	R2+R3+R4	4M	1M	5M

3. 材料采购

采购原材料需经过下原料订单和采购入库两个步骤，这两个步骤之间的时间差称为订单提前期，各种原材料提前期如表1.6所示。

表 1.6　原材料规则简表

原材料	订单提前期
R1（红色）	1Q
R2（橙色）	1Q
R3（蓝色）	2Q
R4（绿色）	2Q

材料采购规则说明：①没有下订单的原材料不能采购入库；②所有下订单的原材料到期必须采购入库；③原材料入库时必须到交易处支付现金购买已到期的原材料；④下原料采购订单时必须填写采购订单登记表，然后携带采购总监的运行记录和采购订单登记表到交易处登记。

四、ISO 认证

ISO9000 与 ISO14000 的认证规则如表 1.7 所示。

表 1.7　ISO 规则简表

ISO 类型	每年投资金额	完成认证投资	最小投资周期	操作说明
ISO9000	1M	2M	2 年	每年按照投资额将投资额放在 ISO 证书位置；当投资全部完成后，带所有投资到裁判组处换取 ISO 资格证书；只有获得 ISO 资格证书后才能在市场中投入 ISO 广告
ISO14000	1M	3M	3 年	

ISO 认证规则说明：①ISO 认证需分期投资开发，每年一次，每次 1M；②可以中断投资，但不允许集中或超前投资。

五、生产线和厂房

厂房购买或租赁规则如表 1.8 所示。

表 1.8　厂房规则简表

厂房	买价	租金	售价	容量
大厂房	40M	5M/年	40M（4Q）	6 条生产线
小厂房	30M	3M/年	30M（4Q）	4 条生产线

生产线使用的规则如表 1.9 所示。

表 1.9　生产线规则简表

生产线	购买价格	安装周期	生产周期	转产周期	转产费用	维护费用	出售残值
手工线	5M	无	3Q	无	无	1M/年	1M
半自动	8M	2Q	2Q	1Q	1M	1M/年	2M
全自动	16M	4Q	1Q	2Q	4M	1M/年	4M
柔性线	24M	4Q	1Q	无	无	1M/年	6M

生产线和厂房规则说明：

1. 购买生产线

购买生产线必须按照该生产线安装周期分期投资并安装,如全自动线安装操作可按表 1.10 所示的生产线安装规则进行。

表 1.10   生产线安装规则

安装季度	投资额	安装操作
1Q	4M	启动 1 期安装
2Q	4M	完成 1 期安装,启动 2 期安装
3Q	4M	完成 2 期安装,启动 3 期安装
4Q	4M	完成 3 期安装,启动 4 期安装
5Q		完成 4 期安装,生产线建成,领取产品标识,开始生产

投资生产线的费用不一定需要连续支付,可以在投资过程中中断投资,也可以在中断投资之后的任何季度继续投资,但必须按照表 1.9 的投资原则进行操作。

生产线投资补充说明：

(1)一条生产线待最后一期投资到位后,下一季度才算安装完成可以投入使用；

(2)生产线安装完成后,必须将投资额放在设备价值处,以证明生产线安装完成；

(3)参赛队之间不允许相互购买生产线,只允许向设备供应商(交易处)购买；

(4)生产线一经开始投资,不允许搬迁移动(包括在同一厂房内的生产线)。

2. 生产线维护

沙盘模拟中,生产线需要进行日常维护,但是,并不是所有的生产线都需要交纳维护费。

(1)必须交纳维护费的情况：生产线安装完成的当年,不论是否开工生产,都必须交纳维护费；正在进行转产的生产线也必须交纳维护费。

(2)免交维护费的情况：凡已出售的生产线和新购正在安装的生产线不交纳维护费。

3. 生产线折旧

每年从生产线净值中按生产线净值的 1/3 向下取整提取折旧,放到财务中心折旧位置处。当年建成的生产线不提折旧,当生产线净值小于 3M 时,每年提 1M 折旧。

4. 生产线变卖

生产线上无在制品才可以变卖,生产线变卖时,将变卖的生产线的残值放入现金区,如果设备的净值大于残值(即没有提完折旧),将净值大于残值部分放入综合费用"其他"费用项目中,记入当年"综合费用",并将生产线及产品标识交还给供应商即可完成变卖。

5. 厂房变卖

厂房只能在运行的每个季度规定的时间进行变卖。变卖时,需要财务总监携带运行记录本和厂房价值(大厂房:40M;小厂房:30M)到交易处进行交易。经核准运作时间后,由交易处收回厂房价值,发放 4Q 的应收账款欠条,如厂房内有生产线在出售的同时转为租赁,租赁期不满一年按照一年计算租金。

6. 购买厂房

购买厂房只能在每年年末规定的时间进行,购买时只需要将等值现金放到厂房价值位置即可。如果厂房中有生产线,购买厂房可不支付当年的厂房租金,到缴纳厂房租金的操作时,在购买厂房与缴纳租金中,只选择一种操作即可。

7. 支付厂房租金

是否支付厂房租金的判定条件是:已购买的厂房不需要缴纳租金。当运行到"支付租金"任务项时,如果未购买的厂房中有生产线,则不管什么时间投资的,也不管厂房是否是当年出售的,都需要支付租金。如果当年使用过厂房(其中有过生产线),但到最后一个季度将生产线出售了,也就是说运行到"支付租金"项目时,厂房中已经没有生产线了,这种情况不需要缴纳租金。

六、企业融资

企业间不允许私自融资,在经营期间,只允许向银行贷款。企业融资规则如表1.11所示。

表1.11　贷款与贴现规则简表

贷款类型	贷款时间	贷款额度	年息	还款方式
长期贷款	每年年末	资产负债表中上年所有者权益合计的2倍	10%	年底付息,到期还本
短期贷款	每季度初	资产负债表中上年所有者权益合计的2倍	5%	到期一次还本、付息
高利贷	任何时间		20%	到期一次还本、付息
资金贴现	任何时间	视应收款额	1:6	变现时贴息

企业融资规则说明:

1. 长期和短期、高利贷贷款信用额度

长期、短期贷款的总和的额度为资产负债表中上年所有者权益合计的2倍(长期+短期贷款额度总和)。

2. 长、短期贷款的时间

长期贷款每年只有一次,即在每年末;短期贷款每年为四次,分别为每季度初。

3. 贷款规则

(1)长期贷款期限只能是5年;短期贷款期限只能是1年。

(2)各类贷款只能是20的倍数。

(3)所有贷款一律先还后贷,不管是否有额度,贷款到期时,必须先足额归还贷款,然后再申请贷款。

4. 高利贷规则

高利贷贷款期限为1年(同短期贷款),贷款额度不限,是20的倍数。高利贷可以随时申请,即在运行过程的任何时间都可以申请高利贷,但高利贷计息时间为运行当季的短期贷款申请时间,并随短期贷款的更新时间更新。高利贷必须按照短贷归还时间进行还本付息。

5. 贴现规则

若提前使用应收款,必须按6:1提取贴现费用,即从应收账款中取7M或7M的整数倍的应收账款,6M或6M的整数倍数放入现金,其余为贴现费用(只能按7的倍数贴现)。只要有足够的应收账款,就可以随时贴现(包括次年支付广告费时,使用应收贴现)。

6. 支付应付税

每年所得税计入应付税金,在下一年初缴纳,所得税税率为税前利润的25%向下取整(可以取0)。

七、运行记录

沙盘模拟过程中,团队的每个成员各司其职,互相配合,也必须做好经营过程中相关的记录。

1. 借、还贷款记录

由财务总监到交易处进行贷款或还款登记,审核无误时可领取或归还贷款。

2. 原材料入库、下原料订单

当每季度运行到原材料入库时,携带现金,到交易处购买原材料,交易员核对订单登记数量后进行交易。同时,应将下期的原材料订单在交易处进行登记。

3. 交货记录

交货时携带产品、订单,到交易处交货,收到的应收账款放在企业盘面上应收区的相应账期处。

4. 产品、市场开发、ISO 认证记录

每年年末需填写"综合费用明细表",其中要注明开发的市场、认证和研发产品的投资额,如果开发完成,由裁判组核准开发金额和周期后,发放市场、ISO 或产品的资格标志。

5. 生产状态记录

企业运行期间,每季度末需要对本季度生产和设备状态进行记录。

6. 现金收支记录

在运行手册的任务清单中,财务总监在每一任务项目的记录格中记录现金收支数据。

7. 上报报表

每年运行结束后,各公司需要在规定的时间内上报规定的报表,分别是"产品销售统计表"、"综合费用明细表"、"利润表"、"资产负债表"。

八、市场订单

1. 市场预测

市场预测是关于某个市场某产品的需求量和价格的预测。市场预测是由比较权威的咨询公司发布的,各公司可以根据市场的预测安排经营。

2. 广告费

投入广告费有两个作用,一是获得拿取订单的机会,二是判断选单顺序。广告分为产品广告和认证广告。

投入 1M 产品广告费,可以获得一次拿取订单的机会(如果不投产品广告没有选单机会),一次机会允许取得一张订单;如果要获得更多的拿单机会,每增加一个机会需要多投入 2M 产品广告。比如,投入 3M 产品广告表示有两次获得订单的机会,最多可以获得 2 张订单。

3. 选单流程

(1)各公司将广告费按市场、产品填写在广告登记表中。

(2)订货会依照本地、区域、国内、亚洲和国际市场的顺序依次召开,在每个市场中依照 P1、P2、P3 和 P4 的顺序,依次选单,对于已经结束选单的市场或产品,同一年份中,不允许再进行选单。

(3)排定选单顺序,选单顺序依据以下原则确定:

第一年按照投入广告费金额排定;

从第二年起,由上年本市场销售排名第一(该市场所有产品订单销售额总和第一)的市场老大优先选单;

除市场老大以外的参赛队伍按某市场、某一产品上投放的广告费的多少,排定本产品的选单顺序;

如果在同一市场、同一个产品投入的广告费用相同时,按照投入本市场的广告费总额,排定

选单顺序;

如果该市场广告投入总量也一样时,按照上年在该市场各产品订单总额的排名次序,排定选单顺序;

如果以上情况仍不能确定选单顺序时,由双方协商或竞单确定顺序。

(4)按选单顺序分轮次进行选单,有资格的公司在各轮中只能选择一张订单。当第一轮选单完成后,如果还有剩余的订单,还有选单机会的公司可以按选单顺序进入下一轮选单。

注:选择订单时,可以根据能力放弃选择订单的权利,当某市场放弃了选单后,视为本市场退出本产品的选单,即在本市场本产品中,不得再次选单,对于放弃的机会可以在本市场下一产品选单中使用。

当一个ERP沙盘模拟企业某次选定了订单之后,在下一个选订单者选定了订单的情况下,不允许其更改已作的选择。

4．订单

订单类型、交货要求及取得订单的资格如表1.12所示。

表1.12　订单规则简表

订单类型	交货时间	获得订单资格要求
普通订单	本年度4个季度运行中任一规定的交货时间	任何参赛队
加急订单	本年度第一个季度的交货时间	任何参赛队
ISO9000 订单	本年度4个季度运行中任一规定的交货时间	具有 ISO9000 认证资格
ISO14000 订单	本年度4个季度运行中任一规定的交货时间	具有 ISO14000 认证资格

5．关于订单违约问题

所有订单要求在本年度完成(按订单上的产品数量整单交货)。如果订单没有完成,按下列条款加以处罚:

(1)普通订单,在本年度最后关账前交纳违约罚款,并收回取消订单,罚款按订单销售总额的20%(即销售总额×0.2后向下取整)计算违约金,以现金方式交纳,记入综合费用——其他。

(2)加急订单,在本年度最后关账前交纳违约罚款,并收回取消订单,罚款按订单销售总额的20%(即销售总额×0.2后向下取整)计算违约金,以现金方式交纳,记入综合费用——其他。

(3)有违约表现(包括加急订单违约但当年交单)的参赛队,当年的市场地位不参与排名,如果市场老大违约,则本市场排名第二即上升为市场老大。

学习测评

一、知识测评

1. 如果企业需要15M现金,计划提前使用应收账款,贴息是多少?

2. 如果在本地市场想取得3张P1产品订单,请问至少需要在本地市场投放多少广告费?

3. 在第二年第四季度出售了大厂房,在不贴现的情况下何时可以收到现款?

4. 第2号生产线建设一条全自动生产线,原计划第二季度投资完成开始生产P1,现调整生产P2,是否需要执行一个季度的转产期和支付转产费?

二、技能测评

1. 现有一张订单,请营销总监填写订单登记表。

订单号	本 P3-1
数量	2
单价	8.5M/个
总额	17M
账期	4Q
ISO	

订单号			合计
市场			
产品			
数量			
账期			
销售额			
成本			
毛利			
未售			

2. 请财务总监追加 20M 五年期长期贷款,20M 短期贷款,贴现 13M。

3. 某年第三季度需要 R1、R2、R3 各 2 个单位,库存 R1 1 个单位,请填写第一季度原材料采购订单。

模块二　ERP 沙盘初始年运营

模块导读

> ERP 沙盘模拟通过分组角色扮演组成多个模拟企业,模拟 6 年的企业运营和市场竞争,在模块一学员已经对 ERP 沙盘有了一个基本的认识,本模块主要介绍各模拟企业的初始情况,并介绍初始年运营的操作。通过本模块学习,学员能够初步了解 ERP 沙盘模拟,并学会模拟企业的运营。

任务一　认识模拟企业

模拟企业是 ERP 沙盘的竞争单元,认识模拟企业是学习模拟运营的开始。ERP 沙盘模拟企业是对一家已经经营若干年的离散制造企业的微缩与提炼,在组织结构上精简到五个部门,在现金流动上以百万(M)为最小单位,在经营时段上以季度(Q)为最小周期,在产品结构上精简到四种,在物料构成上保留了四种,在市场设置上细分为五类。本任务主要介绍沙盘模拟企业各个部门的初始状态,通过本任务学习,有助于学员更深入地了解 ERP 沙盘模拟企业与现实企业之间的关系。

知识目标
1. 了解企业组织结构的类型;
2. 掌握 ERP 沙盘模拟企业的初始状态。

技能目标
1. 各个角色能够结合沙盘状态明确自己的职责;
2. 能在沙盘盘面上摆出模拟企业初始状态,并检查核对。

任务情境

沙盘模拟即将鸣锣开战,作为沙盘模拟企业的成员,首先要了解自己企业的各项资产状况。现在,指导老师让各个角色人员各就各位,并按照沙盘盘面布局,进行摆放各种标识,如果你是模拟企业的财务总监,按照指导老师要求,摆出财务部门的各种标识。

任务导学

一、企业与模拟企业

企业一般是指以赢利为目的,运用各种生产要素(土地、劳动力、资本和技术等)向市场提供商品或服务,实行自主经营、自负盈亏、独立核算的具有法人资格的社会经济组织。按经营活动的部门分,有工业企业、农业企业、商业企业、交通运输企业、服务企业等;按所有制分,有国有企业、集体或合作社企业、私营企业等;按组织形式分,有公司制企业、合伙企业、独资企业等。

沙盘模拟中的模拟企业是由若干个不同角色成员组成,并以沙盘模拟教具为载体,用以模拟现实离散制造型企业的一种虚拟的企业。模拟企业与现实企业是有区别的,它不能完全反映现实企业的全部真实情况,但是,却可以以一种更简化、更直接的方式把企业的主要活动展示出来,可以使学员在一个微缩的环境中,体验现实企业的一些业务。

二、企业组织结构类型

企业组织结构是企业组织内部各个有机构成要素相互作用的联系方式或形式,以求有效、合理地把组织成员组织起来,为实现共同目标而协同努力。组织结构是企业资源和权力分配的载体,它在人的能动行为下,通过信息传递,承载着企业的业务流动,推动或者阻碍企业使命的进程。由于组织结构在企业中的基础地位和关键作用,企业所有战略意义上的变革,都必须首先在组织结构上开始。下面介绍几种常见组织结构。

1. 直线制

直线制是一种最早也是最简单的组织形式。它的特点是企业各级行政单位从上到下实行垂直领导,下属部门只接受一个上级的指令,各级主管负责人对所属单位的一切问题负责。厂部不另设职能机构(可设职能人员协助主管人工作),一切管理职能基本上都由行政主管自己执行。直线制组织结构如图1.7所示。

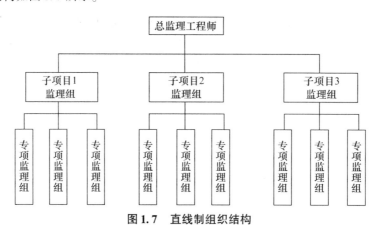

图1.7 直线制组织结构

直线制组织结构的优点是:结构比较简单,责任分明,命令统一;缺点是:它要求行政负责人通晓多种知识和技能,亲自处理各种业务。这在业务比较复杂、企业规模比较大的情况下,把所有管理职能都集中到最高主管一人身上,显然是难以胜任的。因此,直线制只适用于规模较小、生产技术比较简单的企业,对生产技术和经营管理比较复杂的企业并不适宜。

2. 职能制

职能制组织结构,是各级行政单位除主管负责人外,还相应地设立一些职能机构。如在厂长下面设立职能机构和人员,协助厂长从事职能管理工作。这种结构要求行政主管把相应的管理职责和权力交给相关的职能机构,各职能机构就有权在自己业务范围内向下级行政单位发号施令。因此,下级行政负责人除了接受上级行政主管人指挥外,还必须接受上级各职能机构的领导。职能制组织结构如图1.8所示。

职能制的优点是能适应现代化工业企业生产技术比较复杂,管理工作比较精细的特点;能充分发挥职能机构的专业管理作用,减轻直线领导人员的工作负担。但其缺点也很明显:它妨碍了

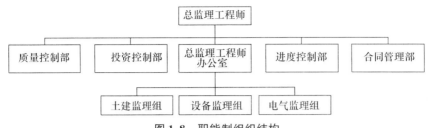

图 1.8 职能制组织结构

必要的集中领导和统一指挥,形成了多头领导;不利于建立和健全各级行政负责人和职能科室的责任制,在中间管理层往往会出现有功大家抢、有过大家推的现象;另外,在上级行政领导和职能机构的指导和命令发生矛盾时,下级就无所适从,影响工作的正常进行,容易造成纪律松弛,生产管理秩序混乱。由于这种组织结构形式的明显缺陷,现代企业一般都不采用职能制。

3. 直线—职能制

直线—职能制,也叫生产区域制,或直线参谋制。它是在直线制和职能制的基础上取长补短,吸取这两种形式的优点而建立起来的。目前,我们绝大多数企业都采用这种组织结构形式。这种组织结构形式是把企业管理机构和人员分为两类,一类是直线领导机构和人员,按命令统一原则对各级组织行使指挥权;另一类是职能机构和人员,按专业化原则,从事组织的各项职能管理工作。直线领导机构和人员在自己的职责范围内有一定的决定权和对所属下级的指挥权,并对自己部门的工作负全部责任。而职能机构和人员,则是直线指挥人员的参谋,不能对直接部门发号施令,只能进行业务指导。直线—职能制组织结构如图1.9所示。

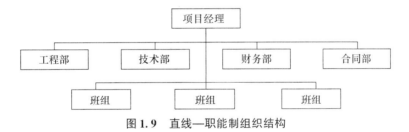

图 1.9 直线—职能制组织结构

直线—职能制的优点是:既保证了企业管理体系的集中统一,又可以在各级行政负责人的领导下,充分发挥各专业管理机构的作用。其缺点是:职能部门之间的协作和配合性较差,职能部门的许多工作要直接向上层领导报告请示才能处理,这一方面加重了上层领导的工作负担;另一方面也造成办事效率低。为了克服这些缺点,可以设立各种综合委员会,或建立各种会议制度,以协调各方面的工作,起到沟通作用,帮助高层领导出谋划策。

4. 事业部制

事业部制最早是由美国通用汽车公司总裁斯隆于1924年提出的,故有斯隆模型之称,也叫联邦分权化,是一种高度(层)集权下的分权管理体制。它适用于规模庞大,品种繁多,技术复杂的大型企业,是国外较大的联合公司所采用的一种组织形式,近几年我国一些大型企业集团或公司也引进了这种组织结构形式。事业部制组织结构如图1.10所示。

事业部制是分级管理、分级核算、自负盈亏的一种形式,即一个公司按地区或按产品类别分成若干个事业部,从产品的设计、原料采购、成本核算、产品制造,一直到产品销售,均由事业部及所属工厂负责,实行单独核算,独立经营,公司总部只保留人事决策、预算控制和监督大权,并通

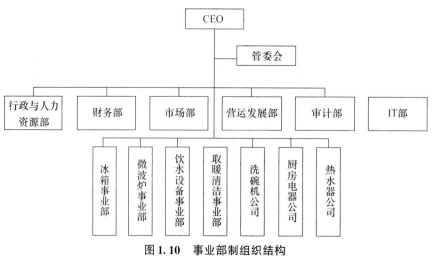

图 1.10　事业部制组织结构

过利润等指标对事业部进行控制。也有的事业部只负责指挥和组织生产,不负责采购和销售,实行生产和供销分立,但这种事业部正在被产品事业部所取代。还有的事业部则按区域来划分。

5. 模拟分权制

许多大型企业,如连续生产的钢铁、化工企业由于产品品种或生产工艺过程所限,难以分解成几个独立的事业部。又由于企业的规模庞大,以致高层管理者感到采用其他组织形态都不容易管理,这时就出现了模拟分权组织结构形式。所谓模拟,就是要模拟事业部制的独立经营,单独核算,而不是真正的事业部,实际上是一个个"生产单位"。这些生产单位有自己的职能机构,享有尽可能大的自主权,负有"模拟性"的盈亏责任,目的是要调动它们的生产经营积极性,达到改善企业生产经营管理的目的。模拟分权制组织结构如图 1.11 所示。

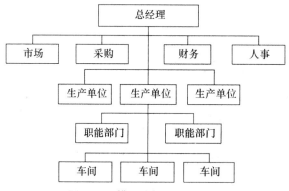

图 1.11　模拟分权制组织结构

模拟分权制是一种介于直线职能制和事业部制之间的结构形式,其优点除了调动各生产单位的积极性外,就是解决企业规模过大不易管理的问题。高层管理人员将部分权力分给生产单位,减少了自己的行政事务,从而把精力集中到战略问题上来。其缺点是,不易为模拟的生产单位明确任务,造成考核上的困难;各生产单位领导人不易了解企业的全貌,在信息沟通和决策权力方面也存在着明显的缺陷。

6. 矩阵制

在组织结构上,把既有按职能划分的垂直领导系统,又有按产品(项目)划分的横向领导关系的结构,称为矩阵组织结构。

矩阵制组织是为了改进直线职能制横向联系差、缺乏弹性的缺点而形成的一种组织形式。它的特点表现在围绕某项专门任务成立跨职能部门的专门机构上,例如组成一个专门的产品(项目)小组去从事新产品开发工作,在研究、设计、试验、制造各个不同阶段,由有关部门派人参加,力图做到条块结合,以协调有关部门的活动,保证任务的完成。这种组织结构形式是固定的,人员却是变动的,需要谁,谁就来,任务完成后就可以离开。项目小组和负责人也是临时组织和委任的。任务完成后就解散,有关人员回原单位工作。因此,这种组织结构非常适用于横向协作和攻关项目。矩阵制组织结构如图1.12所示。

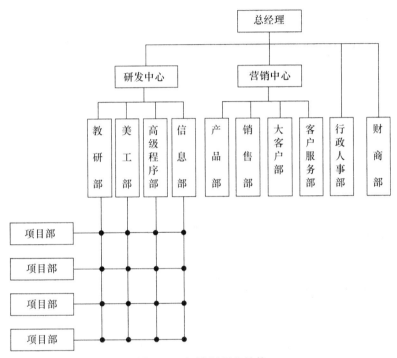

图1.12　矩阵制组织结构

矩阵结构的优点是:机动、灵活,可随项目的开发与结束进行组织或解散;由于这种结构是根据项目组织的,任务清楚,目的明确,各方面有专长的人都是有备而来,因此在新的工作小组里,能沟通、融合,能把自己的工作同整体工作联系在一起,为攻克难关,解决问题而献计献策。由于从各方面抽调来的人员有信任感、荣誉感,使他们增加了责任感,激发了工作热情,促进了项目的实现;它还加强了不同部门之间的配合和信息交流,克服了直线职能结构中各部门互相脱节的现象。

矩阵结构的缺点是:项目负责人的责任大于权力,因为参加项目的人员都来自不同部门,隶属关系仍在原单位,只是为“会战”而来,所以项目负责人对他们管理困难,没有足够的激励手段与惩治手段,这种人员上的双重管理是矩阵结构的先天缺陷;由于项目组成人员来自各个职能部门,当任务完成以后,仍要回原单位,因而容易产生临时观念,对工作有一定影响。

矩阵结构适用于一些重大攻关项目。企业可用来完成涉及面广的、临时性的、复杂的重大工程项目或管理改革任务。特别适用于以开发与实验为主的单位,例如科学研究,尤其是应用性研究单位等。

三、ERP 模拟企业初始状态

表 1.13 和表 1.14 反映出了沙盘模拟企业上一年度(初始年之前的一年)的经营状况,这也表明了企业的各种资产状况,说明了各企业团队即将接手的企业的状态。利润表和资产负债表是财务总监和财务助理每年都要填制的报表,具体填制方法详见"应战篇模块三任务四"。

表 1.13 利润表

项目	上年数(M)	备注
销售收入	35	营业收入
直接成本	12	产品成本
毛利	23	营业毛利润
综合费用	11	营业、管理、维护、广告等
折旧前利润	12	
折旧	4	设备折旧费
支付利息前利润	8	
财务收入/支出	4	利息、贴息
其他收入/支出		
税前利润	4	
所得税	1	所得税
净利润	3	净利润

表 1.14 资产负债表

资产	期初数	期末数	负债和所有者权益	期初数	期末数
流动资产:			负债:		
现金	20		长期负债	40	
应收款	15		短期负债		
在制品	8		应付账款		
产成品	6		应交税金	1	
原材料	3		一年内到期的长期负债		
流动资产合计	52		负债合计	41	
固定资产:			所有者权益:		
土地和建筑	40		股东资本	50	
机器与设备	13		利润留存	11	
在建工程			年度净利	3	
固定资产合计	53		所有者权益合计	64	
资产总计	105		负债和所有者权益总计	105	

1. 财务中心

财务中心内容包括贷款、现金和应收账款。

(1)贷款 40M

由财务总监或助理取 2 个空桶,分别放置于五年期长期贷款处和四年期长期贷款处,表示企业拥有 40M 的长期负债。财务中心状态如图 1.13 所示。

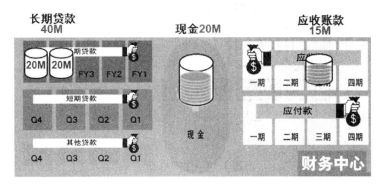

图 1.13　财务中心

(2)现金 20M

由财务总监或助理取 1 个空桶并放入 20M 灰色钱币,放置于现金库处。

(3)应收账款 15M

由财务总监或助理取 1 个空桶并放入 15M 灰色钱币,放置于三期应收账款处。

(4)综合费用 0M

由于是年初,上一年末综合费用计算并清零,综合费用为 0M。

2. 生产中心

(1)大厂房 40M

由生产总监或助理取 2 个空桶并分别放入 20M 灰色钱币,放置于大厂房旁的黄色圆圈处。

(2)生产线 13M

由生产总监或助理取 3 条手工生产线、1 条半自动生产线及 4 个 P1 产品标志牌依次放置于 1、2、3、4 号生产线空位上,再取 4 个空桶分别放入 3M、3M、3M、4M 并依次放置于 1、2、3、4 号生产线的生产线净值圆圈处。

(3)在制品 8M

由生产总监或助理取 4 个空桶依次分别放入 1 个 R1(红色钱币)和 1 个灰色钱币。

生产中心初始状态如图 1.14 所示。

3. 营销与规划中心

(1)Px 产品资格

由营销总监或助理取 1 个 P1 生产资格(紫色 P1 生产资格)放置于营销与规划中心 P1 生产资格处。

(2)由营销总监或助理取 1 个本地市场准入(红色本地市场准入)放置于营销与规划中心本地市场准入(浅红色本地市场准入)

(3)ISO

初始年及之前没有认定 ISO 资格。营销与规划中心初始状态如图 1.15 所示。

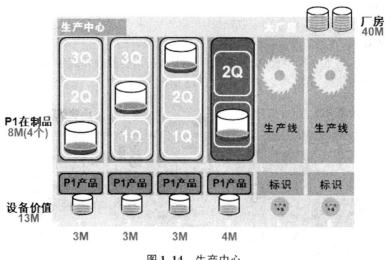

图 1.14　生产中心

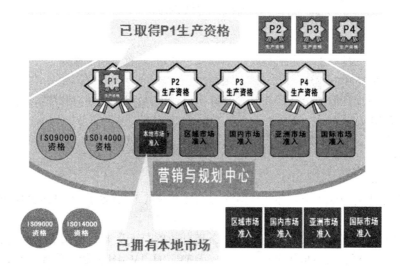

图 1.15　营销与规划中心

4. 物流中心

（1）成品库 6M

由采购总监或助理组合出 3 个 P1 成品放置于 P1 产品库中。

（2）原材料 3M

由采购总监或助理取 3 个空桶并分别放 3 个 R1 原材料（红色钱币），放置于 R1 原材料库处。

（3）原材料订单 0M

由采购总监或助理取 2 个空桶放置于 R1 订单处。物流中心初始状态如图 1.16 所示。

四、ERP 模拟企业岗位设定、职责及团队组建

根据"模块一任务三"，模拟企业的岗位设定及职责如表 1.15 所示。

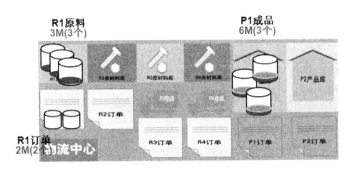

图 1.16　物流中心

表 1.15　ERP 沙盘模拟岗位设定及职责

首席执行官	财务总监	营销总监	生产总监	采购总监
制订发展战略	日常财务记账和登账	市场调查分析	产品研发管理	编制采购计划
竞争格局分析	向税务部门报税	市场进入策略	管理体系认证	供应商谈判
经营指标确定	提供财务报表	品种发展策略	固定资产投资	签订采购合同
业务策略制订	日常现金管理	广告宣传策略	编制生产计划	监控采购过程
全面预算管理	企业融资策略制订	制订销售计划	平衡生产能力	到货验收
管理团队协同	成本费用控制	争取订单与谈判	生产车间管理	仓储管理
企业绩效分析	资金调度与风险管理	签订合同与过程控制	产品质量保证	采购支付抉择
业绩考评管理	财务制度与风险管理	按时发货应收款管理	成品库存管理	与财务部协调
管理授权与总结	财务分析与协助决策	销售绩效分析	产品外协管理	与生产部协同

根据表 1.15 组织学员组建模拟经营团队,工作流程如下:

(1)首席执行官竞选:通过自愿或学员推选方式产生。

(2)领取团队成员登记表:由总经理负责邀请其他学员加入组建团队并登记成员姓名,5~8 名。

(3)企业定名及企业文化:由团队共同给模拟企业取定名称及创建企业文化。

(4)提交成员登记表:分组确认,团队编号(由 A 到 F 依次编号)。

学习测评

一、知识测评

1. 什么是企业?企业有哪些类型?

2. 企业组织结构的种类有哪些?各自有何优缺点?

二、技能测评

1. 按照初始状态,在盘面上摆出模拟企业的各种标识。

2. 盘点模拟企业初始状态下的流动资产和固定资产。

任务二　初始年运营

为了让学员了解沙盘模拟企业的运营方法,由指导教师担任各个模拟企业的 CEO,带领各个企业做示范运营。本任务主要介绍初始年运营的相关操作。通过本任务学习,学员基本可以独立完成沙盘模拟企业的日常运营,进一步加强对沙盘模拟规则和沙盘模拟企业的了解。

知识目标

1. 理解初始年运营的意义;

2. 了解模拟企业状态;

3. 理解沙盘模拟企业运营流程。

技能目标

1. 能够准确、熟练地填写模拟企业初始年报表;

2. 能够保证模拟企业按照运营流程运行;

3. 学会沙盘模拟基本操作。

企业选定接班人之后,原有管理层总要"扶上马,送一程",因此在起始年里,新任管理层仍受制于老领导,企业的决策由老领导定夺(这里由授课教师指挥),新管理层只能执行。主要目的是团队磨合,进一步熟悉规则,明晰企业的运营过程。

初始年运营在指导老师的带领下进行模拟运营,你准备好了吗?

任务导学

一、初始年运营

模拟企业初始年的经营以熟悉基本规则、规范基本操作和填写标准报表为主要目的,为了保证第一年各组的状态是相同的,因此限定初始年各模拟企业统一经营,各模拟企业的决策是相同的,并有指导老师带领各模拟企业统一经营。

初始年运营说明:

①不进行任何贷款;②不投资新的生产线;③不进行产品研发;④不购买新厂房;⑤不开拓新市场;⑥不进行 ISO 认证;⑦每季度订购 1 批 R1 原料;⑧生产持续进行。

1. 起始年经营流程如表 1.16 所示。

表 1.16　企业经营流程记录表

企业经营流程				
每执行完一项操作,CEO 请在相应的方格内打钩。财务总监(助理)在方格中填写现金收支情况。请按顺序执行下列各项操作。				
新年度规划会议	√			
参加订货会/登记销售订单	−1			
制定新年度计划	√			
支付应付税	−1			
1. 新年度会议和制定新年度计划初始年统一执行,以后各模拟企业自行组织; 2. 参加订货会各模拟企业均投放 1M 本地市场 P1 产品广告,以后各模拟企业自行确定; 3. 灰色斜线部分表示本年度此数据格不必填写。				
季初现金盘点(请填余额)	18	14	10	22
更新短期贷款/还本付息/申请短期贷款(高利贷)	×	×	×	×
更新应付款/归还应付款	×	×	×	×

续表

1. 第一季度初盘点数＝上年现金－本年广告费－本年应付税，其他季初数＝前一季末数； 2. 初始年不贷款，在不许组间交易时没有应付款项，不填。				
原材料入库/更新原料订单	−2−R1	−1−R1	−1−R1	−1−R1
下原料订单	(1)−R1	(1)−R1	(1)−R1	(1)−R1
更新生产/完工入库	(1)−P1	(2)−P1	(1)−P1	(2)−P1
投资新生产线/变卖生产线/生产线转产	×	×	×	×
向其他企业购买原材料/出售原材料	×	×	×	×

1. 原材料入库时支付对应数量的现金，现金由财务支付，可记作−2−R1； 2. 每季度均下 1 个 R1 原材料订单，可记作(1)−R1；在不许组间交易时没有此操作，不填； 3. 更新生产将加工完成的产品移入产品库，可记作(1)−P1，表示有 1 个 P1 产品下线； 4. −2−R1 表示支付 2M R1 原材料费，(1)−R1 表示下 1 个 R1 原材料订单，以上记法仅供参考；				
开始下一批生产	−1	−2	−1	−2
更新应收款/应收款收现	(3→2)	(2→1)	15(2→1)	32
出售厂房	×	×	×	×
向其他企业购买成品/出售成品	×	×	×	×

1. 在更新后空置的生产线上投入相应的原材料，并支付每条生产线 1M 的加工费； 2. 移动应收款，并将收入现金的应收款移入现金库； 3. 初始年不出售厂房，以后各模拟企业自行决定，在不许组间交易时不能组间购买或出售成品。				
按订单交货	×	6−P1(32)	×	×
产品研发投资	×	×	×	×
支付行政管理费	−1	−1	−1	−1
其他现金收支情况登记	×	×	×	×

1. 按照订单要求提交订单；初始年不研发产品；行政管理费每季度 1M，其他收支没有不填。				
支付利息/更新长期贷款/申请长期贷款				−4
支付设备维护费				−4
支付租金/购买厂房				×
计提折旧				(−4)
新市场开拓/ISO 资格认证投资				×
结账				√

1. 长期贷款支付利息，第一年长期贷款可在初始年第四季度借贷，利息计入第一年； 2. 设备维护费为每条建成的生产线 1M，租用厂房需支付租金，厂房租用在第四季度进行； 3. 折旧按照规则进行，折旧价值计入利润表，不计现金流量，市场与 ISO 从第一年末开始。				
现金收入合计	0	0	15	32
现金支出合计	−4	−4	−3	−12
期末现金对账(请填余额)	14	10	22	42

2. 初始年广告投放

初始年中,广告费的投放统一进行,各组额度相同,具体额度为:本地市场P1产品,广告费1M。填写如表1.17所示的广告登记表。

表1.17　广告登记表

A			
第一年本地			
产品	广告	9K	14K
P1	1		
P2			
P3			
P4			

3. 订单选取

为保证各组间的公平性,初始年的所有订单是相同的,订单内容如表1.18所示。

表1.18　订单

第0年　本地市场LP-1/6
产品数量:6P1
产品价格:5.3M/个
总金额:32M
应收账期:2Q

4. 订单登记

按照表1.18所示的订单,填写如表1.19所示的订单登记表。

表1.19　订单登记表

订单号								合计
市场	本地							
产品	P1							
数量	6							
账期	2							
销售额	32							
成本	12							
毛利	20							
未售								

二、提交报表

根据初始年企业经营流程记录表、广告登记表、订单表,填制综合费用表、利润表和资产负债表(具体填制方法见"应战篇模块三任务四"),并提交给指导老师。

 学习测评

一、知识测评

1. 申请 20M 5 年期长期贷款,需要什么条件?

2. 初始年第一季度,半自动生产线净值为 5M,且已经使用了一整年,那么年末该生产线净值是多少?

3. 第三季度交货,得到 15M 的 3 期应收账款,若不提前贴现应在第几年第几季度到期交付使用?

二、技能测评

1. 结合初始年的企业经营流程记录表,填写如下产品核算表和综合费用表。

产品核算表

	P1	P2	P3	P4	合计
数量					
销售额					
成本					
毛利					

综合费用表

单位:百万

项目	金额	备注
管理费		
广告费		
保养费		
租金		
转产费		
市场准入开拓		□区域　　□国内　　□亚洲　　□国际
ISO 资格认证		□ISO9000　　□ISO14000
产品研发		P2(　　) P3(　　) P4(　　)
其　他		
合　计		

2. 结合初始年的企业经营流程记录表、产品核算表和综合费用表,填写如下利润表和资产负债表。

利润表

项目	上年数	本年数
销售收入	35	
直接成本	12	
毛利	23	
综合费用	11	
折旧前利润	12	
折旧	4	
支付利息前利润	8	
财务收入/支出	4	
其他收入/支出		
税前利润	4	
所得税	1	
净利润	3	

资产负债表

资产	期初数	期末数	负债和所有者权益	期初数	期末数
流动资产:			负债:		
现金	20		长期负债	40	
资产	期初数	期末数	负债和所有者权益	期初数	期末数
应收款	15		短期负债		
在制品	8		应付账款		
成品	6		应交税金	1	
原料	3		一年内到期的长期负债		
流动资产合计	52		负债合计	41	
固定资产:			所有者权益:		
土地和建筑	40		股东资本	50	
机器与设备	13		利润留存	11	
在建工程			年度净利	3	
固定资产合计	53		所有者权益合计	64	
资产总计	105		负债和所有者权益总计	105	

3. 初始年经营结束,开始第一年自主经营,召开工作预备会议,制定下一年广告费投放计划、市场开拓计划、产品研发计划、生产线扩建计划。

——知己知彼 百战不殆

模块一　CIO:情报搜集与分析

模块导读

现代企业竞争中,获得竞争情报、分析企业竞争情报是了解竞争对手,同时,也是企业认识自己的一个过程。没有竞争情报,企业就不知自己在行业中处于何种竞争地位,也不知道该如何应对竞争对手采取的各种策略;对搜集的情报,不加甄别,不加分析,盲目采信,很可能会导致企业作出错误的,甚至是致命的判断。

在沙盘模拟过程中,企业获取竞争对手信息和市场信息是企业进行战略制定、执行的基础,是制定企业财务预算、生产计划和采购计划等的依据。在竞争过程中,要做到知己知彼,必须要依靠企业商业间谍(CIO)搜集情报、分析情报的工作。

任务一　情报搜集

在沙盘模拟当中,搜集竞争对手情报是企业商业间谍的重要职责之一,因此,情报搜集的任务主要由它来完成。竞争对手的情报是制定本企业战略、进行科学经营、科学决策的基础,因此,商业间谍在沙盘模拟企业中的地位与其他部门主管一样重要,甚至更为重要一些。通过本任务学习,商业间谍应该掌握在沙盘模拟过程中,如何搜集竞争对手情报,搜集哪些情报;其他人员应该更加理解商业间谍的工作,重视情报搜集,科学利用信息作出合理化部门或企业决策。

知识目标

1. 了解竞争情报的含义、特征、内容及作用;
2. 理解竞争情报搜集的渠道及制约因素;
3. 掌握竞争情报工作的一般程序;
4. 了解沙盘模拟过程中商业情报的搜集和种类。

技能目标

1. 学会搜集竞争情报;
2. 各部门主管学会利用情报信息,对情报搜集工作提出要求和建议。

任务情境

沙盘模拟运营第一年年末,指导老师告诉各公司,现在可以进行情报搜集活动。A公司决定派出企业商业间谍去搜集其他竞争对手的商业情报。

如果你是该企业的商业间谍,你该如何搜集其他企业经营情报?应搜集哪些情报?

一、竞争情报概念与特征

1. 竞争情报的概念

竞争情报简称 CI，即 competitive intelligence，也有人称之为 BI，即 business intelligence。情报的概念源于军事领域，战争中，一方为了获得战争胜利，对敌方军事信息进行搜集、甄别、分析，以了解敌方动向，对战争形势进行判断，从而作出对己方有利的军事决策，这类信息称为情报。二战结束后，世界各国的竞争不再是在战场上一决高下，而是各个国家在经济领域进行的没有硝烟的"战争"，而这又主要体现在企业与企业之间的竞争。随着经济全球化和科学技术的日新月异，企业在全球范围内争夺市场和资源，这场没有硝烟的"战争"丝毫不逊于"二战"，因此，有人称之为商战。"情报"也从军事领域被引入到商业领域，情报就是与商战有关的一切信息。

竞争情报就是根据企业在激烈的市场竞争中赢得和保持优势这一特定需求，对竞争对手、竞争环境和企业自身的信息进行合法的采集、选择、评价、分析和综合，并对其发展趋势作出预测，以形成新颖的、增值的、不为竞争对手所知的、对抗性的信息，从而为企业的战略和战术决策提供决策依据的智能化活动过程。竞争情报被认为是企业运作中，继资金、技术、人才之后的第四大资源。

2. 竞争情报的特征

竞争情报最重要的特征是对抗性，要求在对方不协助，甚至是反对的情况下，去了解、分析对手，搜集分析情报是手段，其最终目的是在商战博弈中获胜。

竞争情报还具有合法性，因此，获取竞争情报的途径和手段也必须是合法的，通过不正当的非法手段获取竞争对手信息，使自己获益或损害竞争对手利益的同时，也给企业带来了经营风险，损害了企业自身形象和信誉。竞争情报的基础和素材是各式各样的信息。企业搜集竞争对手情报的途径很多，很多信息都可以从公开的、合法的渠道获取。占有、分析、研究各式各样的信息，最终就能发现、找到很有价值的竞争情报。根据统计分析，在企业想要得到的竞争情报中，约有95%可以通过合法的、符合道德规范的途径获得。

竞争情报具有定向性。一般企业搜集竞争情报，是有针对性的。竞争情报就是通过对特定竞争对手的经营策略、销售状况、新技术开发、市场占有率及资信状况等情报的搜集、分析研究，为企业提供竞争情报服务，协助企业拟定战胜竞争对手的战略策略，使组织在激烈的市场竞争中立于不败之地。因而，它表现出独占性和排他性，具有研究的定向性特征。

竞争情报具有隐蔽性。一般情况下，企业搜集分析竞争情报是在竞争对手不知情，也不应该知情的情况下开展的。一旦竞争对手知晓，必然会采取措施进行干预，给情报搜集工作带来困难，另外，竞争对手也会制定相应策略应对，搜集到的竞争情报也失去了针对性，还可能由于竞争对手散布虚假情报，误导企业作出错误判断，反而使企业陷入被动境地。

二、竞争情报的内容

竞争情报的内容包括竞争对手情报、竞争市场情报和竞争策略情报，如图2.1所示。

1. 竞争市场情报

（1）市场规模情报

市场是竞争的战场，谁能抢先占领市场并占据市场的主导地位，谁就能取得竞争的主动。及时了解市场规模情况，是为更好地抢占市场。市场是一个多元动态的空间，包括其发展变化、竞争新格局、产品结构变化、市场需求新动向、消费趋势、产品市场容量、当前产品市场流量、价格波

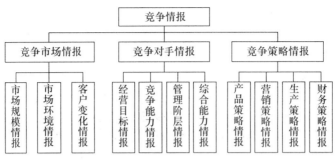

图 2.1　竞争情报的主要内容

动态势等内容。

（2）市场环境情报

企业的成败往往取决于能否了解和掌握市场环境的变化，并及时作出反应。这种市场环境包括经济、政策法律、科技和社会人文等内容。

（3）客户变化情报

主要是指客户对现有产品或销售服务的满意程度及其消费倾向的变化。特别是顾客对销售服务的意见更应成为收集情报的重点，因为在产品实体都差不多的情况下，服务质量的好坏起到举足轻重的作用。实践表明，良好的服务能够吸引更多的回头客。

2. 竞争对手情报

（1）经营目标情报

①竞争对手的经营战略思想、规模和目标，包括其制定经营目标的价值观念，进行风险预测和考虑市场占有率、增长率、利润率时的有关情况，比如竞争对手是否具有对其目标产生重大影响的价值观念，持何种风险态度，想不想成为市场领袖或产品潮流的主宰者等。

②竞争对手的经营计划、经营规模和能力、经营业务分类、经营措施、经营管理模式、经营发展障碍等。具体如企业的多角经营计划是什么，哪些项目赢利丰而投入少，哪些业务最有前途。

③竞争对手的组织结构、领导构成及其背景、管理体制以及在资源分配、产品定价、产品更新决策方面的责任和权力分配情况。例如，总公司招聘什么样的业务部门领导，可以看出高层领导可能偏好的战略方向。

（2）竞争能力情报

①竞争对手的历史状况，诸如所取得的成绩、经受过的挫折、对行业变动的反应和处理突发事件的能力等。

②竞争对手的营销能力，主要指在产品成本、产品质量、产品技术等方面有无优势，与产品销售单位的关系是否密切等。

③竞争对手的业务水平，重点是看其对产品市场需求和行业发展趋势的预测是否基本准确。

（3）管理阶层情报

①高层领导人背景。这主要是指对手高层管理人士的出身、教育程度、专业、工作经历、工作业绩和是否有经验等。一名企业高层领导人的专业素质、性格和在决策目标与方案上的偏好，对企业的经营战略会起到决定性作用。例如，具有金融、财务背景的领导者可能偏重于稳健的战略；有市场背景的可能偏重于开放的战略；靠营销发家的则可能偏重于行销为导向的战略。另外，高层领导人过去的业绩、所经历过的重大事件和与社会各阶层的特殊关系，都会对今后确定和选择战略产生不同的影响。

②普通管理人员背景。这主要是指各级管理人员、营销人员和技术人员的年龄、专业知识、资历、职务与职称、能力、作风、气质、特长、技术素质等。

（4）综合能力情报

竞争对手的综合能力主要从以下几个方面加以考察：一是看其业务部门领导的能力，强在何处，弱在哪里；二是观察对手的增长能力主要在哪一方面，有无增强或减弱的迹象；三是了解其快速反击的能力如何，以及它所取决的无约束储备金、富余的生产能力、定型的但尚未推出的新产品等因素；四是设法搞清对手适应外界变化的能力，包括其固定成本及变动成本的情况，各业务部门对所处行业情况变化的适应能力和反应能力；五是分析对手的持久力如何，包括决定这种持久战能力的现金储备、管理者之间的一致性、财务目标方面的长远眼光及股票市场的压力等因素。

3. 竞争策略情报

（1）产品策略情报

产品是企业生产活动的起点，也是企业进入市场参与竞争的最直接手段，其策略可分为：

①创新产品策略。一是将以前曾经很适合市场需求的产品经过改进后再引入市场；二是也可以根据市场的需要研究开发新产品创制新商标。

②多样化产品策略。即利用原有产品在市场上的良好声誉，开发广泛的系列产品。既可以改进和增加已有产品的功能，也可以另外开发新产品。

③标准化产品策略。例如将原属专业性的产品改成通用型，扩大生产批量，使产品成为本行业的"标准"，创造新的规模经济。

（2）营销策略情报

通常，为促进产品的销售，企业多采用这样几种策略：

①经销渠道。要求在对产品、市场、中间商和企业本身等因素进行综合考虑的基础上，建立独特而有力的经销渠道，用较低的费用、最少的时间、最快的速度将产品送至目标市场。具体有广泛分配策略、选择分配策略和独占分配策略。

②地区扩张。即改变销售的地区重点，由市内、省内某一地区扩大到另一地区，再扩张至其他省市乃至全国及国外。

③服务方式。服务是企业营销活动中强有力的竞争手段，对市场占有率影响很大。可以根据市场的需求和竞争对手的薄弱环节，采取别具特色的服务方式，提高服务质量，以扩大市场销售量。服务策略有：交货可靠迅速、售价优惠、保修保换，按顾客要求设计款式和上门维修等等。

④产品定价。即根据产品、购买对象、消费者心理、产品组合、竞争特征等因素，采用合适的定价策略，如进攻性的低价策略、薄利多销价格策略等。

（3）生产策略情报

①做好生产能力的平衡工作，解决在既定生产能力范围内如何适应市场需要的问题；

②与现代科学技术相结合，不断创新制造技术和工艺，促进产品质量的提高；

③确保原材料来源，用最少的物质保证生产正常进行。

（4）财务策略情报

①资金筹集策略，选择有利的集资手段，保持健康的资金结构，力求降低资本费用，提高借入资金利用效果；

②资金运用策略，指在长期与短期内如何分配固定资金，以及有效地管理和运用流动资金；

③股份收购策略，主要是指在公开金融市场上筹资比较困难的公司，可采取收购股份的策略使企业得以顺利发展。

情报的一个重要属性就是时效性,竞争情报出于它具有的竞争性,就使得时间对于它至关重要。所谓有效时间是指必须在事情发生之前获得情报。保持本企业竞争优势的一个最好的方法就是让自己走在别人的前面,在时间上抢先一步,打个时间差。利用时间差,公司可能将一种新产品在消费者当中形成先入为主的优势,可能抢占更大的市场份额;过期的情报不能称其为情报,只是一种没有价值的垃圾信息。

三、竞争情报对企业的价值

(1)决策支持。经营管理中风险最大环节的就是决策,对搜集到的竞争情报进行精准、透彻的分析,能为科学决策提供一个强大的支持,大大提高决策的质量。

(2)预警避险。企业最无法控制的因素就是经营环境,企业通过搜集竞争情报,最基本的目的是减小或消除突发的事件对企业经营带来的冲击,准确和及时的竞争情报能为企业的运营环境监测提供提前的预警机制。

(3)学习比较。企业必须了解自身在市场竞争中的地位,哪些地方落后于竞争对手,如何能够达到这一水平,这样就可以学习、模仿竞争对手。竞争情报能够为企业学习比较竞争对手提供依据。

(4)信息安全。竞争情报有助于推动企业自身的信息安全建设。

四、竞争情报搜集渠道

竞争情报可以分为显性情报和隐性情报。显性情报是指可以通过公开渠道了解到的情报,如竞争对手公司规模、主要业务或产品、销售额或者营业额、领导者等都可以从公开渠道获得。隐性情报是指不能通过公开渠道获取,或者暂时不能从公开渠道获取的情报。

1. 显性情报搜集渠道

因为显性情报是相对公开的,因此其搜集渠道如表2.1所示。

表2.1　显性情报收集渠道

搜集渠道	种类
纸质出版物	书籍;报纸、杂志;政府法律法规、年度报告、统计资料等文件;企业厂刊、厂报文件资料、财务报表、广告等;第三方机构的分析报告、研究报告等
电子出版物	电视;电影;广播;录像录音;专业数据库;互联网络、局域网出版物等
互联网上竞争情报	公司网站;商业信息网站;求职网站;专利和商标网站等
情报定制	剪报;网络搜索(如百度、谷歌);专业情报定制服务方

2. 隐性情报搜集渠道

因为隐性情报的载体主要是人,包括竞争对手公司内部人员、本公司内部人员、第三方公司人员和社会上的相关人员等,因此,情报搜集人员应着力建立和维护广泛而良好的人际关系网络,通过人际关系网络获取从公开渠道得不到的隐性情报。

需要说明的是,无论是显性情报还是隐性情报,无论采用何种渠道,情报搜集人员都要注意其时效性,不同渠道获取的情报的时效性是不同的,另外,还要注意把几种渠道结合起来使用,以确定情报的真实性和准确性。

五、竞争情报搜集的制约因素

1. 时间

时间因素是制约情报价值和搜集方式的首要因素。时效性是情报搜集的主要要求之一。情报有其需求时间,错过了需求时间,搜集再多再准确的情报都没有价值。

2. 财政

企业能投入多少资金在情报搜集工作中,很大程度上制约着情报搜集和分析的效率和效益。

3. 法律

竞争情报具有合法性,情报搜集工作要受到法律法规的制约。情报搜集人员不能违反国家法律法规,通过非法手段获取情报。

4. 最终用户

情报最终效益在使用上,情报搜集人员往往不是情报的最终使用者,因此,情报搜集工作应该从情报使用者的角度出发,而非从情报搜集人员自己的角度去搜集自己认为有价值的情报。

5. 人力资源

竞争情报搜集是一项专业性很强的工作,为避免做无用功,尽量应该由专业人士、具有相关专业知识或专业素质的人担任。

6. 职业道德

竞争情报人员(搜集或者分析等)在搜集、处理情报时,往往能够接触到很多核心机密,竞争情报人员应该遵守职业道德,不能以此为己牟利。

7. 机构设置

如果企业专门设置情报专业机构,可以提高情报工作的专业化水平。

六、开展竞争情报搜集的程序

1. 确定搜集目标和要求

搜集目标和要求是企业每次或每项竞争情报搜集工作的行动纲领,也是最后检验搜集工作成功与否的基准。在确定搜集目标和要求时,领导的意图、所处的竞争环境、是否有明确的情报搜索对象等因素必须加以考虑,同时还要考虑企业当时的人、财、物状况。应该在充分考虑到主观需要和客观需要之后,对已有的情报量和未知的情报量做一估计,然后明确搜集要求,确定搜集目标。在确定目标的过程中,还要注意搜集的广泛性与针对性。

2. 制定搜集方案

目标和要求明确后,就要制定搜集计划和方案。根据搜集要求,选择合适的情报源,在选定情报源的过程中,要注意公开情报源和非公开情报源的结合,注意调动起整个竞争情报网络。针对每个情报源应该制定相应的搜集手段和操作细节;同时还要制定一定时期内搜集工作的具体实施方案,包括实施搜索的具体方式、获取情报资料的时间、方案由谁(部门和人员)来负责执行等,同时还要将阶段搜集工作与整体搜集工作有机地结合起来。

3. 搜集获取情报

由于竞争情报的搜集是一项艰苦而琐碎的工作,所以,需要搜集工作者做大量细致的事务性工作,如抄录、加工、整理、鉴别、选择、提要、对比等;同时还要搞好组织工作,如人员的安排、搜集计划的安排落实,以及流程的组织工作等,以确保竞争情报的顺利获取和传递。

4. 评价与反馈

搜集工作的结果不外乎两种:一是将搜集到的情报经过整理、加工、提炼后形成调研报告提供给决策者;二是没有搜集到明确的相关信息。对于第一种结果要对照搜集目标和要求检查是否达到或满足率为多少,还有哪些不足之处。组织有关人员,根据用户的反馈意见认真及时地搞好评价工作,找出差距,总结经验,为下一步或今后工作提供借鉴和指导。对于需要进一步深入的搜集任务,还要根据决策者再次的情报需要和要求,重新确定竞争情报的搜集目标,并进入下一轮的情报搜集工作程序,竞争情报的搜集过程是一个动态的循环过程,如图2.2所示。

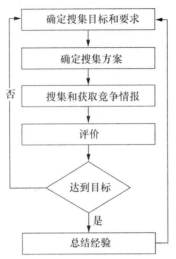

图2.2　竞争情报搜集的一般程序

七、沙盘模拟过程中的商业情报搜集

1. 沙盘模拟中的商业情报

沙盘模拟过程中的商业情报包括市场预测和竞争对手情报。市场预测发布了近几年关于行业产品市场的预测信息,包括各市场、各产品的需求量、价格趋势、客户关于技术及产品质量要求(ISO资格)等。商业间谍可以通过实地调查,与竞争对手沟通、交流等其他途径获取竞争对手的信息。

2. 沙盘模拟过程中情报搜集工作开展

（1）研究本企业

在每年年末,CEO主持各部门主管开会,首先,由各部门主管汇报本企业基本情况与下一年计划,然后,由CEO对本年度经营进行总结,通报各部门计划落实情况,分析本企业今年经营成功与失败之处,确认企业在市场竞争中的地位、优势和劣势,主持对各部门计划进行审议,最后确定初步计划。

（2）调查竞争对手

根据今年经营情况,初步确定重点调查对象,暂列为潜在竞争对手。依据本企业下一年初步计划,商业间谍与各部门主管沟通,确定各部门需要商业间谍提供哪些竞争对手信息,有哪些建议,然后,商业间谍根据这些要求和建议,进行商业情报搜集工作,调查竞争对手,尤其是被列为潜在竞争对手的企业,应做重点调查。

一般说来,所有参加竞争的企业都是企业的竞争对手,但是,通常企业更关注与本企业直接竞争的企业,也就是直接竞争对手,这些对手往往与本企业生产同种产品,在同样的市场上竞争,会与企业瓜分蛋糕。

沙盘模拟中,商业间谍搜集情报的途径有观察竞争对手盘面、竞争对手报表、指导老师讲评与通告(公开信息)、市场预测、赛前规则发布、观察竞争对手、经验等。

商业间谍获取情报的手段有拍照、记录、记忆、道听途说(倾听竞争对手交流情况)等。

（3）市场/行业环境调查

对市场需求规模、价格、增长率、市场预测、各公司市场份额、发展前景、原材料供应情况等。

3. 沙盘模拟过程需要搜集哪些情报

沙盘模拟过程中，竞争对手的情报是企业最应该关注的，因此，搜集竞争对手情报是情报搜集的重中之重。竞争对手情报主要包括生产情报、营销情报、财务情报、物流情报、组织情报、计划与策略情报、其他情报等，其内容及用途如表 2.2 所示。

表 2.2　竞争对手情报搜集信息种类

竞争对手情报种类	内容	可能用途
生产情报	1. 生产线情况（数量、类型、生产产品品种、在制品） 2. 生产线净值、生产线布局、转产、停产等） 3. 生产能力（P1、P2、P3、P4 产能各为多少） 4. 厂房情况（是否有大厂房和小厂房、年租金是多少）等	产品开发、广告投入、生产线投资、产品组合、财务预算、战略制订等
营销情报	1. 市场情况（已开发完成哪些市场、在开发哪些市场、何时将开发完成、还需要投入多少资金、是否是某个市场老大） 2. 产品研发情况（已研发成功哪些产品、在研发哪些产品、还需要多长时间研发完成、还需要投入多少资金） 3. 广告情况（去年在各市场、各产品上投入多少广告） 4. 订单情况（在各市场、各产品接单情况、是否有违约订单、哪些产品、哪个市场订单违约、销售额是多少等）等	市场开发、产品开发、广告投入、财务预算、战略制订等
财务情报	应收账款情况（数量、处于第几期）、现金情况（数量） 贷款情况[长期贷款、短期贷款、高利贷数量、处于第几期（年）、年利息多少] 费用情况（租金、利息、贴现、综合费用等） 财务预算等	财务预算、广告投入、生产线投资、产品开发、战略制订等
物流情报	库存情况（在制品、成品、原材料库存种类、数量及价值） 原材料订单（数量、种类及订单状态）	订单争取、广告投入、战略制订、财务预算等
组织情报	各部门主管由谁来担任、性格特点、对风险态度、执行力等	战略制订、广告投入、产品开发、市场开拓等
计划与策略情报	生产计划、采购计划、市场开发计划、ISO 认证、产品研发计划、生产线投资计划、筹资计划、广告投入策略、市场进入策略、产品组合策略、生产策略等	战略制订、生产线投资、产品开发、市场开拓、ISO 认证、产品组合、财务预算、订单争取等
其他情报	部门之间交流情况、对待失误的态度、沙盘盘面是否规范与整洁、记录情况、加分与扣分情况、所有者权益情况、市场占有率、广告效用、费用等	团队管理、广告投入、订单争取、战略制订等

当然，并不是要把所有的竞争对手的所有信息都搜集到，情报搜集前，应该积极努力与 CEO 和其他部门沟通，确定重点关注对象和重点领域，在有限的时间（一般是在每年年末）内，明确情报需求，有效搜集所需信息。

4. 沙盘模拟过程中搜集情报注意事项

（1）要研究本企业情况，做到"知己"；

（2）搜集情报应在规定的时间内进行；

（3）搜集情报应该事先准备好标准化记录格式；

（4）要确定潜在竞争对手和调查重点；

（5）要确定搜集信息的重点内容；

（6）其他部门人员应给予支持；

（7）充分肯定搜集情报的重要性；

（8）情报搜集可以采用多种渠道、多手段。

5. 沙盘模拟中的竞争情报搜集实例

表2.3、表2.4、表2.5是A企业商业间谍对潜在竞争对手E企业商业情报调查的基本情况。

表2.3 生产中心信息采集表

	生产线情况:大厂房					生产线情况:小厂房				
	1	2	3	4	5	6	7	8	9	10
建设	√	√	√	√						
类型	全	全	半	全						
产品	P1	P2	P1	P3						

表2.4 产品、市场、ISO信息采集

分类	产品情况				ISO情况		市场情况				
项目	P1	P2	P3	P4	14K	9K	本地	区域	国内	亚洲	国际
资格	√	√	√		√	√	√	√	√	√	
库存	1	2	1						老大		
在制	2个 (半:2Q)	1个	1个								

表2.5 现金、负债、应收账款信息采集表

现金	贷款			应收账款				违约
现金	长贷	短贷	高利贷	1Q	2Q	3Q	4Q	
32	80	40		26	13			

 学习测评

一、知识测评

1. 什么是竞争情报？竞争情报有哪些特征？

2. 举例说明竞争情报对企业的作用。

3. 如何开展搜集竞争情报工作？

4. 沙盘模拟中,商业间谍可能需要搜集的情报有哪些？

5. 商业间谍该如何开展情报搜集工作？

二、技能测评

1. 商业间谍根据需要搜集的情报,编制一个搜集记录商业情报信息的记录表格。
2. 利用上题编制的表格,商业间谍记录本企业和一个竞争对手的相关信息。
3. 商业间谍把与各部门沟通情况和要求进行记录。
4. 搜集各竞争对手产品和市场信息。

任务二　情报分析

在沙盘模拟过程中,商业间谍要对搜集到的情报进行甄别、处理、加工、分析之后,才能使信息为决策提供支持。本任务主要目的是要求掌握情报分析的一些常用方法,能利用这些方法对情报进行分析。

知识目标

了解几种常见情报分析方法的分析程序。

技能目标

1. 能采用合适的方法分析搜集到的信息;
2. 利用情报分析,为企业决策提供支持。

在沙盘经营中,A 企业商业间谍在规定的商业间谍时间搜集了竞争对手的信息,营销总监需要利用搜集回来的信息,决定企业下一年应该开发哪个市场,以及下一年应该在各个市场和产品上投入多少广告,才能把剩余的库存 P1 销售出去,那么,他该如何利用搜集到的信息,得出该开发哪个市场?如何确定下一年广告投入?

如果你是该企业的商业间谍,你该如何对搜集到的其他企业经营情报进行分析?并给营销总监提出合理的建议。

一、竞争情报分析

目前,竞争情报分析的方法很多,每一种方法都有它的适用性和局限性,通常需要几种方法结合起来使用。常见的竞争情报分析方法有定标比超(benchmarking)、SWOT 分析法、财务分析法(通常指报表分析)、核心竞争力分析、关键成功因素分析、客户满意度调查、资产转让分析、经验曲线、五力模型、产业细分(industry segmentation)、PIMS 数据库分析、多元化业务分析、利益相关者分析、战略联盟、战略组分析(a strategic group analysis)、优势及弱点分析、价值链分析、波士顿矩阵(BCG industry matrix)等,在这里,只介绍几种常用的方法。

二、常见情报分析方法

1. SWOT 分析法

SWOT 是 strength(优势)、weakness(弱势)、opportunity(机会)、threat(威胁)的总称,SWOT 分析法又称为态势分析法。SWOT 分析法是指根据企业自身的既定内在条件,通过分析研究,找出企业的优势、劣势及核心竞争力之所在。在这里,优势、弱势多指企业的内部因素;机会、威胁多指企业的外部因素。SWOT 分析的内容如图 2.3 所示。

优势 (strength, S)	劣势 (weakness, W)
机会 (opportunity, O)	威胁 (threat, T)

图 2.3　SWOT 分析内容

SWOT 分析法是企业竞争情报工作中最基本、最有效的分析方法,它能够较客观地展现一种现实的竞争态势,我们只有对现实的竞争态势有所了解,才能运用各种分析方法对竞争对手和企业本身进行更好的分析与规划。SWOT 分析法目前是竞争情报工作者必须掌握的方法。

进行 SWOT 分析,确定企业内部的优势和劣势,以及外部所面临的机会和威胁之后,将分析的结果提出应对策略。如图 2.4 所示。

图 2.4　SWOT 分析策略

根据分析,制定合适的战略,具体如下:

(1)SO(优势—机会)战略:SO 战略是一种发展企业内部优势与利用外部机会的战略,是一种理想的战略模式。当企业具有特定方面的优势,而外部环境又为发挥这种优势提供有利机会时,可以采取该战略。例如良好的产品市场前景、供应商规模扩大和竞争对手有财务危机等外部条件,配以企业市场份额提高等内在优势可成为企业收购竞争对手、扩大生产规模的有利条件。

(2)WO(劣势—机会)战略:WO 战略是利用外部机会来弥补内部劣势,使企业改劣势而获取优势的战略。存在外部机会,但由于企业存在一些内部劣势而妨碍其利用机会,可采取措施先克服这些劣势。例如,若企业劣势是原材料供应不足和生产能力不够,从成本角度看,前者会导致开工不足、生产能力闲置、单位成本上升,而加班加点会导致一些附加费用。在产品市场前景看好的前提下,企业可利用供应商扩大规模、新技术设备降价、竞争对手财务危机等机会,实现纵向整合战略,重构企业价值链,以保证原材料供应,同时可考虑购置生产线来克服生产能力不足及设备老化等缺点。通过克服这些弱点,企业可能进一步利用各种外部机会,降低成本,取得成本优势,最终赢得竞争优势。

(3)ST(优势—威胁)战略:ST 战略是指企业利用自身优势,回避或减轻外部威胁所造成的影响。如竞争对手利用新技术大幅度降低成本,给企业很大成本压力;同时材料供应紧张,其价格可能上涨;消费者要求大幅度提高产品质量;企业还要支付高额环保成本;等等。这些都会导致企业成本状况进一步恶化,使之竞争中处于非常不利的地位,但若企业拥有充足的现金、熟练的技术工人和较强的产品开发能力,便可利用这些优势开发新工艺,简化生产工艺过程,提高原材料利用率,从而降低材料消耗和生产成本。另外,开发新技术产品也是企业可选择的战略。新技术、新材料和新工艺的开发与应用是最具潜力的成本降低措施,同时它可提高产品质量,从而回避外部威胁影响。

(4)WT(劣势—威胁)战略:WT战略是一种旨在减少内部劣势,回避外部环境威胁的防御性技术。当企业存在内忧外患时,往往面临生存危机,降低成本也许成为改变劣势的主要措施。当企业成本状况恶化,原材料供应不足,生产能力不够,无法实现规模效益,且设备老化,使企业在成本方面难以有大作为,这时将迫使企业采取目标聚集战略或差异化战略,以回避成本方面的劣势,和由此带来的威胁。

表2.6是对某公司员工满意度所进行的SWOT分析。

表2.6　某公司员工满意度SWOT分析

员工满意度 SWOT 分析	优势 S 1. 认同并遵守公司制度 2. 热爱学习,力求上进 3. 员工心地无私	劣势 W 1. 薪酬待遇在行业中偏低 2. 加班较多,导致员工疲惫 3. 企业文化建设薄弱
机会 O 1. 组织结构正在调整 2. 股份制改造和上市机会	SO 战略 1. 成立人力资源部,强化人力资源管理 2. 后备干部的选拔、培养	WO 战略 1. 聘请管理顾问,大力推进企业文化建设 2. 建立科学合理的绩效考核与薪酬制度
威胁 T 1. 技术人才和熟练工流失 2. 人员素质低	ST 战略 1. 成立培训部,通过持续的培训提升员工素质 2. 引入高素质人才	WT 战略 高薪挽留部分人才

基于以上SWOT分析,因此,该公司决定改进三个弱项,由人力资源部和培训部执行:第一,改变公司目前使用的工资制度,建立科学合理的绩效考核与薪酬制度;第二,建立内部培训制度,进行全员素质教育;第三,大力推进企业文化建设。

2. 定标比超法

定标比超法也称标杆管理或基准管理,就是将本企业的各项活动与从事该项活动的最佳企业进行比较,修正自身的不足,从而定出最佳的行动方案,参与市场竞争,达到预期目标。现在有不少企业都采用了此种方法。定标比超法的工作过程框架如图2.5所示。

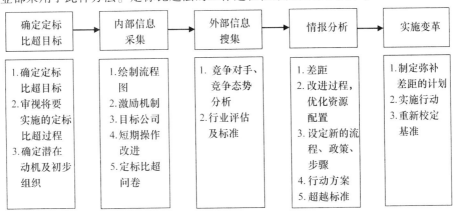

图2.5　定标比超法的工作过程框架

定标比超法实施的一般步骤可以分为五步：

第一步：确定定标比超内容。

选择定标比超内容时，我们可以从以下几个方面进行考虑：

（1）在成本中占最高份额的部分，不管它是固定的或是可变的；

（2）明显地影响质量、成本等重要因素的部分；

（3）对商业有重要战略意义的部分；

（4）在市场中进行差别化竞争起重要作用的方面；

（5）代表或支持企业的重要成功因素的方面；

（6）在实现商业资源和管理方式的情况下，可以被改进的方面。

第二步：选择定标比超对象。

由于定标比超最终是要向这个对象学习，争取赶上并超过这个对象，所以对象的选择就显得非常重要。选择合适的定标比超对象，有时候不但可以简化定标比超过程的困难程度，还可以强化定标比超的效果。

定标比超的对象通常来说可以分为以下几大类：

（1）企业内部

对本企业内部的某个部门进行定标比超比较简单，搜集各种数据的阻力比较小。而且，这种内部定标比超比较节省时间和成本。但是，内部定标比超的缺点是，企业不能跳出本企业的视野，定标比超的内容也多局限在操作层和管理层，而很少涉及战略层。因此它在很多时候不能够满足企业发展的需要。

（2）竞争对手

竞争对手一般又可以分为以下几类：

直接竞争对手。如对于福特公司来说，其直接竞争对手就是美国通用汽车、德国宝马汽车、日本丰田汽车等等。

平行竞争对手。这些公司的业务和本公司的业务基本相同，但它们并不构成和本公司的直接竞争。比如说，对于北京的 A 超市来说，上海的 B 超市就是其平行竞争对手。

潜在竞争对手。即目前还没有构成竞争威胁，但是将来将成为竞争对手的公司。

（3）行业内部

如果定标比超的对象是行业内的非竞争对手，那么很多问题都可以解决。比如说，可以跳出内部定标比超视野狭窄的局限，可以避免竞争对手定标比超的数据不易搜集的困难。而且由于所处同一个行业，所以通过行业协会等可以较方便地获取一些信息。但是，也许会因为本企业和定标比超对象之间存在差异，在定标比超结果转化和实施上会存在一些困难。

（4）行业外部

行业外一流组织的定标比超，完全跳出了行业的限制，而把目标瞄准了某一个一流的管理方法或处理过程，这有助于企业开阔思路，容易实现创新。这种创新也许能够给企业带来飞跃性发展的机会。但是，对一流组织的定标比超毕竟是一种跨行业的定标比超。由于行业差异，所以要通过定标比超发现对本企业有用的情报比较困难。而且，就算这种定标比超有了有价值的发现，由于这种结果的应用有时会改变本企业的整个模式，所以，一流组织的定标比超在结果实施阶段也存在一系列的困难。

第三步：收集数据并进行分析。

收集数据是定标比超的重要环节，根据国际定标比超交流中心的经验，一个定标比超项目在收集数据上就需要花费 50% 左右的时间。事实上，收集数据是进行数据分析的基础，没有收集数据的分析,就成了"无米之炊"。

第四步:确定行动目标。

找出差距之后,接下来就应该根据本企业现阶段的具体情况,包括企业文化因素、资金因素、技术因素、人员因素等,形成可以操作的方案,有针对性地确定行动。而这也许会引起企业在很大程度上的改变。因此,在这个阶段中,需要将定标比超的结果以及行动计划清楚地告知组织内的各个管理层,并让员工们有充分的时间来对它进行评价,从而得到有关的批评指正,最终得到大家的认可,以减少定标比超结果实施的阻力。

第五步:实施计划及评价。

在实施定标比超结果的过程中,需要不停地对这种实施进行监控和评价。监控是为了保证实施按计划进行,并随时按照环境的变化,对定标比超的实施过程进行必要的调整。评价是为了衡量定标比超实施的效果。如果定标比超没有取得满意的效果,就需要返回以上环节进行检查,找到原因并重新进行新的定标比超项目。如果定标比超的效果是理想的,则应该通过评价这个环节,从中总结经验、吸取教训,以帮助以后的定标比超工作的顺利进行。

定标比超实施步骤如图 2.6 所示。

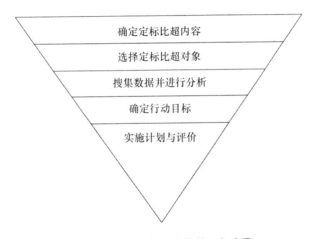

图 2.6　定标比超法实施的一般步骤

3. 波士顿矩阵(BCG industry matrix)

波士顿矩阵又称市场增长率—相对市场份额矩阵、波士顿咨询集团法、四象限分析法、产品系列结构管理法等。

制定公司层战略最流行的方法之一就是 BCG 矩阵。该方法是由波士顿咨询集团(Boston Consulting Group,BCG)开发的。BCG 矩阵的发明者、波士顿公司的创立者布鲁斯认为,"公司若要取得成功,就必须拥有增长率和市场份额各不相同的产品组合。组合的构成取决于现金流量的平衡"。

(1)明星产品(stars)。它是指处于高增长率、高市场占有率象限内的产品群,这类产品可能成为企业的现金牛产品,需要加大投资以支持其迅速发展。采用的发展战略是:积极扩大经济规模和市场机会,以长远利益为目标,提高市场占有率,加强竞争地位。发展战略以及明星产品的管理与组织最好采用事业部形式,由对生产技术和销售两方面都很内行的经营者负责。

(2)现金牛产品(cash cows),又称厚利产品。它是指处于低增长率、高市场占有率象限内的产品群,已进入成熟期。其财务特点是销售量大,产品利润率高、负债比率低,可以为企业提供资金,而且由于增长率低,也无须增大投资。因而成为企业回收资金,支持其他产品,尤其明星产品投资的后盾。对这一象限内的大多数产品,市场占有率的下跌已成不可阻挡之势,因此可采用收获战略:即所投入资源以达到短期收益最大化为限。有两种方法:①把设备投资和其他投资尽量压缩;②采用榨油式方法,争取在短时间内获取更多利润,为其他产品提供资金。对于这一象限内的销售增长率仍有所增长的产品,应进一步进行市场细分,维持现存市场增长率或延缓其下降速度。

(3)问题产品(question marks)。它是处于高增长率、低市场占有率象限内的产品群。前者说明市场机会大,前景好,而后者则说明在市场营销上存在问题。其财务特点是利润率较低,所需资金不足,负债比率高。例如在产品生命周期中处于引进期、因种种原因未能开拓市场局面的新产品即属此类问题产品。对问题产品应采取选择性投资战略。首先确定对该象限中那些经过改进可能会成为明星的产品进行重点投资,提高市场占有率,使之转变成"明星产品";然后对其他将来有希望成为明星的产品则在一段时期内采取扶持的对策。因此,对问题产品的改进与扶持方案一般均列入企业长期计划中。对问题产品的管理组织,最好是采取智囊团或项目组织等形式,选拔有规划能力、敢于冒风险、有才干的人负责。

(4)瘦狗产品(dog product),也称衰退类产品。它是处在低增长率、低市场占有率象限内的产品群。其财务特点是利润率低、处于保本或亏损状态,负债比率高,无法为企业带来收益。对这类产品应采用撤退战略:首先应减少批量,逐渐撤退,对那些销售增长率和市场占有率均极低的产品应立即淘汰。其次是将剩余资源向其他产品转移。第三是整顿产品系列,最好将瘦狗产品与其他事业部合并,统一管理,如图2.7所示。

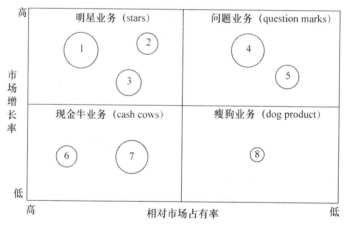

图2.7　波士顿矩阵示意图

BCG实施步骤:

第一,评价各项业务的前景。BCG是用"市场增长率"这一指标来表示发展前景的。这一步的数据可以从企业的经营分析系统中提取。

第二,评价各项业务的竞争地位。BCG是用"相对市场份额"这个指标来表示竞争力的。这一步需要做市场调查才能得到相对准确的数据。

第三,表明各项业务在BCG矩阵图上的位置。具体方法是以业务在二维坐标上的坐标点为圆心画一个圆圈,圆圈的大小表示企业每项业务的销售额。

第四,确定纵坐标"市场增长率"的一个标准线,从而将"市场增长率"划分为高、低两个区域。比较科学的方法有两种:A. 把该行业市场的平均增长率作为界分点;B. 把多种产品的市场增长率(加权)平均值作为界分点。

需要说明的是,高市场增长率定义为销售额至少达到10%的年增长率(扣除通货膨胀因素后)。

第五,确定横坐标"相对市场份额"的一个标准线,从而将"相对市场份额"划分为高、低两个区域。BCG的布鲁斯认为,这个界分值应当取为2,他认为,"任何两个竞争者之间,2比1的市场份额似乎是一个均衡点。在这个均衡点上,无论哪个竞争者要增加或减少市场份额,都显得不切实际,而且得不偿失。这是一个通过观察得出的经验性结论"。

波士顿矩阵法的应用产生了许多收益,它提高了管理人员的分析和战略决策能力,帮助他们以前瞻性的眼光看问题,更深刻地理解公司各项业务活动的联系,加强了业务单位和企业管理人员之间的沟通,及时调整公司的业务投资组合,收获或放弃萎缩业务,加强在更有发展前景的业务中的投资。

4. 五力模型

五力分析模型是迈克尔·波特(Michael Porter)于20世纪80年代初提出,对企业战略制定产生全球性的深远影响。五力模型用于竞争战略的分析,可以有效地分析客户的竞争。五力分别是供应商的讨价还价能力、购买者的讨价还价能力、潜在竞争者进入的能力、替代品的替代能力、行业内竞争者现在的竞争能力。如图2.8所示。

图2.8　五力模型

(1)供应商的讨价还价能力(suppliers bargaining power):供方主要通过其提高投入要素价格与降低单位价值质量的能力来影响行业中现有企业的赢利能力与产品竞争力。供方力量的强弱主要取决于它们所提供给买主的是什么投入要素,当供方所提供的投入要素其价值构成了买主产品总成本的较大比例、对买主产品生产过程非常重要或者严重影响买主产品的质量时,供方对于买主的潜在讨价还价力量就大大增强。

(2)购买者的讨价还价能力(buyers bargaining power):购买者主要通过其压价与要求提供较高的产品或服务质量的能力,来影响行业中现有企业的赢利能力。一般来说,满足如下条件的购买者可能具有较强的讨价还价力量:

①购买者的总数较少,而每个购买者的购买量较大,占了卖方销售量的很大比例;

②卖方行业由大量相对来说规模较小的企业所组成;

③购买者所购买的基本上是一种标准化产品,同时向多个卖主购买产品在经济上也完全可行;

④购买者有能力实现后向一体化,而卖主不可能前向一体化。

（3）新进入者的威胁（potential new entrants）：新进入者在给行业带来新生产能力、新资源的同时，将希望在已被现有企业瓜分完毕的市场中赢得一席之地，这就有可能会与现有企业发生原材料与市场份额的竞争，最终导致行业中现有企业赢利水平降低，严重的话还有可能危及这些企业的生存。竞争性进入威胁的严重程度取决于两方面的因素，这就是进入新领域的障碍大小与预期现有企业对于进入者的反应情况。进入障碍主要包括规模经济、产品差异、资本需要、转换成本、销售渠道开拓、政府行为与政策（如国家综合平衡统一建设的石化企业）、不受规模支配的成本劣势（如商业秘密、产供销关系、学习与经验曲线效应等）、自然资源（如冶金业对矿产的拥有）、地理环境（如造船厂只能建在海滨城市）等方面，这其中有些障碍是很难借助复制或仿造的方式来突破的。预期现有企业对进入者的反应情况，主要是采取报复行动的可能性大小，则取决于有关厂商的财力情况、报复记录、固定资产规模、行业增长速度等。总之，新企业进入一个行业的可能性大小，取决于进入者主观估计进入所能带来的潜在利益、所需花费的代价与所要承担的风险这三者的相对大小情况。

（4）替代品的威胁（threat of substitute product）：两个处于不同行业中的企业，可能会由于所生产的产品是互为替代品，从而在它们之间产生相互竞争行为，这种源自于替代品的竞争会以各种形式影响行业中现有企业的竞争战略。首先，现有企业产品售价以及获利潜力的提高，将由于存在着能被用户方便接受的替代品而受到限制；第二，由于替代品生产者的侵入，使得现有企业必须提高产品质量、或者通过降低成本来降低售价、或者使其产品具有特色，否则其销量与利润增长的目标就有可能受挫；第三，源自替代品生产者的竞争强度，受产品买主转换成本高低的影响。总之，替代品价格越低、质量越好、用户转换成本越低，其所能产生的竞争压力就强；而这种来自替代品生产者的竞争压力的强度，可以具体通过考察替代品销售增长率、替代品厂家生产能力与赢利扩张情况来加以描述。

（5）行业内现有竞争者的竞争（the rivalry among competing sellers）：大部分行业中的企业，相互之间的利益都是紧密联系在一起的，作为企业整体战略一部分的各企业竞争战略，其目标都在于使得自己的企业获得相对于竞争对手的优势，所以，在实施中就必然会产生冲突与对抗现象，这些冲突与对抗就构成了现有企业之间的竞争。现有企业之间的竞争常常表现在价格、广告、产品介绍、售后服务等方面，其竞争强度与许多因素有关。

三、沙盘模拟中的竞争情报分析实例

沙盘模拟过程中，对搜集到的情报进行分析，尤其是对潜在竞争对手情报的分析，有助于企业了解竞争态势，采取科学、合理的竞争策略。

1. 利用 SWOT 方法分析

假设有一个模拟企业 A，在沙盘模拟第三年结束时的现状如下：

资产状况描述：企业所有者权益为 51M，在六个模拟企业中，排名第 4。大厂房自主产权，没有小厂房。有 4 条生产线，其中，1 条手工生产线（净值为 1M），1 条半自动生产线（净值为 2M）和 2 条全自动生产线（净值分别为 11M 和 16M），另外，还有 1 条全自动生产线在建，还需要 2 个季度完成，生产线净值为 30M，手工和半自动生产线目前在产产品是 P1，2 条全自动生产线分别生产 P2 和 P3。拥有现金 20M，应收账款为 10M，账期为 2 期，成品库有 P1 成品 5 个，原材料 R1、R2、R3 均为 2 个，第 4 季度原材料订单已经按照计划下定。

产品研发状况：已经成功开发了 P1、P2、P3，没有研发 P4。

市场开拓状况：已经开发完成区域、国内市场，加上之前拥有的本地市场，亚洲市场还差 1 年开发完成；ISO9000 和 ISO14000 均已经开发完成。没有市场"老大"。

负债状况:长期贷款 60M,其中 20M 要求在第 4 年末还,其余 40M 要在 3 年后还。

人力资源状况:企业 CEO 和各部门之间沟通良好,由于财务总监在计算账目方面总是失误,第二年和第三年均是最后交报表,被扣 10 分。在企业重大决策问题上,CEO 乐于征求大家意见,采取广泛民主方式,集体讨论,最后少数服从多数方式进行决策。

下面对这个企业进行 SWOT 分析。

先分析内部优势:

(1)拥有 2 条全自动生产线,1 条半自动生产线和 1 条手工生产线,手工和半自动生产线生产 P1,2 条全自动生产线分别生产 P2 和 P3,同时,还有 1 条全自动生产线在建,设备比较先进,生产效率较高。

(2)已开发本地、区域、国内三个市场,在开发亚洲市场,ISO 都已开发,市场销售渠道已经打开,如果企业在广告投放时,不产生失误,则产品销路应该比较好。

(3)已开发在产 P1、P2、P3,说明产品品种较多,高中低档次分布较好。

(4)原材料供应稳定,充足。

内部劣势:

(1)1 条生产线生产 P2 和 P3,1 条半自动和 1 条手工生产线生产 P1,P1、P2、P3 一年产量(不考虑转产)分别为 3 个、4 个、4 个,产品产量均衡,但是,也说明企业没有自己的主打产品,这给广告投入带来了一定难度;同时,没有及时开发 P4,错过了占领 P4 市场的好时机。

(2)成品 P1 库存为 5 个,比较多,P1 销售前景暗淡,另外,P1 越拖后销售,单价可能更低,利润越来越薄。

(3)没有取得任何市场"老大"地位,没有开发国际市场,想在以后夺取市场"老大",困难重重,增加广告投入量。

(4)现金只有 20M,应收账款只有 10M,资金紧缺,资金链压力较大,下一年广告投入、生产线建设、各种费用支出,难以为继,必须在下年年初考虑融资。

(5)财务总监编制财务报表不够熟练,CEO 缺乏一定主见和魄力。

外部机会:

(1)市场对 P3 需求较为旺盛,单价也较高;

(2)竞争对手(前 3 名)P3 产量不高。

外部威胁:

(1)竞争对手开发 P4 和国际市场,企业难以在这方面占得先机;

(2)P1 市场需求萎缩,利润降低;

(3)P3 市场竞争趋于激烈,竞争对手不断提高 P3 产量。

根据上面分析,CEO 召集各部门开会商议,列出急需解决的问题,然后,共同商讨应对策略。目前,企业面临的主要问题有:①P1 产品库存消化问题;②主打产品确定,提高主打产品市场份额;③P4 产品开发问题;④资金筹集问题;⑤财务总监财务报表编制和 CEO 决策问题。

商讨策略:

(1)下一年增加 P1 产品广告投入;

(2)主打 P3 产品,新建生产线继续生产 P3,放弃 P4 产品开发;

(3)及时筹措资金,进行贷款;

(4)由采购总监担任财务助理,辅助财务总监编制报表,另外,规范盘面,记录;

(5)CEO 再次明确各部门职责,把部门决策权力下放,各部门决策时,只需向 CEO 汇报,CEO 批准后,即可实施。只有重大决策时,才召集各部门商议。

2. 利用 BCG 矩阵分析

下面以 A 企业为例,说明 BCG 矩阵法的运用:假设企业在第 3 年度生产 P1、P2、P3、P4 四种产品,各产品的市场增长率、市场占有率为:P1:12%、27%;P2:5%、7%;P3:2%、21%;P4:14%、8%。根据 BCG 矩阵法的基本步骤,我们以 10% 的销售增长率和 20% 的市场占有率为高低标准分界线,将坐标图划分为四个象限,并根据 P1、P2、P3、P4 四种产品的市场增长率和市场占有率在坐标图上标出其相应位置,如图 2.9 所示。

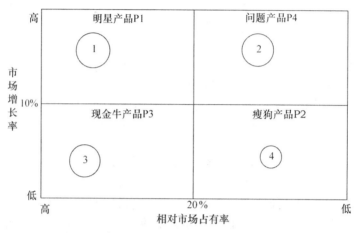

图 2.9　A 企业四种产品的 BCG 分析

学习测评

一、知识测评

1. BCG 矩阵按照市场相对占有率和市场增长率把产品分成几类? 对每一类产品应该采取怎样的策略?

2. SWOT 分析的内容是什么?

3. 五力模型分析哪些因素对企业的影响?

二、技能测评

1. 利用 SWOT 分析你所在的模拟企业面临的问题,提出相应解决方案。

2. 利用 BCG 矩阵分析你所在的模拟企业的产品,并提出解决方案。

3. 根据 1、2 所做的分析,确定本企业主要竞争对手。

4. 如果商业间谍在第三年末搜集竞争对手的情报,其中,有一条信息:市场上有两家竞争企业放弃了 P1 产品生产,转而去生产 P3 产品。这条信息对你所在的企业会产生哪些影响? 你该如何决策?

模块二 CEO:运营指挥

模块导读

> CEO是企业的灵魂,是企业最高指挥官。在沙盘模拟中,CEO负责企业全面协调和管理。一个企业的CEO如果不能对成员任命和使用、指挥企业运作方面发挥作用,各个部门各自为政,整个企业就像一盘散沙,最终企业将不能取得好的成绩。本模块分为两个任务:一是沙盘模拟团队组建,二是运营指挥。通过本模块的学习,学员尤其是CEO应该了解企业团队组建的程序及团队各个角色的重要职责,应该掌握如何通过经营流程记录表指挥企业各个部门协调规范运作。

任务一 团队组建

沙盘模拟过程需要至少5个人的团队共同协作来完成,成员既要有明确分工,又要互相协作,一个好的团队是获胜的基础,因此,组建团队的过程也是沙盘模拟一个重要的环节,本任务就是要解决如何组建沙盘模拟团队的问题。

知识目标

1. 了解沙盘模拟团队的组成;

2. 理解沙盘模拟各个角色的职责及要求。

技能目标

1. 学会在团队中沟通与协作;

2. 依据岗位要求,评价团队成员;

3. 组建沙盘模拟团队。

任务情境

一年一度的沙盘模拟大赛即将开始了,现在大赛规则已经发布,小张非常想报名参加这次沙盘模拟大赛,但是,按照大赛规则,他还需要自己寻找4个队友承担其他角色,那么,现在,你能给小张一些什么建议?小张如何选到合适的队友?

任务导学

一、沙盘模拟团队组成

沙盘模拟团队代表了企业的各个部门,是简化企业组织结构后形成的由5~8人组成、在沙盘模拟过程中,既各司其职,又要分工协作完成企业模拟经营的团队。团队成员包括模拟企业首席执行官(CEO)、营销总监(CSO)、财务总监(CFO)、生产总监(COO)、采购总监(CPO)、商业间谍(CIO)、财务助理、人力资源总监等。角色设置可以根据实际人数多少设置,每个团队最少要设置前五种角色。

1. CEO(必需)

由于沙盘模拟过程中,把股东会和董事会省略了,因此,CEO 是模拟企业的最高领导者和组织者,关乎企业生存和发展的重大决策,均要经过 CEO 拍板决定。CEO 要负责制定和实施企业总体经营战略和年度经营计划,主持公司日常经营管理工作,实现企业经营管理目标和发展目标。

制定符合企业实际、有利于企业长期发展的战略是 CEO 的重要职责,同时,还需要保证企业能够按照经营流程记录表规定的流程和模拟规则运行,在运营过程中,企业 CEO 还要承担起团队管理的任务,关注每个成员是否胜任其岗位,必要时,可根据需要适时调整。

2. CSO(必需)

沙盘模拟过程中,CSO 的主要职责包括开拓新市场、广告投放、选取销售订单、产品销售、回收货款、新产品开发建议(为了方便,我们这里把产品开发职责也归到 CSO 职责中)等。

营销总监要根据市场需求预测和客户需求,结合本企业生产能力,确定广告投放策略,选取有利于企业的销售订单,制定本企业销售计划,保证按时按量交货。

沙盘模拟中,销售产品是企业获取利润的主要途径,企业产品销售状况很大程度上决定于营销总监工作质量好坏,因此,CSO 是沙盘模拟企业中非常重要的角色,需要与其他部门主管加强沟通协调,以便顺利开展自己的工作。

3. COO(必需)

COO 是企业运营总监,在实际当中,负责组织协调企业的日常运营活动,这里,我们把其职责定位于企业生产方面主管或生产总监。

生产总监要对企业的一切生产活动进行管理,在沙盘模拟中,生产总监负责产品生产、设备日常维护和保养、设备更新与投资、管理成品库等工作,为了保证生产和销售,生产总监另外一个重要的工作就是编制企业生产计划。

4. CPO(必需)

采购是企业生产的前提,在沙盘模拟中,企业采购总监负责制定采购计划,保证按时按量供应原材料,及时向供应商支付原料货款,跟踪原材料订单执行情况,原材料库存管理等工作。

5. 财务助理(可选)

如果受训人数较多,可以增设财务助理角色,履行企业会计职能,辅助 CFO 完成财务管理工作。

6. CIO(可选)

沙盘模拟是多个企业在各个市场上竞争角逐的,竞争对手和市场信息是企业必须要关注的,成功的企业需要搜集经营所需的内外部情报,商业情报工作在现代企业竞争中有着不可或缺的作用。搜集和分析商业情报是企业做到知己知彼的基础。

CIO 的主要职责是负责搜集市场上各种商业情报,并分析这些情报,为企业各种决策提供依据。在受训人数较少时,可以由营销总监兼任。

7. 其他角色

在受训人数较多时,可以适当增设一些其他职位,除了上面所提的 CIO、财务助理之外,还可以设置 CEO 助理、营销助理、生产助理、人力资源总监等角色。

二、组建团队

组建模拟企业运营团队,搭建新领导班子,是沙盘模拟运营首先要解决的问题。一个好的团队,团队成员之间互相信任,密切配合,共同为实现企业目标而努力。在沙盘模拟中,组建一个模拟运营的团队,需要经过以下几个步骤:

1. 明确团队任务

在沙盘模拟中,团队即模拟企业,团队的任务即企业的任务,没有任务的团队,也就没有存在的必要。组建团队之前,必须要明确团队的使命和任务是什么。

2. 明确团队岗位责任及要求

为了完成团队的使命和任务,需要设置哪些岗位,每个岗位的职责有哪些,履行这些职责需要哪些基本知识、技能和素质,进而形成团队成员招募和选择的基础。在沙盘模拟中,每个岗位需要具备的知识、技能、素质甚至是性格特质等,都有所不同,团队不是要找到完全"臭味相投"的朋友,而是要找到适合团队需要的人才。

3. 成员招募

接下来的工作就是找到适合你的团队岗位的成员。招募自己的"战友"不应仅仅局限于自己所在的圈子,而是需要广撒网,最好是能有不同知识背景、不同性格特质、不同经历的人参与。以往,沙盘模拟比赛时,很多人组队往往是首先找自己周围熟悉的、志趣相同的人,而不管其是否适合这个岗位,"任人唯亲",这种做法,找到的人可能在做沙盘模拟的时候,体现出不胜任岗位的情况,而这时再想换人已经来不及了,最终只能硬着头皮往下做,结果可想而知。在学校,招募成员,可以在不同的专业、不同的年级、不同的性别,如果条件允许,也可以在不同的学校选择合适的团队成员。

4. 团队磨合

虽然招募到所需团队成员,但是,并不意味着大功告成,在进行正式比赛之前,还需要多次磨合,如开会研习规则、制定战略等都是加深团队成员之间了解、互相沟通、协作的机会,同时,也是考察成员是否适合所在岗位的时机,经过赛前各种准备活动,CEO应该能对各个成员的知识、能力有一定认识和了解,必要的时候,可以及时调整成员岗位。

5. 团队正式组建

经过一段时间的磨合,成员之间彼此有了一定的了解,配合也更加默契,参加比赛时,也就是团队成员正式走马上任之时,也是团队正式组建的时间。

三、组建团队注意事项

(1)要分析团队岗位要求。

(2)要依据要求招募团队成员。

(3)招募范围尽可能广泛。

(4)发现不胜任成员,及时调整或更换。

(5)CEO或人力资源总监要考核、评价每个成员。

(6)及时沟通,明确分工,加强合作,取长补短。

学习测评

一、知识测评

1. 沙盘模拟需要哪些角色共同完成比赛?

2. 沙盘模拟中每个角色的职责是什么?

3. 你认为沙盘模拟中每个角色都要具备哪些知识或能力?

二、技能测评

1. 向你的新室友介绍你自己。

2. 沙盘模拟中,评价你的队友的表现。

3. 沙盘模拟中,明确你们团队中每个角色的分工。

4. 举例说明:结合你的角色,你认为在沙盘模拟过程中,你需要与哪些角色沟通与协作?沟通的内容是什么?你认为是否达成了沟通的目的?为什么?

任务二　运营指挥

CEO 是企业的指挥官,在沙盘模拟中,CEO 要依据经营流程记录表上列出的企业经营活动,指挥企业正常、规范运营。

知识目标

1. 了解 CEO 职责;

2. 熟练掌握经营流程记录表内容与结构。

技能目标

1. 指挥企业运营;

2. 协调分歧,解决运营过程中出现的问题。

 **任务情境**

初始年结束后,由各模拟企业 CEO 带领各部门人员完成下一年运营,要求各 CEO 保证企业按照经营流程记录表按部就班运行。

CEO 该如何指挥企业运营?如何解决企业运营过程中出现的问题?

任务导学

一、CEO 的职责

CEO 是企业的掌舵者和指挥官,是企业运营过程中的最高领导者和最高责任人,一个企业方向是否正确,运作是否良好,很大程度上取决于 CEO 是否很好地履行了自己的职责,是否具有对整个企业运营的整体掌控能力。在沙盘模拟中,CEO 的主要职责有负责制定和实施企业总体战略和年度经营计划,主持企业日常管理工作,实现企业经营管理目标和发展目标。具体来说,主要有:

(1)成立企业(分组)之后,选出企业 CEO,确定各部门负责人(应确保每个人能适得其所,尽展其能)之后,由 CEO 主持召开公司会议,各部门负责人进行就职演说,CEO 明确各部门职责和权力,对企业发展做长远规划,提出企业使命和目标。

(2)制定企业总体战略和总体经营规划。

(3)主持召开一年一度的企业新年度规划会议(经营流程记录表第一项工作),要求各部门主管对企业新年规划提出意见,审议规划,确定企业年度规划。

(4)要求各部门制定新年度计划,并对年度计划进行审核、确认,确保各项计划合理、可行。

(5)在运营过程中,促进各部门沟通协调运作,如供产销协调。

(6)企业组织文化建设、团队管理。

(7)企业矛盾冲突、意见相左时的协调。

（8）加强对突发事件的管理,建立应急方案。

（9）企业运营过程中的各项工作、计划的最终决策拍板。

（10）积极带领企业应对企业外部威胁。

二、运营指挥

1. 运营指挥

（1）CEO持经营流程记录表,按照表上运营流程,自上而下、从左至右顺序按部就班指挥各部门运作,在运营过程中,要确保每项工作都是该做的人去做,不能由别人代劳,确保每项工作进行完成,回到岗位之后,才能进行下一项工作。做完每项工作后,CEO在经营流程记录表上相应位置上打"√",表示该项工作已经完成,没有进行该项工作,打"×",经营记录表填写示例如表2.7所示。

表2.7 CEO经营流程记录表填写示例

企业经营流程 请按顺序执行下列各项操作。	每执行完一项操作,CEO请在相应的方格内打钩。 财务总监(助理)在方格中填写现金收支情况。			
新年度规划会议	√			
参加订货会/登记销售订单	√			
制定新年度计划	√			
支付应付税	√			
季初现金盘点(请填余额)	√	√	√	√
更新短期贷款/还本付息/申请短期贷款(高利贷)	√	√	√	√
更新应付款/归还应付款	×	×	×	×
原材料入库/更新原料订单	√	√	√	√
下原料订单	√	√	√	√
更新生产/完工入库	√	√	√	√
投资新生产线/变卖生产线/生产线转产	√	√	√	√
向其他企业购买原材料/出售原材料	×	×	×	×
开始下一批生产	√	√	√	√
更新应收款/应收款收现	√	√	√	√
出售厂房	×	×	×	×
向其他企业购买成品/出售成品	×	×	×	×
按订单交货	√	√	√	√
产品研发投资	√	√	√	√
支付行政管理费	√	√	√	√
其他现金收支情况登记	×	×	×	×

续表

支付利息/更新长期贷款/申请长期贷款				√
支付设备维护费				√
支付租金/购买厂房				√
计提折旧				(√)
新市场开拓/ISO资格认证投资				×
结账				√
现金收入合计	√	√	√	√
现金支出合计	√	√	√	√
期末现金对账(请填余额)	√	√	√	√

(2)在运营过程中,要确保每项工作开展涉及资金时,能及时提醒财务总监或财务助理进行记账。

(3)遇到突发情况,及时召集各部门开会商议,寻找解决方案。

2. 运营指挥过程中的注意事项

(1)CEO要保证企业按运营记录表的顺序运营,一旦一项活动完成,即代表时间已经过去,没有"回头路",所以,CEO在指挥运营过程中,进行每项活动前,都要提醒该项活动责任人员做好相关计划,该项活动所有工作完成后,再进行下一项活动。

(2)CEO在指挥运营过程中,注意各部门之间协调与沟通。

(3)在运营过程中,CEO要检查战略实施情况,对战略进行控制。

(4)CEO要加强领导,避免人人管,事事管,陷入企业事务性工作之中。

(5)要确保你的每个成员都知道"我们现在干什么,接下来干什么,由谁来干"。

(6)CEO要注意维护企业运营过程中的秩序,避免乱成一团,毫无章法。

学习测评

一、知识测评

1. 阐述CEO主要职责。

二、技能测评

1. 各公司人员进行轮换指挥企业运营。

2. 如果在市场开拓决策时,各部门人员出现分歧,该如何解决?

3. 如果在第3季度发现,前一季度订购原材料R2少了1个,该如何解决?

4. 如何从沙盘盘面看出一个企业的管理水平?

模块三 CFO:财务运作

模块导读

> 如果说资金是企业的血液,财务部门就是企业的心脏。实际企业当中,财务与会计的职能常常是分离的,他们有着不同的目标和工作内容。会计主要负责日常现金收支管理,定期核查企业的经营状况,核算企业的经营成果,制定预算及对成本数据的分类和分析。财务主要负责资金的筹集、管理,做好现金预算,管好、用好资金,财务总监要参与企业重大决策方案的讨论,如设备投资、产品研发、市场开拓、ISO 资格认证、购置厂房等。公司进出的任何一笔资金,都要经过财务部门,由财务部门负责收发。
>
> 在学员较少时,将上述两大职能归并到财务总监身上,统一负责对企业的资金进行预测、筹集、调度与监控。在学员人数允许的情况下,可增设主管会计或财务助理分担会计职能。

任务一 资金筹集

资金是企业的血液,通过适当的途径筹集到足量的资金是企业正常设立、运转的前提,因此在沙盘模拟中筹集资金是一项重要的活动,也是财务总监的重要职责之一。通过本任务的学习,财务总监应该掌握沙盘模拟中资金筹集的渠道,应该能根据模拟企业的实际需要确定融资的金额、融资途径,在满足企业发展需求的前提下尽可能节约财务费用。

知识目标

1. 理解资金筹集及意义;
2. 掌握企业筹资的渠道。

技能目标

1. 能够根据企业发展需要,分析各种筹资渠道的利弊,选择合适的融资渠道,确定融资的规模;
2. 能够正确完成短期贷款、长期贷款、高利贷等贷款的申请、付息、还本、更新操作;
3. 根据企业需要,完成资产出售的相关操作;
4. 能够适时开展应收账款的操作。

任务情境

初始年运营结束后,A 小组现金余额为 42M;经分析发现,这些现金不足以满足企业进一步发展的需要,A 小组决定筹集更多的资金,然而选择何种融资渠道? 筹集多少资金合适? 企业筹集的资金是不是越多越好? 小组成员莫衷一是。CEO 认为应当借 40M 的短期贷款,因为短期贷款的利率最低;财务总监认为应当借 40M 的长期贷款,因为长期贷款虽然利率高于短期贷款,但

5年后才归还本金,短期还贷压力较小。

如果你是该企业的财务总监,你该如何确定融资的渠道及金额?如何制定企业的融资计划?

 **任务导学**

一、企业资金的筹集

为了保证生产的正常运行和扩大再生产的需要,任何企业都必须拥有一定数量的资金,所以筹资是企业资金运动的起点;所谓筹资是指企业为了满足投资和用资的需要,筹措和集中所需资金的过程。

企业所需资金可以通过多种渠道、采用多种方式筹集;当然,不同来源的资金,其可供使用时间的长短、附加条款的限制和资金成本的高低可能各不相同;这就要求企业在筹资时不仅需要从数量上满足生产经营的需要,而且要考虑到各种筹资方案和最佳资本结构,努力提高自有资本收益率,降低筹资成本和财务风险,实现财务管理的整体目标。

1. 筹资的意义

企业筹资是为了自身的生存与发展和增加股东财富,企业筹资的具体目的是多种多样的,归纳起来主要有以下几类:

(1)获取初始资本,创办企业

集资是企业进行生产经营活动的基本条件,只有具备一定的资金才能创建企业;比如按照我国《公司法》规定,建立股份有限公司时,注册资本的最低限额为人民币500万元,即必须有500万元资金才能建立股份有限公司;因此若想成立股份有限公司,只有筹集到必备的资金,才能到工商管理部门办理注册登记,开展正常的经营活动。因此筹资的目的之一便是获取创办企业的原始资本。

(2)企业扩张

企业扩张表现为扩大生产经营规模或追加对外投资,这些都是以资金的不断投放作为保证的。具有良好发展前景或处于成长期的企业往往需要筹措大量资金用于扩大生产经营规模、更新设备和改造技术,以利于提高产品的产量和质量,满足不断扩大的生产及市场需要;此外,企业为了获得更高的对外投资效益,也需要筹集资金,用于扩大对外投资规模,开拓有发展前途的对外投资领域。模拟企业是一个已经经营3年的企业,同样存在扩张的需求,其筹资的重要目的之一便是扩大企业规模、增强企业实力。

(3)偿还债务

企业为了获得财务杠杆收益或在自有资金不足时,往往利用负债进行经营。但负债都有一定的期限,到期必须偿还,如果企业现有支付能力不足以偿清到期债务,那么企业必须另外筹集资金来满足偿还债务的需要,这通常是企业在财务状况恶化的情况下被迫采取的措施。

(4)调整资本结构

当企业的资本结构不合理时,可以通过不同的筹资方式、不同的渠道筹集资金来进行调整,使之趋于合理。例如,当企业的债务资金比例较高时,可以通过筹集一定量的自有资金来降低债务资金比例。

2. 筹资的类型

企业要想从合适的渠道,以合理的费用筹集到适量的资金,需要认清可以筹集的资金种类及其特点。企业所筹集资金可按照不同的标准进行分类,常用分类如下:

(1)按照筹集资金的来源渠道不同,可以分成权益资金和负债资金。

权益资金是指企业通过向投资者吸收直接投资、发行股票、企业内部留存收益等方式取得的自有资金,企业吸收的自有资金一般不用还本,财务风险小,但付出的资金成本相对较高。

负债资金是指企业通过向银行借款、发行债券、应付款项等方式取得债务资金,企业的负债资金到期需要支付本金和利息,一般承担较大的风险;但相对于权益资金而言,付出的资金成本相对较低。

在ERP沙盘模拟过程中,各个企业初始的权益性资金是确定的(股东资本50M),经营过程中无法进行权益性筹资(除非企业股东决定再次注资);因此,企业所能筹集的资金主要为负债资金。

(2)按照所筹集资金的使用期限长短,可将企业筹集的资金分为短期资金和长期资金。

短期资金是指使用期限在一年以内或超过一年的一个营业周期以内的资金。短期资金主要投资于现金、存货等,一般在短期内可以收回。短期资金通常采用短期银行借款、商业信用、应收账款转让等方式来筹集。沙盘模拟中,短期资金主要指短期贷款和高利贷,它们的使用期限均为一年。

长期资金指使用期限在一年以上或超过一年的一个营业周期以上的资金。长期资金主要投资于新产品的研发、生产规模的扩大、厂房和机器设备的更新等,一般需要几年或更长的时间才能收回投资。长期资金通常采用长期银行借款、吸收直接投资、发行股票和利用留存收益等方式筹集。沙盘模拟中,长期资金主要为长期贷款,其使用期限为5年。

在筹资过程中,企业应做好资金需求量的预测与资金使用的规划,从而保证所筹集的资金既能满足生产经营的需要,又不会产生太多的闲置(过多闲置的资金会增加企业财务费用,同时增加了资金的持有成本)。同时,企业还要通过对筹资渠道、筹资方式或工具的选择,做到适度负债经营,合理确定筹资结构,以降低筹资的成本和风险,实现预期经营目标。企业负债经营(即所谓的"借鸡下蛋")是现代企业经营的重要策略。当然,负债经营需要满足两个基本条件:一是投资收益率应高于资本成本率;二是负债的金额应该与企业资本结构和偿债能力相匹配。

二、沙盘模拟中资金的筹集

ERP沙盘模拟过程中,企业筹资的主要渠道为商业银行借款(商业银行是以赢利为目的的、从事信贷资金投放的金融机构);企业可以根据自身的需要,在商业银行信贷规章制度和国家相关法律、法规约束下申请、借入长期贷款和短期贷款。此外,企业还可借助高利贷、出售企业资产(厂房、生产线)等形式筹资。沙盘模拟中融资方式如图2.10所示,当然各种融资方式的操作要求并不相同。

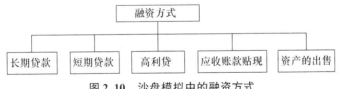

图2.10 沙盘模拟中的融资方式

1. 长期贷款

沙盘模拟中,长期贷款主要用于长期投资,比如新生产线的购置、产品研发、厂房购置等;长期贷款只能在年末进行,其涉及的操作内容及流程如图2.11所示。

(1)支付利息

企业为了发展的需要,可能借入了一定的长期贷款来进行长期投资。如果企业借入了长期贷款,则年末需要按照既定的利率支付一定的利息。

操作步骤:①财务总监计算应当支付的利息(长期贷款金额×10%);②财务总监从现金库取

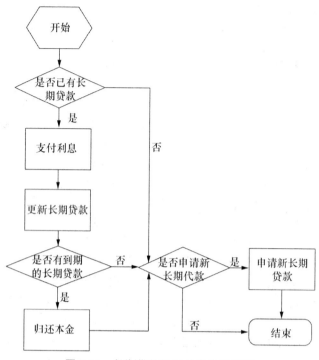

图 2.11　长期贷款的相关操作与流程

出相应的现金放入综合费用的"利息"位置;③财务总监在经营流程记录表相应位置登记现金的减少。

例如,企业现有 5 年期长期贷款 20M,3 年期长期贷款 40M,1 年期长期贷款 20M,则企业支付的利息为 $(20+40+20) \times 10\% = 8M$;财务总监需要从现金库中取出 8 个灰币(即 8M)放入综合费用的"利息"位置,并在经营流程记录表中相应方格内(相应季度的"支付利息"处)登记现金的减少,记作"–8M"。

(2)更新长期贷款/归还本金

企业若借入了长期贷款,需要在年末将长期贷款向现金库移动一格,表示归还本金的日期缩短。如果长期贷款被推到现金库中,则表示长期贷款到期,需要归还本金。

操作步骤:①财务总监将表示长期贷款的空桶分别向现金库方向移动一格;②当移入现金库时,企业需要偿还应收账款的本金,财务总监需要从现金库中取出相应的长期贷款本金交到交易处,完成还款业务;③若归还了本金,则在经营流程记录表相应位置登记现金的减少。

例如,企业原有 3 年期长期贷款 20M(处于 FY3 位置),1 年期长期贷款 40M(处于 FY1 位置),则年末更新长期贷款时,财务总监需将 3 年期长期贷款(FY3 处的空桶)移动到 2 年期长期贷款位置;原 1 年期长期贷款(FY1 处的空桶)移动到现金区,说明企业需要偿还这 40M 贷款的本金了,财务总监需要从现金库中取出 40 个灰币(即 40M)交还给银行(交易中心),并在经营流程记录表中相应方格内(相应季度的"更新长期贷款/归还本金"处)登记现金的减少,记作"–40M"。

(3)申请长期贷款

企业如需要融资,可以在年末申请长期贷款;如果企业原有长期贷款到期而尚未归还,则企业需要首先归还到期的贷款,然后才能借入新的长期贷款,不得"以新贷还旧贷"。

操作步骤:①财务总监填写贷款申请表到交易处办理借款手续;②长期贷款借入后,放置相应数量的空桶(每一个空桶代表20M的短期贷款)到5年期长期贷款位置(即FY5位置),并将借入的现金放到现金库中;③财务总监在经营流程记录表中相应方格内登记现金的增加。

注意:长、短期贷款的额度为上年权益的3倍(长、短期合计计算贷款额度)。如果上年权益低于10M,将不能获得短期贷款和长期贷款。例如,某企业上年度所有者权益为15M,则其总贷款额度为45M,该企业已经有20M的长期贷款,若该企业再申请短期贷款则只能申请25M。

2. 短期贷款

与长期贷款不同,短期贷款主要解决流动资金不足的问题,例如购置生产所需的原材料、支付管理费用等;沙盘模拟中,企业也可借入短期贷款,短期贷款的利率较低(5%),但其还款期限较短(1年),短期贷款涉及的操作内容及流程如图2.12所示。

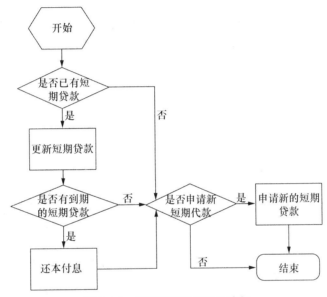

图2.12　短期贷款的内容及流程

(1)更新短期贷款

如果企业目前有短期贷款,则每个季度均需要对短期贷款进行更新。

操作步骤:①财务总监将代表短期贷款的空桶向现金库方向移动一格,表示短期贷款(高利贷)离还款的时间更近了;②如果空桶移动到了现金库,则表示该短期贷款(高利贷)已经到期,需要还本付息。

例如,企业原有3季度到期的短期贷款20M(处于Q3位置),1季度到期的短期贷款40M(处于Q1位置),则季初更新长期贷款时,财务总监需将3季度到期的短期贷款(Q3位置的空桶)移动到2年期长期贷款位置(Q2位置);原1年期长期贷款40M(处于Q1位置的空桶)移动到现金区,说明企业需要偿还这40M短期贷款的利息及本金了。

(2)还本付息

短期贷款到期后,需要偿还本金并按照5%的利率支付利息。

操作步骤:①财务总监从现金库取出利息放到沙盘盘面的"利息"处;②从现金区取出相当于本金的现金交到交易处偿还短期贷款(高利贷)本金;③最后在经营流程记录表中相应方格内登记现金的减少(包括贷款的利息和本金)。

例如,某企业现有40M短期贷款到期,则企业需要偿还2M(40M×5%＝2M)的利息及40M的本金;则财务总监需要从现金库中取出42个灰币(即42M),其中40个灰币(40M)作为本金交还给银行(交易中心),另外两个灰币(2M)作为利息放到沙盘盘面的"利息"处,并在经营流程记录表中相应方格内(相应季度的"还本付息"处)登记现金的减少,记"-42M"。

(3)申请短期贷款

当企业发展需要资金时,可以在规定的时间向交易处提出申请短期贷款,短期贷款额度受到所有者权益的限制。

操作步骤:①财务总监填写贷款申请表到交易处办理借款手续;②短期贷款借入后,放置相应数量的空桶(每一个空桶代表20M的短期贷款)到短期贷款的Q4位置,并将借入的贷款(现金)放到现金库中;③在经营流程记录表中相应方格内登记现金的增加。

3. 高利贷

如果企业错过了申请长、短期贷款的时机或者因所有者权益的限制而不能再借长、短期贷款,可以考虑借入高利贷;高利贷的操作和短期贷款的操作相似,具体操作内容及流程如图2.13所示。

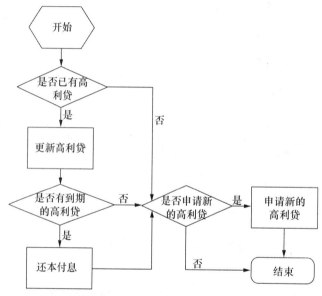

图2.13 高利贷的操作内容及流程

(1)更新高利贷

如果企业目前有高利贷,则每个季度均需要对高利贷进行更新。

操作步骤:①财务总监将代表高利贷的空桶向现金库方向移动一格,表示短期贷款(高利贷)离还款的时间更近了。②如果空桶移动到了现金库,则表示该短期贷款(高利贷)已经到期,需要还本付息。

(2)还本付息(高利贷)

高利贷到期后,需要偿还本金并按照20%的利率支付利息。

操作步骤:①财务总监从现金库取出利息放到沙盘盘面"综合费用"的"利息"处;②从现金区取出相当于本金的现金交到交易处偿还高利贷本金;③在经营流程记录表中相应方格内登记现金的减少(包括贷款的利息和本金)。

例如,某企业现有20M高利贷到期,则企业需要偿还4M(20M×20%)的利息及20M的本金,即企业需要偿还银行24M。

（3）申请短期贷款（高利贷）

高利贷可以随时借入（其额度由银行决定），但其利率高达20%；若企业不计后果地借入高利贷，则无异于饮鸩止渴，因此企业对于高利贷的借入需要慎重。

操作步骤：①财务总监填写贷款申请表到交易处办理借款手续；②短期贷款（高利贷）借入后，放置相应数量的空桶（每一个空桶代表20M的短期贷款）到短期贷款的Q4位置（高利贷则放到其他贷款的Q4位置），并将筹集的现金放到现金库中；③在经营流程记录表中相应方格内登记现金的增加量。

4. 出售厂房

如果企业需要筹集资金，可以考虑出售厂房的形式；企业可以随时按照购买价出售厂房而不受时间的限制，但收到的是4个账期的应收账款而不是现金（当然企业可以采取把出售厂房得到的应收账款立即贴现的方式得到部分现金）；年末时，若企业没有了自有厂房，则需要支付厂房租金（大厂房租金5M，小厂房3M，具体操作步骤见本模块"任务三"）。

操作步骤：财务总监将厂房价值（大厂房40M，小厂房30M）拿到四期应收账款处，若想直接得到现金则还需要进行应收账款贴现操作（具体操作步骤见本模块"任务二"）。

5. 出售生产线

当企业认为不再需要某些生产线或急需资金时，可以考虑变卖生产线，从而得到生产线的残值。

操作步骤：①生产总监将该生产线及其产品生产标识交还给交易处，并做好登记。②生产总监从生产线净值处取出生产线残值交给财务总监，相当于得到生产线变卖的现金；若生产线的净值大于残值，则将差额部分放到"综合费用"的"其他"处，表示生产线变卖的损失。③财务总监将收到生产总监交给的现金放入现金库。④财务总监在经营流程记录表中相应方格内登记现金的增加量。

例如，企业要出售一条全自动生产线，该生产线净值为11M，则财务总监需要将生产线净值中的4M（残值部分）放入企业现金区，并在经营流程记录表中登记现金增加；而原生产线净值的7M放入盘面的"其他"处。

6. 应收账款贴现

贴现是指企业提前使用自己的应收账款而进行的一种筹资方式，贴现需要支付一定的费用，贴现可以随时进行。贴现费用按照应收账款账期的不同而不同，1、2期应收账款按照1:7进行贴现，3、4期应收账款按照1:6进行贴现。

在进行1、2期应收账款的贴现时，从应收账款中取出8N（其中，N为正整数）的应收账款金额，7N作为现金放入现金区，其余的N作为贴现费用；当应收账款金额大于8N而又小于8（N+1）时，贴现费用为（N+1）。

在进行3、4期应收账款的贴现时，从应收账款中取出7N（其中，N为正整数）的应收账款金额，6N作为现金放入现金区，其余的N作为贴现费用；当应收账款金额大于7N而又小于7（N+1）时，贴现费用为（N+1）。

操作步骤：①财务总监根据以上规则计算贴现费用后，把贴现费用放到综合费用的"贴息"位置；②将贴现得来的现金放入"现金"区域；③在经营流程记录表中相应方格内登记现金的增加量。

例如，企业需要将3期的应收账款40M变现，则财务总监把这40M中的6M放入盘面的"贴息"位置（作为贴息），剩余的34M放入"现金"中，并在经营流程记录表的相应位置记录现金的增加，记"+34M"。

学习测评

一、知识测评

1. 企业筹资的途径、目的有哪些？

2. 沙盘模拟中，长期贷款、短期贷款在利率、还款期限、用途等方面有何区别？

3. 沙盘模拟中，应收账款贴现的规则是什么？

二、技能测评

1. 沙盘模拟中，企业可以通过哪些途径获得经营发展所需的资金？

2. 沙盘模拟中，出售厂房得到的是现金还是应收账款？若是应收账款，得到的是几期的应收账款？

3. 若企业有 3 期应收账款 32M 需要贴现，企业可得到多少现金？

任务二　现金及应收账款管理

现金、应收账款属于企业的流动资产，是最容易变现的资产；加强对现金、应收账款的管理对于维持企业正常运转有着重要意义。沙盘模拟中，为保证企业的正常运营，财务总监需要管理好企业的现金及应收账款，能正确登记现金的增减情况，定期核查、分析应收账款，保证资金的及时回笼。

知识目标

1. 了解应收账款的含义；

2. 理解沙盘模拟中的应收账款相关规则；

3. 掌握沙盘模拟中现金收入管理相关操作规则。

技能目标

1. 学会沙盘模拟中的应收账款的更新、收现操作；

2. 正确盘点、核对模拟企业的库存现金；

3. 正确登记现金收入，保证账实相符，规范管理应收账款。

任务情境

F 小组在订货会上得到一份订单(3 个 P1，总价 15M，账期 2Q)；按照销售订单交货后，交易处给了该小组 15M 的灰币；而后，该小组的财务总监直接将拿到的 15M 放到了现金区，指导教师(裁判)发现后要求财务总监更正错误。

如果你是该企业的财务总监，将如何管理好企业的应收账款？如何保证企业现金收支的正确登记？

任务导学

一、现金及应收账款管理相关理论

1. 现金的管理

现金是指在生产过程中暂时停留在货币形态的资金，财务管理中的现金包括库存现金、银行存款、银行本票和银行汇票等。

企业在其经营过程中需要支付一定的费用,如员工工资、原材料费用等。此外,由于市场行情瞬息万变以及一些不可预知因素的存在,企业需要拥有一定数量的现金来应对这些突发情况。但是,企业的现金并不是越多越好,企业持有现金是需要成本的。企业现金成本包括:①企业保留一定现金余额会产生一定管理费用并丧失了投资的收益;②企业用现金购买有价证券以及转让有价证券换取现金时付出的交易费用,即现金同有价证券之间相互转换的成本;③现金持有量不足而又无法及时通过有价证券变现加以补充而给企业造成的损失,包括直接和间接损失。

由此可见,企业持有的现金不能太多,也不能太少。现金管理的过程就是在现金的流动性与收益性之间进行权衡的过程,其目的是在保证企业正常经营活动对现金的需求的同时,降低闲置的现金数量,提高资金收益率。现金管理的主要内容包括现金持有量的确定、现金回收管理、现金支出管理等。这里的现金管理不含现金支出方面的管理,现金支出见本模块"任务三"。

2. 应收账款的管理

应收账款是指企业销售产品、商品,提供劳务等原因,应向购货客户或接受劳务的客户收取的款项和代垫的运杂费。

形成应收账款的直接原因是赊销,虽然大多数公司希望现销而不愿赊销,但是面对竞争,为了稳定自己的销售渠道,扩大商品销路,开拓并占领市场,降低商品的仓储费用、管理费用、增加收入,企业往往不得不面向客户采用信用政策,提供信用业务。公司采用赊销,虽能给公司带来以上好处,但也要付出一定代价,给公司带来风险。例如客户拖欠货款,应收账款收回难度越来越大,甚至收不回,最终形成坏账、呆账;所以,应收账款管理是一个企业管理的重中之重。

企业要管好应收账款,需要做好以下几点:①制定科学合理的应收账款信用政策;通过调查客户的品德、能力、资本、担保等,综合确定客户的信用程度,事前预防坏账的发生。②加强应收账款的日常管理工作,做好应收账款的账龄分析,对客户提供的每一笔赊销业务都要检查是否超过该客户的信用期限与额度,做好事中控制。③加强应收账款的事后管理,制订合理的应收账款催收程序。

沙盘模拟中,大多数销售订单的账期不为0(即得到的是应收账款),为了简便起见,模拟经营中应收账款到期可立即得到现金,不存在坏账的风险,财务人员所要做的是维护好应收账款的数量、账期,保证其及时变现。

二、沙盘中的应收账款及现金的管理

沙盘模拟中,企业现金为库存现金,不含银行存款、银行汇票等;应收账款为企业出售产品所得。沙盘模拟中涉及的应收账款及现金管理操作主要包括:

1. 向其他企业出售产品

订货会上,如果企业取得的订单超过了企业的最大生产能力,若不能按时交货则构成违约,企业需要受到严厉的处罚。为避免违约,企业可以考虑向其他企业购买产品。同样,当企业某种产品出现积压,也可以考虑向其他企业出售产品。

操作步骤:①营销总监将出售的产品交给其他小组后,将收到的现金交给财务总监;②财务总监将现金放入"现金"区,并在经营流程记录表中相应方格内登记现金的增加量。

2. 按订单交货

若企业接到的销售订单账期为0,则企业按该订单交货后可直接得到一定数额的现金,此时财务总监应进行现金的处理。

操作步骤:①营销总监按订单交货(订单账期为0)并领取相应金额的现金;②财务总监将现金放入盘面的"现金"区域;③财务总监在经营流程记录表的相应方格内登记现金的增加量。

若企业接到的销售订单账期不为0,则企业按该订单交货后可得到一定数额的应收账款,此时财务总监应进行应收账款的处理。

操作步骤:①营销总监按订单交货(订单账期不为0)并领回相应金额的应收账款;②财务总监将应收账款放入盘面的"应收账款"区域(注意账期),此时并未涉及现金的增减,因此无须在经营流程记录表中记录金额。

3. 更新应收账款(应收账款收现)

现实中,企业销售的产品很多情况下收到的是应收账款(类似于日常生活中的"欠条")而不是现金,沙盘模拟中亦是如此。每个季度,企业将应收账款向企业现金库方向移动一个格,表示收到现金的日期越来越近,应收账期在减少。当应收账款被推到现金库时,表示应收账款到期了,企业可以收到现金了。

操作步骤:①财务总监将应收账款向现金库移动一格;②当移动到现金库时,表示应收账款到期,财务总监需要在经营流程记录表中相应的方格内登记现金的增加量。

4. 季初现金盘点

为了保证企业账实相符,企业需要定期对其资产(例如现金、应收账款、原材料、产成品、在制品等流动资产,以及厂房、生产线、在建工程等固定资产)进行盘点。盘点的方法主要采用实地盘点法,即对需要盘点的对象进行逐一清查,确定其数量、状态等,然后和账面上的数量进行对比,如果清点数量比账面数量多则进行盘盈处理,否则进行盘亏处理,最终保证账实相符。

在进行季初现金盘点时,企业财务总监认真清查企业现金数量,查看是否与上个季度的余额相等,若相等则记录下来,若不相等则认真清查原因,否则不能进行下面的操作。

操作步骤:财务总监清点现金库中的现金,看是否与上个季度末余额相同,若相同则记录到经营流程记录表的相应位置上。

需要注意的是,由于年初缴纳了广告费和税金,因此第一季度账面余额计算公式为:年初现金余额=上年末现金余额-本年广告费-税金。

5. 现金收入合计

1至3季度及年末,财务总监统计本季度现金收入。第4季度的统计数字包括第4季度和年末发生的现金收入。

操作步骤:财务总监合计本季度现金收入情况,即计算本季度所有收入,并记入经营流程记录表的相应位置。

6. 现金支出合计

1至3季度及年末,财务总监统计本季度现金支出。第4季度的统计数字包括第4季度和年末发生的费用。

操作步骤:财务总监合计本季度现金支出情况,即计算本季度所有支出,并记入经营流程记录表的相应位置。

7. 期末现金对账

1至3季度及年末,财务总监盘点现金余额并与账面结果进行核对,如果账实相符则将该数额填入经营流程记录表的相应位置处;如果账实不符,则查找原因。

8. 计提折旧

企业的固定资产在使用的过程中会发生损耗,导致其价值的降低(例如,某人花20万元买的小汽车,5年后其价值可能仅有5万元),因此必须对固定资产进行计提折旧。沙盘模拟中,仅对生产线计提折旧,厂房不提折旧。为了简化起见,折旧采用直线取整法;在会计处理上,折旧费作为当期的期间费用,没有计入产品成本中。

这里说明一下,计提折旧并不属于现金管理的内容,但计提折旧为财务总监的重要工作内容,故在此简要讲述。

操作步骤:按照规定对生产线计提折旧,当年建成的新生产线不需要计提折旧;从"生产线净值"中取出相应的折旧额度放入综合费用的"折旧"位置,最后在经营流程记录表中相应方格内登记折旧的金额,可以用括号标出。

注意:在计算现金支出时,折旧不能算入其中,因为折旧并没有引起现金的减少。

学习测评

一、知识测评

1. 应收账款是如何产生的? 企业如何做好应收账款的管理?

二、技能测评

1. 有人认为企业持有的现金越多越好,你赞同这种观点吗? 如何理解现金的持有成本?

2. 沙盘模拟中,生产线建成的第一年需要折旧吗? 当生产线净值等于残值时,生产线是否可继续使用? 对于全自动生产线,如何折旧?

任务三　费用支付

沙盘模拟中企业需要支付诸如研发投资、生产线投资、原材料采购、管理费等各种费用;为了保障企业运营,财务总监需要熟练掌握各种费用支出的操作规程,能够正确登记各个支出项目,做到账实相符;企业的其他部门则需要与财务密切配合,完成各项支出活动。

知识目标

1. 了解沙盘模拟中的现金支出的内容;

2. 了解沙盘模拟中各项费用支出的含义。

技能目标

1. 能够根据企业经营需要,管理现金的支出;

2. 企业各部门相互配合,完成现金支出相关操作;

3. 财务总监正确登记现金支出。

任务情境

沙盘模拟中,企业需要支付的现金很多;某小组在模拟过程中,由于"人多手杂",没有管理好现金,导致期末现金量与账面金额不符;小组财务总监不得不从季度初开始逐项核查,最终发现某项支出记录有误,随即更正,但浪费了小组大量的时间精力,并导致企业财务报表迟交30分钟,被罚20分。

如果你是该企业的财务总监,你如何管理好企业的各种现金支出? 如何保证企业现金支出的正确登记? 如何保证"账实相符"?

任务导学

在任务二中介绍了现金收入的相关操作,接下来将介绍各种费用的支付(现金支出)相关操作。

1. 参加订货会/支付广告费

沙盘模拟中,企业承接销售订单的唯一机会是参加订货会,只有参加订货会接到了销售订单,企业的产品才可能售出。而参加订货会需要在相应的市场上投入一定的广告费,只有投入了广告费,企业才有资格在该市场上取得销售订单。

在参加订货会前,企业需要根据自身的营销策略、市场竞争等情况决定广告的投入。由于广告费是分市场、分产品进行的,因此企业需要决定广告的投入组合。营销总监在广告费登记表上认真填写本企业的广告投入,充分考虑企业的支付能力;而后参加订货会,争取订单。

通常情况下,为了保持良好的订货会秩序,订货会只允许企业的营销总监参加;当然为了应对复杂的情况,企业可派营销总监和生产总监共同参加订货会。需要注意的是,企业没有委托加工能力的情况下,接单量不要超过企业的产能,否则可能导致不能按时完工交货。

操作步骤:①营销总监填写广告单;②财务总监从现金库中取出广告费,放入综合费用的"广告费"区域;③财务总监在经营流程记录表的对应位置记录现金的减少量(可以用"－"表示现金的减少)。

2. 支付应付税

企业经营过程中离不开国家的"投入",例如企业运营需要道路、水电等基础设施以及安全的环境和绿化等,这些都来自于国家的投入。企业在赢利后,给国家纳税是其义务。沙盘模拟中,企业在年初需要交付上个年度应交的税金,即企业需要按照上个年度资产负债表中应交税金项目的数额纳税。

操作步骤:①企业财务总监从现金库中取出相应额度的现金放到沙盘盘面综合费用的"税金"位置;②财务总监在经营流程记录表中对应的方格内记录现金的减少量。

3. 更新原材料订单/原材料入库

沙盘模拟中,企业只有提前向供应商订购了原材料后,到了规定的时间才可得到原材料。每个季度,企业的原材料订单(空桶表示)需要向原材料库方向推进一格,表示更新原材料订单。如果原材料订单已经推入原材料库,则表示原材料已经到达了企业,这时企业必须进行验收入库并支付材料款,不得拖延。

操作步骤:①原材料入库时,财务总监从现金库中取出材料款交给采购总监(由采购总监购买原材料);②财务总监在经营流程记录表中相应方格内登记现金的减少量。

4. 新生产线投资

企业要提高产能,一个重要的途径就是投资新的生产线;新投资的生产线需要安置在厂房的空闲位置,如果没有空闲位置就需要变卖一些原有的生产线。

操作步骤:①财务总监从现金库中取出生产线建设所需的资金交给生产总监进行生产线投资;②财务总监在经营流程记录表中相应方格内登记现金的减少量。

5. 生产线转产

若某生产线原来生产 X 产品,企业希望该生产线转而生产 Y 产品,则需要进行转产处理;对于半自动生产线、全自动生产线转产时,需要支付一定的管理费。

操作步骤:①如果需要转产费,财务总监从现金库中取出相应的转产费放到综合费用的"转产费"位置;②在经营流程记录表中相应方格内登记现金的减少量。

6. 开始下一批生产

如果企业某些生产线在更新生产/完工入库后已经空闲,或者企业新建成的生产线尚未有开工,则可以考虑开始生产新产品;生产产品除了需要原材料之外,还需要支付一定的加工费(每生产一个产品需要 1M 的加工费)。

操作步骤:①生产总监首先从原材料库中领取生产所需要的原材料,然后在财务总监处领取生产所需要的加工费,将原材料和加工费放入空桶中(一个装有原材料和加工费的小桶代表一个在制品或产品),将这些小桶置于空闲的生产线的第一个空格处,表示开始产品生产;②财务总监接到生产总监提出的加工费申请后,将现金交给生产总监;③财务总监在经营流程记录表中相应方格内登记现金的减少量。

7. 向其他企业购买产品

订货会上,如果企业取得的订单超过了企业的最大生产能力,若不能按时交货则构成违约,企业需要受到严厉的处罚,为此企业可以考虑向其他企业购买产品。

操作步骤:①在各企业进行交易时,需要双方商谈产品交易的价格及交易的数量(沙盘模拟中,我们规定企业间交易只能采用现款交易的方式);②购买方营销总监从财务总监处领取现金交给对方营销总监,最后将购得的产品放到产品库中;③财务总监在经营流程记录表中相应方格内登记现金的减少量。

8. 产品研发投资

当企业要研发新产品时,需要进行新产品研发投资,投入相应的费用。当新产品研发完成后,企业在下个季度可以生产该产品。新产品研发的费用计入当年综合费用中。

操作步骤:①如果企业需要进行新产品研发投资,生产总监向财务总监申请研发所需要的费用,放到该产品研发位置处。②如果产品研发投资完毕,则需要从交易处领取该产品的生产资格证。企业取得生产资格后,从下一个季度开始可以生产该产品。③财务总监负责从现金库中取出研发费用交给生产总监。④财务总监在经营流程记录表中相应方格内登记现金的减少量。

9. 支付行政管理费

企业在生产经营的过程中需要发生各种管理费用,例如办公费、管理人员工资等。沙盘模拟中,规定企业无论规模大小、业务多少,每个季度均需要交纳1M的行政管理费。

操作步骤:①财务总监从现金库中取出行政管理费放到综合费用的"管理费"处;②财务总监在经营流程记录表中相应方格内登记现金的减少量。

10. 支付设备维修费

企业生产线上的设备在使用的过程中,不可避免地会发生磨损现象,要保证设备的正常运转,就必须对其进行维修,需要支付一定的材料费、人工费等维修费。沙盘模拟中,每年年末企业的生产线需要支付设备维修费;并且只要是建成的生产线,无论开工与否,均需要支付;但尚未完工的生产线不需要支付。

操作步骤:①财务总监根据已经完工的生产线的数量,确定维修费额度(每条建成的生产线每年需要1M的维修费);②财务总监从现金库中取出相应的维修费放入综合费用区中的"维修费"位置;③财务总监在经营流程记录表中相应方格内登记现金的减少量。

11. 支付厂房租金/购买厂房

企业生产所需要的厂房可以购买也可以租用。每年年末,如果企业本年度曾经使用过的厂房没有所有权,则需要支付一定的租金;如果不想支付租金,则必须购买。

操作步骤:若租用厂房,则财务总监从现金库中取出相应的租赁费用放到综合费用区域的"租金"位置;若要购买厂房则从现金区中取出相应的购买费用放置到厂房的"价值"处;最后在经营流程记录表中相应方格内登记现金的减少量。

12. 新市场开拓

企业要扩大销售渠道就要开拓新的市场,不同的市场的开拓时间、费用是不相同的。沙盘模拟中,每年年末企业可以考虑进行新市场的开拓。市场开拓的费用计入当年的综合费用中。

操作步骤:①营销总监从财务总监处领取市场开拓所需要的费用,放入所要开拓的市场相应的位置上;②当市场开拓投资全部完成后,年末持市场开拓的费用到交易处领取该市场的市场准入证,并放到对应的市场位置;③财务总监根据营销总监的申请,从现金库中取出相应的现金交给营销总监;④财务总监在经营流程记录表中相应方格内登记现金的减少量。

13. ISO 资格认证投资

有的市场订单有 ISO 认证的要求,企业要想取得这样的订单,就必须投入资金与时间进行 ISO 资格认证。

操作步骤:①营销总监从财务总监处领取市场开拓所需要的费用,放入所要投资的 ISO 认证的位置上;当 ISO 认证投资全部完成后,年末持 ISO 认证的费用到交易处领取该 ISO 认证,并放到对应的认证位置。②财务总监根据营销总监的申请,从现金库中取出相应的现金交给营销总监。③财务总监在经营流程记录表中相应方格内登记现金的减少量。

14. 结账

一年经营结束后,年终需要结账,结账后经营中的数据不得随意改动;结账时,财务总监只需要在经营流程记录表中相应方格内打钩(表示完成了该项工作)即可。

学习测评

一、知识测评

1. 沙盘模拟中,R3、R4 原材料的采购提前期为多少?
2. 沙盘模拟中,哪种类型的生产线转产需要缴纳转产费?其转产周期为多长?
3. 沙盘模拟中,企业每年需要缴纳多少管理费?

二、技能测评

沙盘模拟中,新建成的生产线是否需要缴纳设备维修费?假设某企业有 2 条全自动生产线、1 条半自动生产线、1 条手工生产线(各生产线均已建成),该企业当年需要缴纳多少维修费?

任务四　财务报表编制

企业年度经营结束后需要编制综合费用表、利润表、资产负债表等财务报表,通过财务报表相关人员可以明确企业年度经营状况,并为日后的经营提供指导。沙盘模拟中,编制财务报表是财务总监的重要职责,但不是财务总监一人的职责。在编制财务报表过程中,需要各个部门通力合作,并为财务总监提供相应的数据支持。

知识目标

1. 理解综合费用表的意义、内容;
2. 理解利润表的意义、内容;
3. 掌握资产负债表的意义、内容。

技能目标

1. 在各职能部门配合下,财务人员能够编制综合费用表、利润表、资产负债表;
2. 利用利润表、资产负债表解读企业经营状况,为企业日后发展提出建议。

任务情境

经过4个季度的艰苦经营,F小组的主要业务已经完成,在确认业务、资金等方面没有疏漏之后,小组成员决定结账。怎样知道企业本年的经营成果如何? 企业是否赚到了钱? 在竞争环境中,本企业排名如何? 在企业财务报表编制完毕之前,没有人知道这些问题的准确答案,小组成员议论纷纷;而此时,财务总监不停地拨弄手中的计算器,计算财务报表中的每一项数据;十多分钟后,财务报表终于编制完成了,财务总监宣布企业当年略微赢利,整个小组沉浸在喜悦的气氛中。

如果你是该企业的财务总监,你知道需要哪些财务报表吗? 你知道如何编制利润表、资产负债表吗? 你知道如何解读利润表、资产负债表吗?

任务导学

一、财务报表的相关知识

企业领导层掌管企业前首先需要了解企业目前的财务状况,企业的财务状况主要由资产负债表、利润表等财务报表体现。

1. 资产负债表

(1)资产负债表的意义

资产负债表表示企业在一定日期(通常为各会计期末)的财务状况(即资产、负债和业主权益的状况)的主要会计报表。资产负债表根据资产、负债、所有者权益(又称为股东权益)之间的勾稽关系,按照一定的分类标准和顺序,把企业一定日期的资产、负债和所有者权益等各项目予以适当排列,将合乎会计原则的资产、负债、所有者权益的科目分为"资产"和"负债和所有者权益"两大部分,在经过分录、转账、分类账、试算、调整等等会计程序后,浓缩成一张报表。该报表除了可以用于企业内部除错、调整经营方向、防止弊端外,也可让所有阅读者在最短时间了解企业经营状况。

资产负债表可以提供企业某一特定日期资产的总额及其结构,表明企业拥有或控制的资源及其分布情况,即企业有多少资源是流动资产、有多少资源是固定资产等;可以提供某一日期的负债总额及其结构,表明企业未来需要用多少资产或劳务清偿债务以及清偿时间,即流动负债有多少、长期负债有多少、长期负债中有多少需要用当期流动资金进行偿还等;还可以反映所有者所拥有的权益,据此判断资本保值、增值的情况以及对负债的保障程度。资产负债表还可以提供财务分析所需的基本资料,如可以将流动资产与流动负债进行比较,计算出流动比率等,这些指标可以表明企业的变现能力、偿债能力和资金周转能力,从而有助于决策者作出正确的决策。

(2)资产负债表的内容与格式

资产负债表一般有表首、正表两部分。其中,表首概括地说明报表名称、编制单位、编制日期、报表编号、货币名称、计量单位等。正表是资产负债表的主体,列示了用以说明企业财务状况的各个项目。正表的格式一般有两种:报告式资产负债表和账户式资产负债表。报告式资产负债表是上下结构,上半部列示资产,下半部列示负债和所有者权益。具体排列形式又有两种:一是按"资产=负债+所有者权益"的原理排列;二是按"资产-负债=所有者权益"的原理排列。账户式资产负债表是左右结构,左边列示资产,右边列示负债和所有者权益。不管采取什么格式,资产各项目的合计等于负债和所有者权益各项目的合计这一等式不变。沙盘模拟中使用的资产负债表采用的是账户式。

资产:按资产的流动性大小不同,分为流动资产和非流动资产两类。流动资产类由货币资金、交易性金融资产、应收账款、预付账款、其他应收款、存货费用等项目组成。非流动资产类有持有的到期投资、可供出售金融资产、长期股权投资、固定资产、无形资产等项目组成。沙盘模拟中,流动资产包括现金、应收账款、在制品、产品、原材料等5个项目,固定资产包括土地和建筑、机器与设备、在建工程等3个项目。

负债:按负债的流动性不同,分为流动负债和非流动负债两类。流动负债类由短期借款、应付账款、预收账款、应付职工薪酬、应交税费、应付股利、其他应付款、预提费用等项目组成。非流动负债类由长期借款和应付债券组成。沙盘模拟中,企业负债包括长期负债、短期负债、应付账款、应交税金和一年内到期的长期负债等5个项目组成。

所有者权益:沙盘模拟中,按所有者权益的来源不同,所有者权益包括股东资本、利润留存、年度净利3个项目。

(3)沙盘模拟企业的资产负债表

在沙盘模拟课程中,根据模拟的离散型制造企业所涉及的业务对资产负债表进行了适当的简化处理,企业初始的资产负债表如表2.8所示。

表2.8　沙盘模拟企业的资产负债表

资产	金额	负债和所有者权益	金额
流动资产:		负债:	
现金	20	长期负债	40
应收账款	15	短期负债	0
在制品	8	应付款	0
产成品	6	应缴税金	1
原材料	3	1年到期的长期负债	0
流动资产合计	52	负债合计	41
固定资产:		所有者权益:	
土地和建筑	40	股东资本	50
机器和设备	13	利润留存	11
在建工程	0	年度净利	3
固定资产合计	53	所有者权益合计	64
资产总计	105	负债和所有者权益总计	105

2. 利润表

企业利润,通常是指企业收入减去成本及各种费用后的余额,亦称为财务成果或经营成果。利润的意义在于,它是企业和社会积累与扩大再生产的重要源泉,是反映企业经营业绩的重要指标,是企业投资与经营决策的重要依据。

（1）利润表的意义

企业经过一段时间的经营后,其经营成果主要表现为企业所获得的利润情况,它是企业股东所关注的核心内容之一,也是企业经济效益的综合体现。企业的利润情况主要由利润表(又称为损益表或收益表)来体现,利润表反映了企业的收入减去企业各种费用支出后的经营成果,其中的项目分为收入和费用支出两类。利润表是反映企业在一定会计期间经营成果的报表,例如2011年1月1日至12月31日经营成果的利润表反映了2011年度企业经营成果情况,所以利润表是一种动态报表。

通过利润表,可以反映企业一定会计期间的收入实现情况,即实现的主营业务收入有多少、实现的其他业务收入有多少、实现的投资收益有多少、实现的营业外收入有多少等等;可以反映一定会计期间的费用耗费情况,即耗费的主营业务成本有多少、主营业务税金有多少、营业费用、管理费用、财务费用各有多少、营业外支出有多少等等;可以反映企业生产经营活动的成果,即净利润的实现情况,据以判断资本保值、增值情况。

利润表分项列示了企业在一定会计期间因销售商品、提供劳务、对外投资等所取得的各种收入以及与各种收入相对应的费用、损失并将收入与费用、损失加以对比结出当期的净利润。将收入与相关的费用、损失进行对比,结出净利润的过程,会计上称为配比。其目的是为了衡量企业在特定时期或特定业务中所取得的成果,以及为取得这些成果所付出的代价,从而考核经营效益和效果提供数据。比如分别列示主营业务收入和主营业务成本、主营业务税金及附加并加以对比,得出主营业务利润,从而掌握一个企业主营业务活动的成果。配比是一项重要的会计原则,在利润表中得到了充分体现。此外,将利润表中的信息与资产负债表中的信息相结合,还可以提供进行财务分析的基本资料,如将赊销收入净额与应收账款平均余额进行比较,计算出应收账款周转率;将销货成本与存货平均余额进行比较,计算出存货周转率;将净利润与资产总额进行比较,计算出资产收益率等,可以表现企业资金周转情况以及企业的赢利能力和水平,便于会计报表使用者判断企业未来的发展趋势,作出经营决策。

（2）利润表的内容与格式

利润表一般有表首、正表两部分,其中表首部分说明报表名称、编制单位、编制日期、报表编号、货币名称、计量单位等;正表是利润表的主体,反映形成经营成果的各个项目及其计算过程。

利润表的主体部分主要反映以下几方面的信息:①构成主营业务利润的各项要素。从主营业务收入出发,减去为取得主营业务收入而发生的相关费用、税金后得出主营业务利润。②构成营业利润的各项要素。营业利润在主营业务利润的基础上,加其他业务利润,减营业费用、管理费用、财务费用后得出。③构成利润总额(或亏损总额)的各项要素。利润总额(或亏损总额)在营业利润的基础上加(减)投资收益(损失)、补贴收入、营业外收支后得出。④构成净利润(或净亏损)的各项要素。净利润(或净亏损)在利润总额(或亏损总额)的基础上,减去本期计入损益的所得税费用后得出。

在利润表中,企业通常将各项收入、费用以及构成利润的各个项目分类分项列示。其中收入按其重要性列出,主要包括主营业务收入、其他业务收入、投资收益、补贴收入、营业外收入;费用按其性质列出,主要包括主营业务成本、主营业务税金及附加、营业费用管理费用、财务费用、其他业务支出营业外支出、所得税等;利润按营业利润、利润总额和净利润等利润的构成分类分项列出。

（3）沙盘模拟企业的利润表

在沙盘模拟课程中,根据需要对企业的利润表做了适当的简化处理,企业初始的利润表如表2.9所示。

表 2.9　沙盘模拟企业的利润表

项目	符号	本期金额
销售收入	+	36
直接成本	−	14
毛利	=	22
综合费用	−	9
折旧前利润	=	13
折旧	−	5
支付利息前利润	=	8
财务收入/支出	+/−	4
额外收入/支出	+/−	0
税前利润	=	4
所得税	−	1
净利润	=	3

二、沙盘模拟中财务报表的编制

1. 综合管理费用明细表的编制

要编制企业利润表和资产负债表,财务总监首先需要编制企业当年的综合费用明细表;综合费用明细表反映了年度经营期间,企业除了生产成本、财务费用外的其他费用,可以根据沙盘盘面综合费用区域的支出情况进行填写,其格式如表 2.10 所示。对于市场准入开拓、ISO 资格认证,需要在备注栏中相关项目上打钩确定,产品研发在其对应的项目后面填写本年度产品研发投入的金额。

表 2.10　综合费用表　　　　　　　　　　　　　　　单位:百万

项目	金额	备注
管理费		
广告费		
维修费		
租金		
转产费		
市场准入开拓		□区域　　□国内　　□亚洲　　□国际
ISO 资格认证		□ISO9000　　□ISO14000
产品研发		P2(　　)　　P3(　　)　　P4(　　)
其他		
合计		

综合费用表的具体编制方法如下:

（1）管理费：管理费为企业当年四个季度支付的管理费，即沙盘盘面上的"管理费"区域内的金额；正常情况下管理费为4M（每个季度支付1M的管理费）。

（2）广告费：广告费为企业年初订货会所投的广告费金额，即沙盘盘面上的"广告费"区域内的金额。

（3）维修费：维修费即生产线的保养费（维护费），为企业当年各生产线的保养费之和，即沙盘盘面上"维修费"区域内的金额。

（4）租金：当企业租用大（小）厂房时，企业需要缴纳租金，即沙盘盘面上"租金"区域内的金额。

（5）转产费：转产费为企业当年缴纳的转产费用，即沙盘盘面上"转产费"区域内的金额。

（6）市场准入开拓：企业当年为开拓各个新市场所支付的费用之和。

（7）ISO资格认证：企业当年为开展ISO系列认证所支付的费用之和。

（8）产品研发：企业当年为研发新产品所支付的研发费用之和。

（9）其他：盘面上"其他"区域内的金额之和。

（10）合计：以上各项费用之和。

2. 利润表的编制

利润表反映了企业在一段时间内企业的经营状况，它把该时期内企业的收入同相关费用相减，从而算出企业在该时间段内的利润情况，表明企业的经营成果；同时，不同时期的利润表的对比，可以分析企业的发展趋势以及获利能力。利润表中各个项目的计算方法如表2.11所示。

表2.11 利润表的编制方法

序号	项目	数据来源
1	销售收入	产品核算统计表中的销售额合计
2	直接成本	产品核算统计表中的成本合计
3	毛利	产品核算统计表中的毛利合计
4	综合费用	综合管理费用明细表的合计
5	折旧前利润	序号3行数据减去序号4行数据
6	折旧	盘点盘面上折旧数据
7	支付利息前利润	序号5行数据减去序号6行数据
8	财务支出	支付借款、高利贷利息和贴息，即盘面上的"利息"区域内的金额
9	税前利润	序号7行数据减去序号8行数据
10	所得税	序号9行数据为正数时，除以3取整；序号9行数据为负数时，所得税取0
11	净利润	序号9行数据减去序号10行数据

（1）销售收入：销售收入为本企业当年所有产品销售收入之和，该项数据由营销总监负责的产品核算表中给出。

注意：销售收入不一定等于企业订货会所接的订单金额之和，还需要考虑其他情况，如订单违约（未按时交货）、向其他企业出售成品等情况。

（2）直接成本：直接成本为本企业当年所销售产品的总成本，该项数据由营销总监负责的产品核算表中给出。

注意:如果企业从其他企业购买了成品,而后将其卖出,则直接成本为购买价格;例如 A 企业向 B 企业购买了 2 个 P2,总价 14M,则购买的 2 个 P2 的直接成本为 14M 而非 6M。

(3)毛利:毛利=销售收入−直接成本,即产品核算统计表中的毛利合计。

(4)综合费用:综合费用为综合管理费用明细表的"合计"。

(5)折旧前利润:折旧前利润=毛利−综合费用,即序号 3 行数据−序号 4 行数据。

(6)折旧:折旧为当年生产线的折旧总和,即盘面上折旧数据。

(7)支付利息前利润:支付利息前利润=折旧前利润−折旧,即序号 5 行数据减去序号 6 行数据。

(8)财务支出:财务支出包含支付长期贷款、短期贷款、高利贷利息和贴息,即盘面上的"利息"区域内的金额。

(9)税前利润:税前利润=支付利息前利润−财务支出,即序号 7 行数据减去序号 8 行数据。

(10)所得税:企业赢利的情况下需要缴纳所得税,序号 9 行数据为正数时,除以 3 取整;序号 9 行数据为负数时,所得税取 0。

(11)净利润:净利润=税前利润−所得税,即序号 9 行数据减去序号 10 行数据。如果企业前几年的利润为负数,本年的赢利可以用来弥补以前的损失,可以减除的亏损至多为 3 年。

3. 资产负债表的编制

资产负债表是反映某个特定日期的财务报表,该表严格按照"资产=负债+所有者权益"的会计恒等式编制而成。沙盘模拟中,我们对资产负债表进行了简化处理,表中各个项目的计算如表2.12 所示。

表 2.12　资产负债表的编制方法　　　　　　　　　　　　　单位:百万

资产	数据来源	负债和所有者权益	
流动资产:		负债:	
现金	盘点现金库中现金	长期负债	除 1 年到期长贷
应收账款	盘点应收账款	短期负债	盘点短期借款
在制品	盘点线上在制品	应付款	盘点应付账款
产成品	盘点库中成品	应缴税金	根据本年度利润表中的所得税填列
原材料	盘点原材料库中原材料	1 年内到期的长期负债	盘点 1 年到期长贷
流动资产合计	以上 5 项之和	负债合计	以上 5 项之和
固定资产:		所有者权益:	
土地和建筑	厂房价值之和	股东资本	股东不增资的情况下为 50
机器设备	设备净值之和	利润留存	上一年利润留存+上一年年度净利
在建工程	在建设备价值之和	年度净利	利润表中净利润
固定资产合计	以上 3 项之和	所有者权益合计	以上 3 项之和
资产合计	流动资产合计+固定资产合计	负债+所有者权益合计	负债合计+所有者权益合计

（1）流动资产:企业中最容易变现的资产,包括现金、应收账款等。

（2）现金:财务中的现金并不仅指现实生活中的"现钞",还包括银行存款和其他货币资金;在沙盘模拟中,我们将其简化为现金库中的现金,财务总监只需盘点并填写现金库中的现金金额即可。

（3）应收账款:此处的应收账款包括企业四个季度的应收账款,财务总监只需盘点并填写现金库中的现金金额即可。

（4）在制品:生产线尚未完工的产品称为在制品。注意此处需要填写所有在制品的价值而非在制品的个数。

（5）成品:成品库中已经完工但尚未出售的成品价值之和。

（6）原材料:沙盘模拟中R1、R2、R3、R4原材料的单位价值为1M,此处盘点原材料库中各原材料个数之和即可。

（7）流动资产合计:现金、应收账款、在制品、原材料、成品、原材料5项之和。

（8）固定资产:固定资产是指企业生产过程中长期发挥作用,长期保持原有的实物形态,但其价值随生产活动逐渐转移到产品价值中,并构成产品价值的一部分。沙盘模拟中企业固定资产包括厂房、生产线和在建工程三类。

（9）土地和建筑:企业所拥有的大小厂房价值之和(大厂房40M,小厂房30M)。

（10）机器设备:沙盘模拟中指的是企业各条生产线的净值之和。注意:生产线建成后,除建成第一年外,均需要折旧;生产线折旧至残值时不再折旧,但该生产线可继续使用。

（11）在建工程:尚未投入使用(尚未完工)的固定资产,沙盘模拟中主要指正在建设的生产线。例如,柔性生产线的价值为24M,安装周期为4Q,若某企业做资产负债表时正在建设的一条柔性生产线处于3Q状态(该生产线已经建设了3Q,累计投入18M,但尚未建设完毕),则为该生产线投入的18M不能计入"机器设备"项目,而应计入在建工程。

（12）长期负债:超过1年的长期贷款金额之和。注意:1年到期的长期贷款除外。

（13）短期负债:短期贷款和高利贷金额之和。

（14）1年到期的长贷:1年到期的长期贷款金额。

（15）应缴税金:企业应交的所得税,即利润表中的所得税金额。

（16）股东资本:沙盘模拟中,正常情况下,股东投入企业的原始资本为50M;当个别小组破产的情况下,指导教师可决定是否追加股东资本。

（17）利润留存:企业经营所获得的,留存在企业尚未以股利形式分配给股东的利润。利润留存是企业经营过程中历年累积得来的,又称为累积资本。此处,本年的利润留存=上一年利润留存+上一年年度净利。

（18）年度净利:利润表中净利润。

学习测评

一、知识测评

1. 沙盘模拟中,财务总监需要编制哪些财务报表?
2. 资产负债表有何意义?该表由哪些项目组成?
3. 利润表有何意义?该表由哪些项目组成?
4. 沙盘模拟中,利润表、资产负债表如何编制?

二、技能测评

1. 编制企业综合费用明细表。
2. 编制企业初始年利润表、资产负债表。

模块四　CSO:营销运作

 **模块导读**

　　为了实现企业自身及社会价值,总经理制定企业发展战略、物流总监组织采购原材料、财务总监组织编制资金融资计划、生产总监组织生产产品,但这些还不够,最终还是要通过营销活动争取客户订单,才能把企业的产品转化为利润。

　　在沙盘模拟中,营销总监负责营销活动的组织和实施,其中重要的活动是进行每年一度的广告投放和订单选取。按照沙盘模拟规则,广告投放会影响企业订单数量,而订单数量又影响企业销售业绩。此外,市场、产品开发和ISO认证也是影响企业销售的因素。通过本模块学习,学员可以了解广告投放、订单选取和市场、产品开发及ISO认证在沙盘模拟中是如何开展的。

任务一　广告投放

　　沙盘模拟中,广告投放是获取客户订单的营销活动之一。广告投放对企业获取订单和增加企业销售额有重要的影响。沙盘模拟中的广告投放是分市场和产品投放的。通过本任务的学习,学员将学会运用广告投放规则,进行广告投放。

知识目标

1. 了解广告的概念及种类;

2. 理解广告投放的规则及意义;

3. 了解广告投放的流程。

技能目标

运用广告投放规则,熟练地填写广告登记表。

任务情境

　　沙盘模拟经营进入第二年,企业A目前的状况如下:由于第一年本地市场P1产品总销售额排名第三,第二年本地市场取得大订单的机会较小,因此企业A制定了争夺第二年区域市场老大的目标。

　　在沙盘模拟过程中,如果你是企业营销总监,投放广告该如何操作?

任务导学

一、广告简介

1. 广告的含义

　　广告(advertising)是为了某种特定的需要,通过一定形式的媒体,并消耗一定的费用,公开而广泛地向公众传递信息的宣传手段。广告有广义和狭义之分,广义的广告包括非经济广告和经济广告。非经济广告指不以赢利为目的的广告,如政府行政部门、社会事业单位乃至个人的各种公告、启事、声明等。狭义的广告仅指经济广告,又称商业广告,是指以赢利为目的的广告,通常是商品生产者、经营者和消费者之间沟通信息的重要手段,或企业占领市场、推销产品、提供劳务的重要形式。

2. 广告的特点

广告不同于一般大众传播和宣传活动,主要表现在:

(1)广告是一种传播工具,是将某一项商品的信息,由这项商品的生产或经营机构(广告主)传送给一群用户和消费者;

(2)做广告需要付费;

(3)广告进行的传播活动是带有说服性的;

(4)广告是有目的、有计划,是连续的;

(5)广告不仅对广告主有利,而且对目标对象也有好处,它可使用户和消费者得到有用的信息。

3. 广告的分类

由于分类的标准不同,看待问题的角度各异,导致广告的种类很多。

(1)以传播媒介为标准可分为报纸广告、杂志广告、电视广告、电影广告、网络广告、包装广告、广播广告、招贴广告、POP广告、交通广告、直邮广告、交互广告等等。

(2)以广告目的为标准可分为产品广告、企业广告、品牌广告、观念广告。

(3)以广告传播范围为标准可分为国际性广告、全国性广告、地方性广告、区域性广告。

(4)以广告传播对象为标准可分为消费者广告、企业广告。

(5)以广告主为标准可分为:一般广告、零售广告。

二、广告投放流程

按照沙盘模拟经营规则,广告投放操作流程如图2.14所示。

三、填写广告费登记表实例

模拟企业第二年广告投入计划如下:

广告总额:13M

产品名称:P1、P2

市场名称:本地、区域

ISO费用:暂不投放

具体明细:P1本地1M、区域1M;P2本地1M、区域10M

根据该计划填写的广告投放表如表2.13所示。

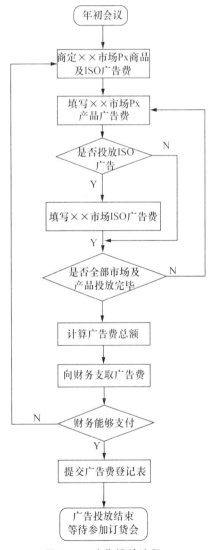

图2.14　广告投放流程

表 2.13　广告投放表

___组　第___年广告投放单

产品	本地	区域	国内	亚洲	国际	合计
P1	1	1				2
P2	1	10				11
P3						
P4						
ISO9000						
ISO14000						
合计	2	11				13

至此,第二年企业 A 的本地、区域市场的 P1、P2 产品的广告投放便已完成。按照此策略投放广告,可达到缓解 P1 积压的问题、保持本地市场排名不降、争取区域市场排名靠前和 P2 及时销售的效果,最重要的一点是广告投放费用得到很好的控制。

四、注意事项

1. 广告费与订单数量之间的关系

按照 ERP 沙盘模拟关于广告与订单选取规则,选取第一张订单的广告费投入是 1M,以后每增加一张订单选取次数,广告费要在原来投入的基础上增加 2M,因此有如下基准广告费投入计算公式:

$F = 2 * n - 1$;其中 F 为基准广告费额,n 为订单选取次数。

2. 广告投入与成本因素

为了抢占新市场的主导地位,各模拟企业间最常用的方法就是加大新市场首年的广告费投入。这样的方法简单而直接,但未必是最好的方法。关于如何处理广告费投入与成本因素之间的关系,在"善战篇"将会进行详细分析。

3. 模拟企业间的合作与竞争

在不同的市场、不同的企业间的竞争与合作的关系表现如图 2.15 所示。

		企业	
		不成熟	成熟
市场	成熟	市场导向—竞争	良性—合作与竞争
	不成熟	恶性—竞争导向	企业导向—合作

图 2.15　市场/企业关系矩阵

由此可见,面对不成熟的市场或企业,竞争无法避免,在竞争的同时寻找合适的合作伙伴对企业来讲尤为重要。

4. 广告投入在企业经营流程记录表中的表现

在企业经营记录表中,广告投入作为一年开始的必要支出之一,被计入广告支出项,且计入综合费用表;最后由财务总监或助理由现金中支出该数额现金放入沙盘的广告费区域。

学习测评

一、知识测评

1. 如果计划争取 3 次的选单机会,本地市场 P1 产品至少应投入多少广告费?

2. 广告投入是否要计入综合费用表? 投入过多是否会影响净利润?

二、技能测评

1. 假设企业 A 在本地市场计划投放 20M 广告费,产品包括 P1、P2 和 P4,请填写广告投放表。

广告投放表

_____组　　　第_____年广告投放单

产品	本地	区域	国内	亚洲	国际	合计
P1						
P2						
P3						
P4						
合计						

任务二　订单选取

在沙盘模拟中,订单是企业获取利润的重要源泉。因此,每年一度的订货会是营销总监的一项重要活动,也是关乎企业年度经营业绩的重要活动。选择符合自己利益最大化的订单是营销总监的重要职责。通过本任务的学习,学员将深入了解订单选取的规则如何运用到订单选择中,学会如何选取订单。

知识目标

1. 了解订单内容及类型;

2. 掌握订单选取规则及操作流程。

技能目标

1. 结合企业及市场现状选取合适的订单;

2. 能够对已选取的订单进行登记并统计销售信息。

任务情境

沙盘模拟经营进入第四年,模拟企业 A、B、C 在本地市场竞争 P3 产品订单,广告投入如表 2.14 所示。

表2.14　模拟企业本地市场广告投放明细表

模拟企业	P3 广告费	ISO9000	ISO14000	总额
A	2	1		3
B	5	1		6
C	1		1	2

本地市场 P3 产品市场需求情况如表2.15 所示。

表2.15　本地市场 P3 产品订单表

订单号	本 P3-1
数量	2
单价	8.5M/个
总额	17M
账期	4Q
ISO	

订单号	本 P3-2
数量	4
单价	8M/个
总额	32M
账期	2Q
ISO	9000

订单号	本 P3-3
数量	2
单价	9M/个
总额	18M
账期	1Q
ISO	14000

订单号	本 P3-4
数量	3
单价	7.6M/个
总额	23M
账期	4Q
ISO	

规则说明:假定选单次序以本地 P3 产品广告费投入由大到小排列,各组 P3 产品生产能力充足且不考虑其他市场 P3 产品销售策略对本市场的影响。

如果你是该企业营销总监,你知道该如何选择适合企业的订单吗? 选择订单是如何操作的?

任务导学

一、订单简介

订单是买方向卖方订购货物时填写的单据,是买方和卖方货物交易的依据或凭证。

1. 订单的主要内容

由于订单大多是出口商与国内供货厂商订立的购货合同,因此,在中国可只使用中文订立即可。订单通常包括以下内容:

(1)货物品名。该名称必须与买卖合同或信用证中的品名一致,最好同时使用中英文。

(2)货物规格。即使同一品名的商品,一般都有不同的规格,因而订单必须清楚、准确地表明货物的规格,并与买卖合同或信用证严格相符。必要时可用附件表明。

(3)订购数量。详细规定订购货物的数量及单位。

(4)单价与总额。一般以人民币表示单价和总额。

（5）交货期。出口商应依据买卖合同或信用证规定的装运期来确定供货厂商的交货期，一般应提前10天左右向出口商交货，以便出口商安排出口装运，以及在装运前检验货物。同时应规定供货厂商延期交货的处理方法。

（6）交货地点。若出口商使用集装箱运输，应订明集装箱堆场或货运站的具体地点；若使用非集装箱运输，则应订明交货地或港口。

（7）货物包装。依据进口商的要求或适合于运输方式的要求对货物予以合理包装。

（8）唛头。按买卖合同或信用证规定刷唛。进口商无要求的，出口商可自定唛头。

（9）检验检疫。出口国强制检验或进口商要求在出口前检验的，或指定检验机构的，出口商应与供货厂商事先约定，按上述要求进行出口前检验检疫。

（10）付款方式。出口商向供货厂商支付购货款的方式取决于它们之间的关系及信用状况。可以先支付若干定金，余额在押汇后一次付清，或在押汇后付清全部货款等。

（11）品质保证。出口商应与供货厂商约定品质保证条款。

（12）知识产权保证。双方应就货物所涉及的商标、专利等知识产权问题作出规定。

2. 订单的特点

（1）履约性。是指买方和卖方都具有认同及信守订单中各项条款和约定的特性。买方填写了订单，便等于认同与卖方有过协商。

（2）严肃性。填写订单有近似签订合同的性质，对买方和卖方来说，都是一种与人财物有关的负责任的行为，无疑具有严肃性。

3. 订单的类型

从表达方式分，订单有表格式、文字式（订货函）和文字表格综合式三种。

4. 订单分类

订单可分为预约订单与现货订单两种。

（1）预约订单

预约订单是指在向国外报价之前，预先请供货厂商向出口商报价，出口商在此基础上，按照前述的报价计算方法，计算出出口价格，再向国外报价。国外进口商接受报价并与出口商订立了买卖合同，或出口商接受了信用证，出口商再向国内供货厂商下订单。预约订单的优点是，可以避免买卖合同订立后，无法在国内购进合同货物或必须以高价购货的风险。

（2）现货订单

现货订单是指出口商与国外进口商订立了买卖合同后，或接受了信用证之后，再向国内供货厂商下订单订购合同货物。这种订货方法比较适合货源充足、售价较稳定的情况。其不足之处是，一旦在国内无法购进合同货物，或必须高价购进货物，则出口商可能面临违约或利润减少，甚至亏损的风险。

5. 订单的结构和写法

订单一般由标题、正文和尾部构成，表2.16是一张订单的示例。

表2.16　订单

FROM			TO			
单位名称：			名称：×××公司			
发货地址：			地址：××市×××路×××号			
联系人：	电话：		联系人：×××			
传真：	邮编：		电话：×××			
结算方式	发票性质		×××			
要求发运方式			邮编：×××			
税号			账号		××	
开户行			希望到货时间			
品名规格			单位	数量	单价	金额
1						
2						
3						
4						
5						
总金额	大写：　佰　拾　万　仟　佰　拾　元整(单位：人民币)					

订单位(签章)：

经办人(签章)

请将货款汇至以下账户：

　　年　月　日

　　户名：×××公司

　　开户行：×××

　　账号：×××

　　联系电话：×××

　　传真：×××

　　联系人：×××

(1)标题

标题一般有三种写法：第一种由货物名称和文种构成；第二种由单位名称和文种构成；第三种只写文种"订单"两个字。

(2)正文

正文包括的内容如下：

①买方和卖方的信息。包括公司名称、地址、邮政编码、电话、传真号码、电子邮箱和联系人等。

②订货信息。包括商品名称、商品编码、商品单价、商品质量级别和订购数量等。

③配送方式及配送地点信息。

④款项支付方式及银行账户。

⑤买方的意见和要求。

（3）尾部

订单位、订货日期及经办人签章。

6. 订单的注意事项

①信息要齐备。即设制的订单要包含有货物买卖必需的各种信息，不得遗漏。

②要实用、好用。订单的结构要尽可能简单，让买方一目了然，便于填写。

③一张纸即印制一份订单。切忌一份订单跨页或分成几页，以免被"掉包"换页。

二、订单选取流程

沙盘模拟订单的选取流程如图 2.16 所示。

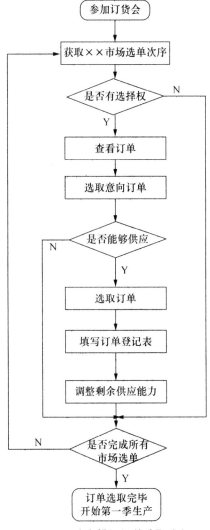

图 2.16　沙盘模拟订单选取流程

三、订单选取实例

按照订单选取规则,选择订单的先后顺序为 B→A→C→B。由于模拟企业 B 本地市场投放广告费 5M,理论上有三次选单机会,鉴于本地市场只有 4 张订单,因此在有剩余订单的前提下,企业 B 有机会选取所有满足条件的订单,具体情况如下:

1. 首轮订单选择

在模拟企业自身 P3 供给能力充沛的情况下,考虑各企业投放 ISO 广告状况,销售额越高,毛利润也就越高,因此总额大的订单便成为各企业争夺的目标,由此不难得出订单选择情况(如表 2.17 所示)。

表 2.17　订单选取情况表

B	A	C
本 P3-2	本 P3-4	本 P3-3

2. 第二轮订单选择

由于能够参加第二轮选单机会的只有企业 B 一家,因此剩余的订单"本 P3-1"理所当然地被企业 B 争得。

3. 填写订单登记表

根据两轮订单选择结果,可以得到各企业订单登记表的填写,如表 2.18 所示。

表 2.18　各企业订单登记表

企业 A 订单登记表

订单号	本 P3-4		合计
市场	本地		
产品	P3		
数量	3		
账期	4		
销售额	23		23
成本	12		12
毛利	11		11
未售			

企业 C 订单登记表

订单号	本 P3-4		合计
市场	本地		
产品	P3		
数量	2		
账期	1		
销售额	18		18
成本	8		8
毛利	10		10
未售			

企业 B 订单登记表

订单号	本 P3-1	本 P3-2	合计
市场	本地	本地	
产品	P3	P3	
数量	2	4	
账期	4	2	
销售额	17	32	49
成本	8	16	24
毛利	9	16	25
未售			

由此可以看出,企业 B 虽然在本地市场 P3 产品的广告投入上总额较多,但订单选取的收获很大,为企业赢利贡献 25M 的毛利润。

四、注意事项

(1)在产品供应能力有限的情况下,订单的选取要结合企业的市场策略和供应能力,而不是一味地追求总额大的订单。

(2)在企业资金紧张的情况下,订单的选取还要考虑应收账款的期限问题。

(3)在产品数量相同且资金不紧张的情况下,订单的选择应考虑单价较高的订单。

(4)在有订单违约的情况下,当期销售额不能包括违约订单,应计入下一年订单并优先销售。

 学习测评

一、知识测评

1. 沙盘模拟经营中,一张订单包含哪些信息?

2. 对于本任务中各模拟企业的订单选择结果,B 组是否必然能够选择两张订单? 如果不是,请实例说明。

二、技能测评

1. 假设模拟企业能够每季度产出 1 个 P1、1 个 P2,库存 2 个 P1、1 个 P2,在选取订单时,如何避免订单违约?

2. 假如企业 B 没有能力生产出订单"本 P3-1"所需的 2 个 P3 产品,想要放弃该订单,而企业 C 的 P3 产品过剩却没有选取更多订单的机会,通过组间交易能够帮助 B、C 解决各自的困惑吗? 如果可以,请填如下组间交易表。

组间交易表

产品(原材料)交易订单								
购买单位		购买时间			年			季
销售单位		完工时间			年			季
		原料			产品			
产品/原料	R1	R2	R3	R4	P1	P2	P3	P4
成交数量								
成交金额								
付款方式								
购买人								
售货人								
审核人								

(1)完工时间必须小于购买时间,否则为无效交易;

(2)本协议可以事先签订,但必须交双方监督员审核签字后生效;

(3)如果没有双方监督人签字,视为无效交易;

(4)无效交易按交易额扣除双方利润。

任务三 市场、产品开发与 ISO 认证

市场、产品及 ISO 资格是客户需求的反映。只有市场和产品开发了,企业才能接该市场该产品订单,才能在这个市场销售这个产品,只有具有相应 ISO 资格,才能接有 ISO 要求的订单。通过本任务学习,学员可以掌握市场、产品开发与 ISO 认证如何进行,学会开发市场和产品。

知识目标

1. 掌握市场、产品开发及 ISO 认证的操作流程;

2. 了解市场开发投入登记表、产品开发登记表、ISO 认证投资的内容。

技能目标

1. 能够按照流程进行市场、产品开发和 ISO 认证操作;

2. 能够填写市场开发投入登记表、产品开发登记表、ISO 认证投资表。

与初始年统一模拟经营不同,从第一年初开始,各模拟企业将按照团队集体决策进行自主经营。根据市场预测信息及其他团队的商业情报,模拟企业 A 制定如下决策:①市场,企业第四年前开发完成区域、国内和亚洲三个市场,放弃国际市场;②产品,第二年完成 P2、P3 产品研发工作,第三年开始参与本地、区域和国内市场 P1、P2、P3 广告投放,第五年参与 P4 产品广告投放;③ISO,第三年具有 ISO9000 广告投放资格,第四年具有 ISO14000 广告投放资格。

根据模拟企业 A 的决策,营销总监该如何实施市场、产品开发和 ISO 认证?

任务导学

一、市场、产品及 ISO 简介

1. 什么是市场

狭义上的市场是买卖双方进行商品交换的场所。广义上的市场是指为了买和卖某些商品而与其他厂商和个人相联系的一群厂商和个人。

从经济学角度来说,市场应该包括以下因素:可交换的商品;卖方,具有购买欲望和购买能力的买方和中间方;具备买卖双方都能接受的交易价格、交换场所和交换机制。

从不同的角度,市场可以划分为各种具体的类型。

(1)根据市场范围划分,可分为区域市场、国内市场和国际市场。

(2)根据市场客体划分,可分为商品经济的初级阶段,包括生产资料市场和生活资料市场;商品经济发展的第二阶段,包括劳动力市场、房地产市场、货币市场、资本市场;商品经济发展的第三阶段,包括技术市场和信息市场。

(3)根据市场状况划分,可分为卖方市场和买方市场。

(4)根据市场出现的先后划分,可分为现实市场,指对企业经营的商品有需要,有支付能力,又有购买动机的现实顾客的市场;潜在市场,指有可能转化为现实市场的市场;未来市场,指暂时尚未形成或只处于萌芽状态,但在一定条件下必将形成并发展成为现实市场的市场。

(5)根据竞争程度划分,可分为完全竞争市场、完全垄断市场、寡头垄断市场和不完全垄断市场。

完全竞争市场。所谓完全竞争市场,是指市场价格由众多卖者和买者的共同行为决定,任何单个的卖方和买方都只能是价格的承受者的市场。因此,在完全竞争的市场里,每一卖者和买者

对于价格变动都有完全的信息;市场上价格自发地调节着商品的供求关系,价值规律得到了充分的利用;企业可以自由进出市场。这样的市场只是一种理论抽象,在现实社会中很少出现。

完全垄断市场。所谓完全垄断市场,是指一个行业只有一家企业,或一种产品只有一个销售者或生产者,没有或基本没有别的替代者,却能完全控制价格的市场。完全垄断市场是与完全竞争市场相对的另一极端,主要存在于国家垄断经营行业之中。

寡头垄断市场。寡头垄断市场是指一种产品有大量消费者或用户的情况下,由少数几家大企业控制了绝大部分生产量和销售量,这些大企业对市场价格具有相当大的影响力,但各企业在制定价格时,都要考虑别的企业的反应。如汽车、钢铁、石油等行业。

不完全竞争市场。又称垄断竞争市场,在这样的市场里,卖者较多,彼此间存在竞争,每个卖者的产品均有一定的特色和优势,对价格起着影响作用。在市场上,价值规律起着较大的作用。一般的日用工业品市场就属于这种类型。

2. 什么是产品

根据菲利普·科特勒的一个著名的营销学术观点,产品是市场上任何可以让人注意、获取、使用或能够满足某种消费需求和欲望的东西。所以,产品可以是实体产品(例如,麦片、汽车)、服务(例如航空公司、银行)、人(例如演员、体育运动员)、组织(艺术团体、非营利性组织)、地名(城市、旅游景点)、思想(政治、社会原因)。通常有下述四种产品类别:

(1)服务

通常是无形的,是为满足顾客的需求,供方(提供产品的组织和个人)和顾客(接受产品的组织和个人)之间在接触时的活动以及供方内部活动所产生的结果,并且是在供方和顾客接触上至少需要完成一项活动的结果。如医疗、运输、咨询、金融贸易、旅游、教育等。服务的提供可涉及:为顾客提供的有形产品(如维修的汽车)上所完成的活动;为顾客提供的无形产品(如为准备税款申报书所需的收益表)上所完成的活动;无形产品的交付(如知识传授方面的信息提供);为顾客创造氛围(如在宾馆和饭店)。服务特性包括安全性、保密性、环境舒适性、信用、文明礼貌以及等待时间等。

(2)软件

由信息组成,是通过支持媒体表达的信息所构成的一种智力创作,通常是无形产品,并可以方法、记录或程序的形式存在。如计算机程序、字典、信息记录等。

(3)硬件

硬件通常是有形产品,是不连续的具有特定形状的产品。如电视机、元器件、建筑物、机械零部件等,其量具有计数的特性,往往用计数特性描述。

(4)流程性材料

流程性材料通常是有形产品,是将原材料转化成某一特定状态的有形产品,其状态可能是流体、气体、粒状、带状。如润滑油、布匹,其量具有连续的特性,往往用计量特性描述。

一种产品可由两个或多个不同类别的产品构成,产品类别(服务、软件、硬件或流程性材料)的区分取决于其主导成分。例如,外供产品"汽车"是由硬件(如轮胎)、流程性材料(如燃料、冷却液)、软件(如发动机控制软件、驾驶员手册)和服务(如销售人员所做的操作说明)所组成。硬件和流程性材料经常被称之为货物。称为硬件或服务主要取决于产品的主导成分。例如,客运航空公司主要为乘客提供空运服务,但在飞行中也提供点心、饮料等硬件。

3. 什么是ISO

(1)ISO简介

国际标准化组织(International Organization for Standardization)简称ISO,是一个全球性的非政

府组织,是国际标准化领域中一个十分重要的组织。ISO 成立于 1946 年,当时来自 25 个国家的代表在伦敦召开会议,决定成立一个新的国际组织,以促进国际间的合作和工业标准的统一。于是,ISO 这一新组织于 1946 年 2 月 23 日正式成立,总部设在瑞士的日内瓦。ISO 于 1951 年发布了第一个标准——工业长度测量用标准参考温度。ISO 的任务是促进全球范围内的标准化及其有关活动,以利于国际间产品与服务的交流,以及在知识、科学、技术和经济活动中发展国际间的相互合作。它显示了强大的生命力,吸引了越来越多的国家参与其活动。

(2)ISO 的组织结构

ISO 的组织机构包括全体大会、主要官员、成员团体、通信成员、捐助成员、政策发展委员会、理事会、ISO 中央秘书处、特别咨询组、技术管理局、标样委员会、技术咨询组、技术委员会等。全体大会是 ISO 的最高权力机构,每三年召开一次。理事会为其常务领导机构;理事会下设执行委员会、计划委员会和六个专门委员会,ISO 的日常行政事务由中央秘书处担任。

它是一个非政府性国际机构,是联合国经社理事会甲级咨询组织及贸理事会综合级(最高级)咨询机构,其工作范围是促进各成员国国家标准的协调,制定国际标准,安排有关成员团体和其技术委员会进行情报交流,以及与其他国际组织协作,特别是应这些组织的要求共同研究标准化问题。

ISO 技术工作是高度分散的,分别由 2700 多个技术委员会(TC)、分技术委员会(SC)和工作组(WG)承担。在这些委员会中,世界范围内的工业界代表、研究机构、政府权威、消费团体和国际组织都作为对等合作者共同讨论全球的标准化问题。管理一个技术委员会的主要责任由一个 ISO 成员团体(诸如 AFNOR、ANSI、BSI、CSBTS、DIN、SIS 等)担任,该成员团体负责日常秘书工作。与 ISO 有联系的国际组织、政府或非政府组织都可参与工作。

国际标准化组织现有成员包括 90 个国家的标准化机构。该组织设有 163 个技术委员会和 640 个分委员会,负责组织协调 ISO 的日常工作,并核实、发布国际标准。该组织还设有信息网(ISONET),负责与成员国交流、交换国家和国际标准、技术规程规定和其他标准化文件资料等。

中国参加了该组织,并由国内有关单位组建了中国的相应组织。

二、市场、产品及 ISO 开发流程

1. 市场开发流程

市场是模拟企业在竞争的战场,市场的开发需要一定的计划,市场开发流程如图 2.17 所示。

2. 产品开发流程

对于模拟企业,仅仅拥有市场准入是不够的,生产产

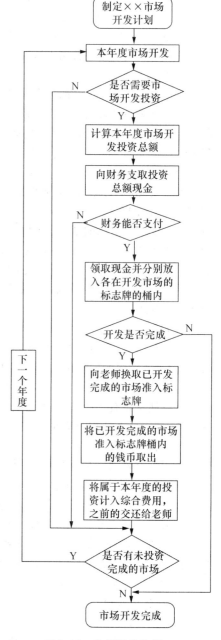

图 2.17 市场开发流程

品并将其销售至相应的市场中才能够实现企业价值,那么沙盘模拟经营中的产品如何开发呢?产品开发流程如图 2.18 所示。

3. ISO 认证开发

ISO 是一项国际行业标准,是企业在市场环境中获取具体有 ISO 资格要求订单的附加条件,对模拟企业增强自身市场竞争力具有一定的作用,在沙盘模拟经营中,一般从第三年开始,部分订单就开始附带 ISO 认证条件,其开发流程如图 2.19 所示。

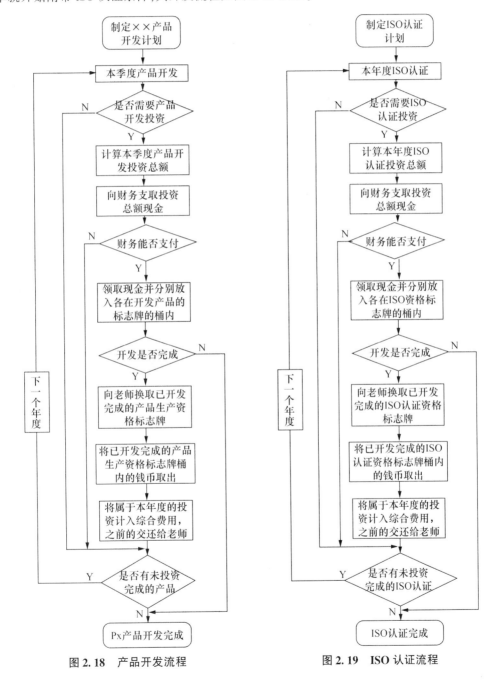

图 2.18　产品开发流程　　　　　图 2.19　ISO 认证流程

三、填写市场、产品及 ISO 开发相关表格

根据市场、产品及 ISO 开发流程图,市场、产品及 ISO 的开发需要模拟企业对市场作出充分的分析,产品开发与市场开发彼此相互依存、相互影响,而 ISO 认证为已开发的多种产品在特定的市场内赢得更多的订单创造了条件。因此企业制定合理的市场战略尤为重要,按照企业 A 的决策填写市场开发投入登记表、产品开发登记表和 ISO 认证投资表。

1. 市场开发投入登记表

沙盘模拟中,市场开发规则如表 2.19 所示。

表 2.19　市场开发规则

市场	每年投资额	投资周期	全部投资总额	操作
本地				直接获得准入证
区域	1M	1 年	1M	将投资放在准入证的位置处;当完成全部投资后,经裁判组核准,统一换取相应的市场准入证
国内	1M	2 年	2M	
亚洲	1M	3 年	3M	
国际	1M	4 年	4M	

企业 A 关于市场开发的决策:第四年完成区域、国内和亚洲市场的开发,放弃国际市场。

按照规则可知,亚洲市场开发需要三年,必须在第一年开始投资;国内市场开发需要两年,可以在第一年或第二年开始投资;区域市场开发一年即可完成,在第一、二、三年开发均可。因此,在满足企业 A 市场决策的情况下,各市场投资的具体计划不是唯一的,在此选取:第一年投资开发区域、亚洲市场,第二、三年投资开发国内、亚洲市场,营销总监据此填写市场开发投入登记表,如表 2.20 所示。

表 2.20　市场开发投入登记表

年度	区域市场(1 年)	国内市场(2 年)	亚洲市场(3 年)	国际市场(4 年)	完成	监督员签字
第 1 年	1		1			
第 2 年		1	1			
第 3 年		1	1			
第 4 年						
第 5 年						
第 6 年						
总计	1	2	3			

根据市场开发投入登记表,营销总监每年向财务总监申请支付 2M 的开发费用,并计入综合费用。

2. 产品开发登记表

沙盘模拟中,产品的开发规则如表 2.21 所示。

表 2.21　产品开发规则

产品	每季度投资额	完成开发所需投资	最小投资周期	操作说明
P2	1M	6M	6Q	每季度按照投资总额平均到开发周期将现金放在生产资格位置；当投资完成后，带所有投资的现金到裁判组处换取生产许可证；只有获得生产许可证后下一个季度才能开工生产该产品
P3	2M	12M	6Q	
P4	3M	18M	6Q	

企业 A 关于产品开发的决策：第二年完成 P2、P3 产品研发工作，第三年开始参与本地、区域和国内市场 P1、P2、P3 广告投放，第五年参与 P4 产品广告投放。

按照规则可知，产品开发的最小周期是相同的，不同之处在于每一 Q 的投资额度。P2、P3 必须在第一年第三季度(3Q)前开始投资研发，才能保证第三年具备 P2、P3 的生产资格；P4 必须在第三年第三季度(3Q)前开始投资才能保证第五年具有 P4 的生产资格。因此，具体投资计划也不是唯一的，在此选取：第一年及第二年的一、二季度投资开发 P2、P3 产品，第一年第四季度，第三年第三四季度，第四年第一、二、三季度投资开发 P4 产品，产品开发登记如表 2.22 所示。

表 2.22　产品开发登记表

年度	P2	P3	P4	总计	完成	监督员签字
第 1 年	4	4	3	11		
第 2 年	2	8		10		
第 3 年			6	6		
第 4 年			9	9		
第 5 年						
第 6 年						
总计						

根据产品开发登记表，营销总监第 1、2、3、4 年分别向财务总监申请支付 11M、10M、6M、9M 开发费用，并计入综合费用表。

3. ISO 认证投资表

沙盘模拟中，ISO 认证投资规则如表 2.23 所示。

表 2.23　ISO 认证规则

ISO 类型	每年投资金额	完成认证投资	最小投资周期	操作说明
ISO9000	1M	2M	2 年	每年按照投资额将投资额放在 ISO 证书位置；当投资全部完成后，带所有投资到裁判组处换取 ISO 资格证书；只有获得 ISO 资格证书后才能在市场中投入 ISO 广告
ISO14000	1M	3M	3 年	

企业 A 关于 ISO 认证的决策：第三年具有 ISO9000 广告投放资格，第四年具有 ISO14000 广

告投放资格。

按规则可知,开发 ISO9000 至少需要 2 年时间,要在第三年具有 ISO 广告投放资格,必须在第一年开始投放,同理 ISO14000 也必须在第一年开始投放,并且两者均不能间断。投放情况如表 2.24 所示。

表 2.24 ISO 认证投资表

年度	第 1 年	第 2 年	第 3 年	第 4 年	第 5 年	第 6 年
ISO9000	1	1				
ISO14000	1	1	1			
总计	2	2	1			
监督员签字						

根据 ISO 认证投资表,营销总监第 1、2、3 年分别向财务总监申请支付 2M、2M、1M 认证费用,并计入综合费用表。

四、注意事项

(1)市场、产品开发与企业生产能力相适应,尽量避免多市场、多产品却低产能的情况发生。

(2)市场开发与产品定位明确,针对多市场、多产品的情况,每个市场必须定义主导产品,市场竞争应围绕当前市场的主导产品展开。

(3)市场、产品开发具有差异化和梯度性特点。

 学习测评

一、知识测评

1. 什么是市场?什么是产品?产品有哪些类型?

2. 分析市场、产品及 ISO 开发会对企业所有者权益产生哪些影响。

二、技能测评

1. 假如模拟企业计划处在第三年,计划开发 P4 产品,说明如何开发,并进行实际操作。

2. 企业决定在第 1 年进行 ISO9000 认证及区域、国内市场开发,说明如何开发,并进行实际操作。

模块五 COO:生产运作

 **模块导读**

产品生产和生产线投资是生产总监的主要职责。在沙盘模拟中,各种生产线都可以生产所有产品,生产线的生产效率直接影响产品的生产能力,产品的生产能力又制约产品的销售,因此,产品生产和生产线投资对模拟企业的经营成败有重要的意义。通过本模块学习,可以学会如何进行产品上线生产、新生产线的投资建设、转产和变卖操作。

任务一 产品生产

产品生产是制造企业的核心业务,是生产部门主要任务之一。在沙盘模拟中,产品生产的时间和数量会影响企业营销总监如何选取订单。本任务主要介绍如何在生产线上生产所需产品。通过本任务的学习,学员将学会运用产品生产相关规则,根据生产计划进行产品生产操作。

知识目标

1. 了解生产含义及类型;
2. 了解产品生产流程。

技能目标

1. 能够依据企业生产计划进行产品生产;
2. 能根据各种产品结构,计算产品生产所需原材料数量和种类;
3. 会分析企业产能。

任务情境

模拟企业 A 在第三年初获得四张订单,如表 2.25 所示。

表 2.25 第三年四张订单

订单号	本 P1-1
数量	6
单价	5M/个
总额	30M
账期	4Q
ISO	

订单号	本 P2-1
数量	3
单价	8.5M/个
总额	26M
账期	2Q
ISO	

订单号	本 P1-4
数量	2
单价	5.5M/个
总额	11M
账期	1Q
ISO	

订单号	本 P2-4
数量	3
单价	9M/个
总额	36M
账期	4Q
ISO	

年初生产线状态如图 2.20 所示。

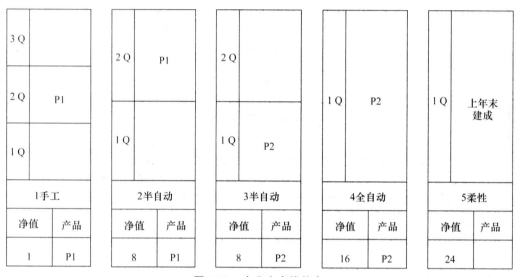

图 2.20　企业生产线状态

年初库存情况:P1 产品 2 个,P2 产品 2 个。

季初现金盘点:32M,应收账款若干。

假设条件:①物流中心原材料采购能够按照生产要求及时准确供应;②财务中心能够结合企业资产状况提供必要的加工费用。

结合订单及企业库存情况制定生产计划,完成生产任务。

 任务导学

一、生产的概述

1. 生产的含义

生产是指一切社会组织将输入转换为输出的过程,也即生产要素输入生产系统内,经过生产与作业过程,转换为有形的和无形的产品。而这一输入—输出系统就是生产与运作系统。

2. 生产的类型

生产类型是指根据生产过程的不同特点划分的类别。根据不同的划分标准,可以划分为不同的生产类型。

(1)按生产计划的来源划分,可分为订货型生产和备货型生产。订货型生产是根据用户提

出的具体订货要求后,才开始组织生产,如造船、建筑等。备货型生产是在对市场需要量进行预测的基础上,有计划地进行生产。备货型生产的产品一般为标准产品或定型产品,如电视、小型机床、电动机等。

（2）按生产的连续程度划分,可分为连续生产和间断生产。连续生产的产品、工艺流程和使用的生产设备都是固定的、标准化的,工序之间没有在制品储存,例如油田的采油作业等。间断生产是输入生产过程的各种要素是间断性地投入,例如机床制造、机车制造等。

（3）按产品和工作的专业化程度划分,可以分为大量生产、成批生产和单件生产。根据批量大小,成批生产类型又可以分为大批、中批和小批生产。由于大批和大量生产特点相近,所以习惯上合称为大量大批生产;单件和小批生产特点相近,习惯上合称为单件小批生产。

二、生产产品流程图

沙盘模拟经营中模拟企业按照既定的生产计划准备原料、筹集资金、安排生产线进行生产以完成销售订单满足需求。那么如何进行生产产品呢? 生产产品的流程如图2.21所示。

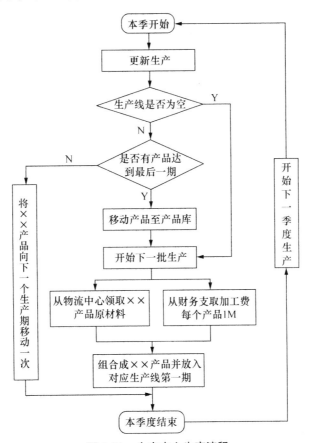

图 2.21　生产中心生产流程

三、制定生产计划

1. 订单产品需求总量

P1 产品 :6+2=8 个

P2 产品 :3+4=7 个

2. 备货产品需求总量

P1 产品或 P2 产品至少备货生产 1 个。

3. 生产中心产品生产最低总量

P1 产品：8+1-2＝7 个

P2 产品：7+1-2＝6 个

4. 生产计划

通过对各生产线产能预算，具体产能如下：

1 号手工生产线年产量：P1 产品 1 个；

2 号半自动生产线年产量：P1 产品 2 个；

3 号半自动生产线年产量：P2 产品 2 个；

4 号全自动生产线年产量：P2 产品 4 个；

因此，5 号柔性生产线的最低年产量：P1＝7-1-2＝4；

P2＝6-2-4＝0。

综上可得，5 条生产线季度产能如表 2.26 所示。

表 2.26　产能表

生产线	第一季度		第二季度		第三季度		第四季度		总计	
	产品	数量	产品	数量	产品	数量	产品	数量	产品	总计
1	P1	0	P1	1	P1	0	P1	0	P1	1
2	P1	1	P1	0	P1	0	P1	1	P1	2
3	P2	0	P2	1	P2	0	P2	1	P2	2
4	P2	1	P2	1	P2	1	P2	1	P2	4
5	P1	0	P1	1	P1	1	P1	1	P1	3
季初总计	P1	2	P1	1	P1	3	P1	4	P1	—
	P2	2	P2	3	P2	2	P2	3	P2	—
季度总计	P1	3	P1	3	P1	4	P1	6	P1	0
	P2	3	P2	5	P2	3	P2	5	P2	1
	2 个 P1 交货		3 个 P2 交货				6 个 P1、4 个 P2 交货			

第四季度末，所有的订单均已交货，并有 1 个 P2 产品库存，生产计划顺利完成。

四、注意事项

（1）在季度初手工生产线第三期有在制品且本年度没有暂停生产时，本年度该生产线能够产出 2 个产品，其余均只能产出 1 个产品。

（2）在季度初半自动生产线上有在制品且本年度没有转产或停产时，本年度该生产线能够产出 2 个产品。

（3）在季度初全自动和柔性生产线上有在制品且本年度没有转产或停产时，本年度该生产线能够产出 4 个产品。

（4）在每个季度更新生产前，生产总监要能够准确计算下一个季度各条生产线的产出详情：

包括产品类型及该类型对应的产量,并传递给物流中心以提前安排原材料的采购;若牵涉 P3、P4 产品生产,应再往前提前一个季度,这对生产中心产能估算要求较高,且容易出错。

学习测评

一、知识测评

1. 生产的含义是什么?有哪些类型?

2. 每生产 1 个产品均需要支付 1M 的加工费,这笔费用是否计入综合费用?

3. 现生产 3 个 P1、2 个 P2、1 个 P3,请问直接成本是多少?

二、技能测评

1. 结合"5 条生产线季度产能表"核算原材料采购计划表。

原材料采购计划表

原材料	年初需求(个)	第一季度(个)	第二季度(个)	第三季度(个)	第四季度(个)	年度合计(个)
R1						
R2						
R3						
R4						
季度(个)						

2. 结合"5 条生产线季度产能表"核算生产资金流量表。

生产资金流量表

项目	第一季度(M)	第二季度(M)	第三季度(M)	第四季度(M)	年度合计(M)
原材料					
加工费					
转产费					
紧急采购					
季度(个)					

任务二　生产线投资、变卖与转产

在沙盘模拟经营中,对于以生产制造类企业为原型的模拟企业,其生产中心成为模拟经营的主要工作中心。在市场及产品均已确定的情况下生产中心通过生产线的投资、变卖及转产来调节生产供应能力,完成订单生产任务。随市场需求、竞争对手决策的变化,面对每一年订单变化,生产总监需要进行生产线状态调整来实现生产计划。通过本任务的学习,学员将依据各种生产线的特点和生产线投资、变卖及转产规则,完成生产线投资、变卖及转产操作。

知识目标

1. 了解生产扩张的含义及类型;

2. 掌握生产线相关规则;

3. 掌握生产线投资、变卖及转产流程。

技能目标

1. 能够熟练完成生产线投资、转产和变卖操作;

2. 能够准确把握生产线转产的时机。

任务情境

模拟企业在初始年的经营中,被限制了产品研发、市场开拓和生产能力的投资,严格按照既定的流程经营,然后进入第一年,经营的自主性完全开放。面对竞争激烈的市场环境,模拟企业A根据公司发展战略:主打高端产品P3、P4占领远端(亚洲、国际)市场,制定了第一年的公司发展计划,其中关于生产中心的计划如下:

1. 第一年投资购买1条半自动生产线先生产P1再转产生产P3,1条全自动生产线生产P4;

2. 第二年投资购买1条半自动生产线生产P3,1条柔性生产线机动生产P3、P4;

3. 第三年结束前变卖原有的3条手工生产线,并将原有的1条半自动生产线转产生产P3。

假设每年生产的产品均能顺利销售无库存剩余,广告投入情况在此不讨论,物流中心能够及时准确地供应生产所需的原材料,财务中心能够采用有效的资本运营手段提供充足的资金。

任务导学

一、生产扩张线

模拟企业投资、变卖不同类型的生产线目的在于调整企业低投入低产出、高投入高产出的生产线的比例,其本质是调整企业在有限投入条件下产出的最优化组合,这就关系到企业生产扩张线的概念。

生产扩张线(expansion path of production)是在假定生产要素价格不变的条件下,厂商成本支出扩张或产出扩张所遵循的轨迹。生产扩张线是当生产者沿着这条线扩大生产时,可以始终实现生产要素的最优组合,从而使生产规模沿着最有利的方向扩大。生产扩张线是与各种产量相对应的等产量线与等成本线相切的点的轨迹。

当要素价格不变,厂商增加投入的成本,则等成本线就会向远离原点的方向移动,它们和各等产量曲线会有一系列切点,其均衡的产量就会沿着这些切点逐步增加,把这些切点连接而成的线,就叫做生产扩张路线。生产扩张路线有三种情况。

第一种情况:产量随着要素投入的增加而增加,但两种要素的配合比例始终保持不变。这时的生产扩张路线又被称为直线型生产扩张路线。直线型生产扩张路线如图 2.22 所示。其中:K 为资本,L 为劳力。

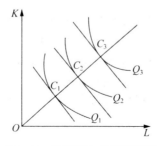

图 2.22　直线型生产扩张路线

直线型的生产扩张路线图是在增加劳动力、生产工具等要素的时候,保持原有的比例,使得企业的资本和劳动力的比例保持稳定来扩张企业生产能力,例如某企业在发展中复制建立原有的工厂。

第二种情况:产量随着要素投入的增加而增加,但两种要素的最优投入组合中,资本所占的比重越来越大,这时的生产扩张路线又被称为资本密集型生产扩张路线。资本密集型生产扩张路线如图 2.23 所示。

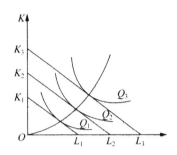

图 2.23　资本密集型生产扩张路线

资本密集型的扩张路线是在保持劳动力不增加的情况下,增加企业设备投资或采用更为先进的设备来扩张企业生产能力。例如物流公司引入更为先进的冷藏运输车辆替换原有车辆从事海鲜产品运输。

第三种情况:产量随着要素投入的增加而增加,但两种要素的最优投入组合中,劳动力所占的比重越来越大,这时的生产扩张路线又被称为劳动密集型生产扩张路线。劳动密集型生产扩张路线如图 2.24 所示。

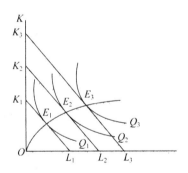

图 2.24　劳动密集型生产扩张路线

在沙盘模拟中,投资手工生产线就是走劳动密集型生产扩张路线,投资全自动生产线和柔性生产线就是采用资本密集型生产扩张路线,我们可以认为半自动生产线是两者的折中方式或称为直线型生产扩张线。

二、生产线投资、转产与变卖流程图

1. 沙盘模拟的生产线投资流程

生产线投资流程如图 2.25 所示。下面以模拟企业 A 进行生产线投资为例进行说明。

假设第三年第一季度开始使用 1 条全自动生产线、1 条半自动生产线,那么按照全自动生产线建设周期为 3Q 每期投资 5M、半自动生产线建设周期为 2Q 每期投资 5M,那么该企业应最迟在第二年第二季度开始投资开发全自动生产线,在第三季度开始投资开发半自动生产线,具体投资费用如下:第二季度投资额5M,第三、四季度分别投资10M,第二年生产线投资费用总计25M,并将此费用计入资产负债表中固定资产类的在建工程项。需要注意的是,当年第四季度投资完毕的生产线属于在建工程,需要在下一年第一季度才能启用,而下一年一整年不折旧,但因为手工生产线建设周期为0,即即买即用,因此在购买当年当季即可投入使用,而折旧的起始年是下一年。

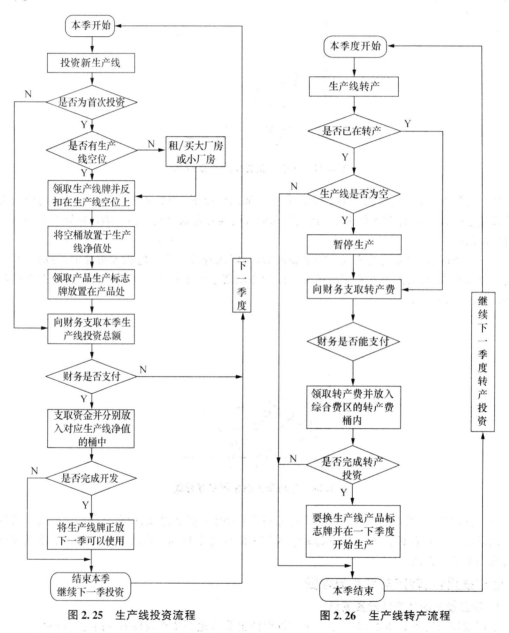

图 2.25　生产线投资流程　　　　图 2.26　生产线转产流程

2. ERP 沙盘模拟的生产线转产流程

生产线转产流程如图 2.26 所示。下面以模拟企业 A 进行生产线转产为例进行说明。

假设在第三年初参加订货会时,选择了 5 个 P3 产品交货期为 4Q 的订单,在第一季度准备开工生产时发现现成的 2 号生产线(全自动)今年只能生产 4 个 P3 产品,因此决定将 1 号生产线(上一年末刚建成、全自动、生产 P2)转产生产 P3 产品,则第三年第一季度 1 号生产线不开工生产,直接执行转产操作,停工转产 2 个季度,每个季度分别支付 2M 的转产费,并在第三季度开始上线生产 P3 产品,第四季度可以产出 1 个 P3 产品。本年度该企业转产费用为 4M,财务总监或助理从现金库中分两次支付总额为 4M 的转产费,放入综合费用区的转产费桶内,并计入综合费用表的转产费项。

3. ERP 沙盘模拟的生产线变卖流程

生产线变卖流程如图 2.27 所示。

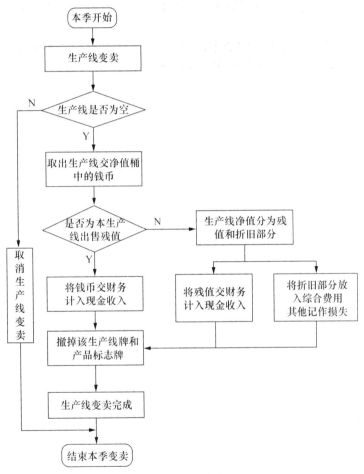

图 2.27 生产线变卖流程

下面以模拟企业 A 进行生产线变卖为例进行说明。

假设第一年初购买了 1 条手工生产线,残值为 2M,该生产线当年不折旧,从第二年开始折旧,每年折旧 1M。第三年第四季度企业计划将该生产线变卖以换取生产线空位,则第二年折旧 1M,生产线净值为 4M,第三年变卖时还没有折旧,则变卖时的生产线净值仍为 4M,因此,从 4M 中取出 2M 放入现金库中,剩余 2M 放入综合费用区的其他项的桶内,并在综合费用表的其他项计入 2M。

 学习测评

一、知识测评

1. 企业生产扩张线具有哪三种形式？在资金、技术及劳动力的投入上各有什么不同？

2. ERP 沙盘模拟中变卖净值为 3M 的手工生产线，费用如何记录？

二、技能测评

1. 假设模拟企业本年初租用小仓房并拥有 2 条手工（分别有 1Q、3Q 在制品）、2 条半自动生产线（分别有 1Q、2Q 在制品），企业计划在下一年使用全自动生产线进行生产，请设计生产线投资计划。

2. 假设第二季度末，一条拥有 2Q 在制品的手工生产线计划转产，那么转产的执行时间是第几季度？若一条拥有 2Q 在制品的半自动生产线呢？

模块六 CPO：采购运作

常言道：兵马未动，粮草先行。一个企业生产产品，需要各种原材料、辅助材料、生产设备、维修工具、运输工具、办公设备与耗材等，这些物资供应不能得到保障，生产与销售就无法顺利开展。采购总监是掌管企业物资采购与供应的主管，采购部门作为整个企业物资采购和供应的部门，掌握着企业粮草供应的命脉，其能否高效运作，将对整个企业活动有着重要的影响。

任务一 原材料采购

原材料采购是采购总监的基本职责之一，采购是保障企业生产顺利进行的一项重要工作，因此，本任务主要目的是指导采购总监在沙盘模拟过程中，如何进行原材料采购；同时，在采购总监的采购过程中，需要其他部门，尤其是生产、营销、财务部门给予配合。

知识目标

1. 了解采购的含义、现代采购与传统采购的区别；
2. 掌握采购管理过程；
3. 理解采购管理目标；
4. 掌握常见采购方法及优缺点。

技能目标

1. 在沙盘模拟中完成采购任务；
2. 与其他部门沟通。

任务情境

在沙盘模拟运营过程中，第二年年初，采购总监已经把第二年的采购计划编制出来，他（她）面临的任务是在第二年的各个季度执行采购计划，保证所需要的原材料能按时到位。

如果你是采购总监，在沙盘模拟过程中，该如何进行原材料的采购？

任务导学

一、采购与采购管理基础

1. 采购与采购管理含义

采购是一种常见的经济行为，无论何种组织、团体，甚至家庭和个人，都不可能达到真正的"自给自足"，必须要通过采购活动获取自己不具备生产条件而不能生产，或者虽然可以生产，但生产成本很高的各种产品或者服务。随着社会分工和经济的发展,采购已经成为组织或者个人生存和发展的需要。

采购有狭义和广义之分。狭义的采购是指以购买的方式,由买方支付对等的代价,向卖方换取物品的行为过程,即所谓的"一手交钱,一手交货"或"银货两讫"。在此概念中,货币成为交易的中介,买方若没有货币则采购行为将难以实现,这种以货币换取商品的方式是最普遍的采购途径。广义的采购是指除了以购买的方式获取商品以外,还可以通过下列途径取得商品的使用权,以达到满足需求的目的。

(1)租赁。即一方以支付租金的方式取得他人物品的使用权。

(2)借贷。即一方以无须支付任何代价的方式取得他人物品的使用权,使用完毕后返还原物品。

(3)交换。即以物易物的方式,取得物品的所有权及使用权,不须支付货款。

采购是企业经济活动的重要组成部分,是企业从目标市场获取所需资源的过程,采购过程既包含商流过程,也包含物流过程。通过采购过程,企业可以保证正常生产活动的开展;同时,还可以通过降低采购过程中的各种费用、成本来提高采购的经济效益。

企业采购是指企业根据生产经营活动的需要,通过信息搜集、整理和评价,寻找、筛选合适的供应商,并就价格、服务、质量等买方和供应商双方共同关心的问题进行谈判,达成一致,确保需求得到满足的活动过程。所谓采购管理,就是指为保障企业物资供应而对企业采购进货活动进行的管理活动。到现在为止,采购管理思想发生了很大的变化,表2.27对传统采购管理思想和现代采购管理思想作了简单比较。

表 2.27 传统采购与现代采购管理思想的比较

	传统采购管理	现代采购管理
供应商/买方关系	竞争关系、互不信任	长期、战略合作伙伴,互相信任
合同期限	短期合同	长期合同
采购批量	大批量采购	小批量、多频次采购
信息沟通	沟通少,信息不对称	信息共享,频繁沟通,信息趋于对称
关注点	价格	价格、质量、提前期等
质量问题	来货必检验	逐步减少检验环节,直至取消检验环节
供应商数量	多源供应	少而精,甚至单源供应
采购驱动	填充库存	订单驱动
采购目的	控制资源	使用资源,提升核心竞争力
采购原则	价格最低	适时、适量、适质、适价、适地

2. 采购管理目标

采购管理的内容包括编制采购计划、供应商选择与评价、供应商关系管理、采购过程监控、货款支付与结算、采购评价、采购过程中的信息管理等。采购管理的基本目标是:

(1)保障供应好。做到适时适量适质供应。

(2)费用最省。降低总费用,库存最小化。

(3)供应链管理好。建立良好的沟通、协调、合作的供需关系,选择合适的合作伙伴。

(4)信息管理好。及时掌握资源市场信息,并反馈给决策层,为决策提供有力支持,与供应商之间建立良好的信息共享机制。

总的说来,就是要做到7R:合适的产品(right product)、合适的时间(right time)、合适的数量(right quantity)、合适的质量(right quality)、合适的价格(right price)、合适的供应商(right supplier)、合适的地点(right place)。

3. 采购管理过程

为实现采购管理的目标,采购管理必须要有一系列业务活动和管理手段来保证采购顺利实施。图2.28表示出了一个企业一般的采购管理过程。

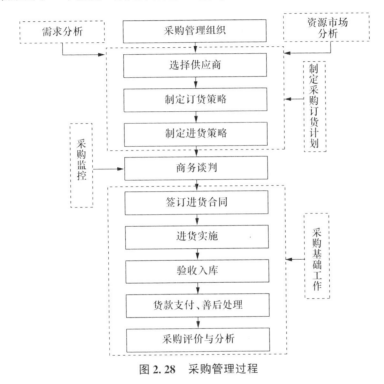

图2.28 采购管理过程

二、采购模式

确定合理的采购模式也是采购管理工作的一部分。下面介绍几种常用的采购模式(如图2.29所示)。

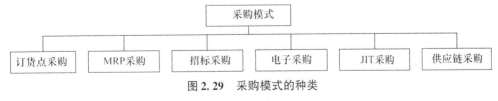

图2.29 采购模式的种类

1. 订货点采购

订货点采购是指根据各个品种的需求量和订货提前期的大小,确定每种产品的订货点、订货批量以及最高库存水平等,建立起来的一种库存检查机制,当产品库存水平降到事先确定的该种产品的订货点时,就向供应商进行订货。

所谓订货点,就是仓库必须发出订货的警戒点,否则就会造成缺货。因此,订货点也是订货的启动控制点,是仓库发出订货的时机。由此可以看出,订货点既是一种采购方法,也是一种库存控制的方法。因此,我们采用订货点方法安排采购时,同时也实现了库存控制。

订货点采购以需求分析为依据,以填充库存为目的,兼顾满足需求和库存成本控制,原理比较科学,操作比较简单。但是由于市场不确定性因素很多,订货点采购具有库存水平较高、市场响应慢的缺陷。

2. MRP 采购

MRP 采购就是利用 MRP(物料需求计划)技术所进行的采购。生产企业根据主生产计划(MPS)和产品结构文件(BOM)以及库存信息逐步推导出生产主产品所需要的各种零部件、原材料等的生产计划和采购计划。运行 MRP 的结果,一方面生成生产加工计划,另一方面生成采购计划。MRP 采购,是以需求分析为依据,以满足库存为目的的。由于计划比较精细、严格,这种方法的市场响应性及库存水平要比订货点法有所改进。

MRP 采购是针对相关需求物料的采购方法,主要运用于生产企业零部件、原材料的采购。通过运行 MRP 得到的采购计划,都是构成主生产计划中的最终项目的原材料和零部件的采购计划,对于这些物料的需求是受主生产计划的制约的。

关于 MRP 采购计划编制的问题我们将放在采购计划部分讲解。

3. 招标采购

招标采购是指通过招标的方式,邀请所有的或一定范围潜在的供应商参加投标,采购实体通过某种事先确定并公布的标准从所有投标中评选出中标供应商,并与之签订合同的一种采购方式(如图 2.30 所示)。

图 2.30　按招标范围划分招标采购

按招标范围分公开招标采购、选择性招标采购和限制性招标采购。

(1)公开招标采购:通过公开程序,邀请所有有兴趣的供应商参加投标。

(2)选择性招标采购:要求供应商首先提供资格文件,通过资格审查的才能参加后续招标。

(3)限制性招标采购:不预先刊登公告程序,直接邀请一家或两家以上的供应商参加投标。

招标既有其优点,也有其不足,如表 2.28 所示。

表 2.28　招标采购的优缺点

优点	缺点
公开、公平;集中取得货源;供方开展竞争,提高采购质量、降低采购成本;了解供应来源	采购费用比较高;可能造成围标、抢标;手续烦琐;规格不一;衍生其他问题

4. 电子采购

电子采购也称为电子商务采购或网上采购,是指在网络平台基础上直接进行的采购,利用数字化技术将企业、海关、运输、金融、商检和税务等有关部门有机连接起来,实现从浏览、洽谈、签约、交货到付款等全部或部分业务自动化处理。

电子采购的模式有以下三种：

(1)网上直接采购(直接与供货商联系)；

(2)网上通过第三方采购(专业采购公司)；

(3)网上招标采购。

电子采购所带来的好处：

(1)降低采购成本；

(2)缩短采购周期；

(2)提高采购质量；

(4)透明采购流程。

电子采购对供应商的好处：

(1)公平竞争排除了原有的一些供应商享有的一些优势,供应商有同等的机会；

(2)扩大的市场偏向有竞争能力的供应商；

(3)参加网络采购的供应商能看到市场验证自己的竞争能力。

5. JIT 采购

JIT 采购,也叫准时化采购,由著名的准时化生产管理思想演变而来。准时化生产方式(just-in-time,简称 JIT)是起源于日本丰田汽车公司的一种生产管理思想和方法。基本思想是"彻底杜绝浪费"、"只在需要的时候、按需要的数量生产所需要的产品"。这种生产方式的核心是追求无库存生产。

JIT 采购是一种完全以满足需求为依据的采购方法。它要求供应商恰好在用户需要的时候,将合适的品种、合适数量的零部件和原材料运送到用户指定的需求地点。

JIT 采购具有以下特点：

(1)采用较少的供应商,甚至单源供应。

(2)采用小批量、多频次采购策略。

(3)选择合适的供应商是关键。

JIT 采购既能灵敏响应市场需求,又能使库存水平趋于零库存,是一种比较科学和比较理想的采购模式。

6. 供应链采购(VMI 采购)

供应链采购是一种在供应链环境下实施的采购模式。与其他采购方式不同,这种采购方法要求供应链下游的企业放弃库存控制权,把库存补充和决策的权力交给自己的上游供应商。因此,在供应链机制下的采购不再由企业自行操作,而是由供应商代为操作。采购的企业只要把自己的库存信息和需求信息连续及时传递给供应商,供应商就可以据此安排补货计划,同时及时调整自己的生产和采购。这样,采购企业自己实现了零库存,同时,上游供应商也可以通过共享下游需求信息降低库存水平。因此,供应链采购可以降低供应链整体库存水平,降低库存总成本。

供应链采购对信息系统、供应商管理能力和实力要求都很高。这是一种在供应链环境下的科学的、理想的采购模式。

三、沙盘模拟过程中的原材料采购

1. 沙盘模拟中的原材料采购品种

沙盘模拟中,原材料有四种：R1、R2、R3、R4。四种原材料是生产四种产品 P1、P2、P3、P4 的必要原材料。原材料类型、价格及提前期如表 2.29 所示。

表 2.29　沙盘模拟中的四种原材料

原材料	颜色	价格	采购提前期	用于产品
R1	红色	1M	1Q	P1、P2
R2	橙色	1M	1Q	P2、P3、P4
R3	蓝色	1M	2Q	P3、P4
R4	绿色	1M	2Q	P4

2. 沙盘模拟中的原材料采购流程

原材料采购流程如图 2.31 所示。

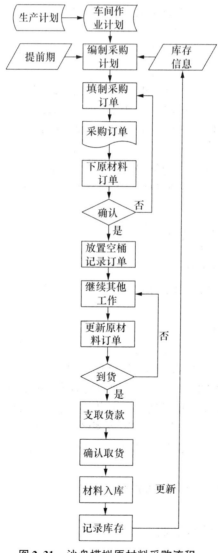

图 2.31　沙盘模拟原材料采购流程

3. 原材料采购操作

(1)生产总监依据生产计划和车间作业计划提出原材料需求。

(2)采购总监编制采购计划。

(3)采购总监根据采购计划,填制采购订单。可以在一张纸条上写上公司名称、采购时间(哪一年哪一季度,如第二年第3季度。注意:该时间是下订单时间,而非原材料到货入库时间)、订购原材料品种(如R1、R2)、订购数量(如3批R1,4批R2)代替,如表2.30所示。

表 2.30　原材料订单实例

企业名称	时间	品种与数量			
		R1	R2	R3	R4
A	第二年第3季度	1	2	3	0

(4)向供应商发出采购订单,采购总监拿上纸条(原材料订单)到交易台。

(5)原材料订单确认。到交易台,待供应商在软件中录入订单之后,采购总监确认无误,则订单生效;如果采购总监不进行确认,以供应商录入软件信息为准,造成损失由采购企业自己负责。

(6)采购总监回到企业之后,记录采购订单,并在沙盘盘面相应原材料订单位置放置空桶,放置空桶数量与订购该原材料数量一致,放置位置(原材料订单处)要与所订购原材料品种对应。

(7)更新原材料订单,把各个原材料订单(各个原材料订单位置的空桶)向相应原材料库方向移动一格。

(8)若空桶正好移到原材料库,则说明原材料到货,需采购入库。当之前原材料订单所订购原材料到货(经过该原材料一个提前期,R1、R2一个季度,R3、R4两个季度),采购总监向财务总监申请支取货款。

(9)向供应商支付货款。采购总监携货款到交易台,把货款交给供应商,供应商清点无误后,领取相应品种和数量原材料。

(10)原材料入库。采购总监领回原材料后,放入相应原材料库,并更新原材料库存信息。

4. 原材料采购过程中的注意事项

(1)需要编制采购计划。没有计划,采购活动开展就没有依据。关于采购计划编制,我们将在后面讨论。

(2)采购活动的顺利开展需要各部门之间密切配合。如采购品种、数量和时间等的确定,需要以生产部门生产计划和车间作业计划为依据,而采购所需货款需要财务部门提供预算和资金。

(3)采购具有提前期,原材料不同,提前期不同。企业想要得到所需原材料,必须提前向原材料供应商下原材料订单,待得到供应商确认后,才能在相应时间得到企业所需原材料。

(4)采购活动需要与库存控制活动联系起来。采购时机、数量、品种对原材料库存控制有较大影响,尤其是当企业资金短缺时,显得更为重要。关于库存控制问题我们将在本模块"任务二"中讨论。

(5)所订购原材料,必须进行采购入库,否则,将被认为违约。

 学习测评

一、知识测评

1. 什么是采购?

2. 采购管理的目标有哪些?采购管理的过程是什么?

3. 招标采购的优缺点是什么?

4. 电子商务采购的优点是什么?

5. JIT 采购的特点是什么?

二、技能测评

1. 沙盘模拟过程中,企业计划生产 P3 和 P4 产品,需要采购哪些原材料?

2. R1、R2、R3、R4 原材料需求数量分别为 2、3、2、1,需求时间为第三年第 1 季度,请你填制采购订单。

3. 在沙盘模拟过程中,企业 A 的采购总监填写好采购订单(第三年第 3 季度,订购 2R1 和 3R3)之后,把订单交给指导老师,然后回到企业,继续研究采购计划,以便于确定下一季度采购原材料的数量和时间。请问,企业 A 的采购总监做法是否正确? 为什么?

任务二 库存控制

库存控制是现代企业面临的一个重要课题。企业采购的物料,如果不能及时到位,就会导致生产中断,停工待料,造成缺货,如果一次性采购大量物料,又会造成大量的物料暂时闲置,只能存放于仓库,造成有限资金积压,耗费企业库存管理成本。库存是一把"双刃剑",无库存,缺货风险增加,客户服务水平降低;库存过高,造成资源浪费,管理水平难以提高,因此,库存控制是企业必须解决的一个难题。沙盘模拟过程中,每个企业都会面临资金紧张的难题,如何把有限的资金用在刀刃上,是模拟企业要思考的问题。很多企业只担心缺货带来的破坏性的后果,忽略了库存(无论是原材料还是成品库存)过高带来的危害。本任务介绍了一些常见的库存控制方法和思想。

知识目标

1. 理解库存的含义、分类、作用与弊端;

2. 掌握库存控制目标;

3. 理解并掌握库存控制方法;

4. 了解库存绩效评价指标。

技能目标

1. 在沙盘模拟过程中,树立库存控制意识;

2. 利用库存周转率评价库存控制效果。

任务情境

在沙盘模拟过程中,A 企业的成品库和原材料库里面存放了大量的库存,但是,采购总监还在进行采购,而财务总监却在为资金紧张、如何筹措资金而发愁。

仓库里面存放了大量的原材料和成品库存,但是,采购总监还在安排采购原材料,为什么会出现这样的状况? 如何评价库存控制的效果?

任务导学

一、库存控制基础

1. 库存含义与分类

库存是暂时闲置的用于将来某种目的的资源。这种资源可以是存放在任何地方,可以是存放在仓库或者运输工具之中,也可以是已探明的储量但是暂时不开采的地下自然资源;库存可以以任何形式存在,原材料、零部件、辅助材料、半成品或在制品、成品等被暂时闲置起来就成为库存。

按照库存在物流过程中的表现形式可以分为原材料库存、在制品库存、维修库存、成品库存。

按照客户对物品需求的重复程度分为单周期库存和多周期库存。

(1)单周期库存:库存物品仅在一段特定的时间段内有需求,过了这段时间,就失去了原有的使用价值,具有偶发性和生命周期短的特点。如报纸、贺年卡等。

(2)多周期库存:库存物品在足够长的时间里(如1年内)具有重复的、连续的需求,其库存需要不断补充。

按照需求的来源不同分为独立需求库存和相关需求库存。

(1)独立需求库存:库存物品的需求数量和时间等是独立的,这种产品的需求与其他产品的需求没有直接关系,只取决于市场和顾客的需求。

(2)相关需求库存:库存物品的需求的数量和时间等是相关的,这种产品的需求直接依赖于其他产品的需求,可以从其他产品需求中推算出来。

按照库存的作用分为周转库存、安全库存、在途库存、调节库存、投机性库存、促销性库存和沉淀库存。

(1)周转库存:指在正常的经营环境下,企业为了满足日常需要建立的库存。

目的是为了补充在生产和销售过程中已消耗完或待消耗完的物资,保证生产和销售的连续性而设置的,通常是按照一定量或者时间进行重复性的补充。库存控制主要是指这类库存的控制。

(2)安全库存:指为了缓冲未来物资供应的不确定性、意外中断或延迟等情况而持有的缓冲库存。如为了应对大量突发性订货、交货延迟等设置的库存。

(3)在途库存:指处于运输状态或者等待运输状态的还未到达目的地的库存。在途库存量的大小取决于运输时间以及在这段时间内的平均需求。

(4)调节库存:为了调节供应和生产的不均衡、供应和需求的不均衡或者各道工序之间生产能力的不均衡而设置的库存。

(5)投机性库存:有些物资,价格易受市场因素影响而产生波动,因此可以在市场价位较低或者预期涨价的相对低价时大量购进,以实现成本的节约。

(6)促销库存:为了配合企业的各种销售行为而建立的库存。

(7)沉淀库存:指由于商品的损坏、变质而导致的产品滞销以及过量存储而产生的剩余库存。

2. 库存是一把"双刃剑"

企业持有一定量的库存可以使企业:

(1)保证供应,保证生产、销售活动稳定持续进行,缓冲不确定性;

(2)提高客户服务水平;

(3)降低成本;

(4)调节供需差异;

(5)带来规模经济效益。

但是面对现代市场复杂、动态和多变的环境下,持有库存被认为是一种极大的浪费,有人说库存是"必要的魔鬼"、"离不开的魔鬼",尤其是在实施零库存管理的企业中更是视库存为"洪水猛兽"、"万恶之源",这是因为持有库存除了可以为企业带来好处之外,还有很多"副作用":

（1）占用大量资金,降低资金周转速度;

（2）增加了产品成本和管理成本;

（3）掩盖了企业管理中的各种问题,麻痹管理者的思想,使企业失去改善的动力。

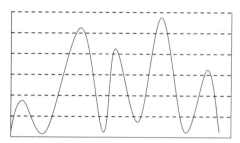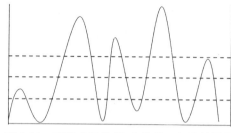

图 2.32　高库存水平下,各种管理问题被掩盖起来　　图 2.33　库存水平降低,各种管理问题被暴露

二、采购管理与库存控制的关系

若要了解采购与库存的关系,首先要先了解库存成本的构成。

企业库存总成本由购置成本、订货成本、库存持有成本、缺货成本四部分成本构成。

购置成本是指购入产品的直接成本,如果是外购物品,表现为单价和购买数量的乘积;若是自制,表现为物品的单位生产成本与生产数量的乘积。

订货成本是指向供应商发出订货发生的全部费用。包括搜寻供应商、订单处理、采购人员的差旅费、通信费用、招待费用、运输费用、装卸费用等。一般说来,订货成本与订货量没有直接关系,与订货次数成正相关关系。

库存持有成本是因保持库存而发生的成本,可以分为固定成本和变动成本。固定成本与库存数量无关,如仓库折旧、仓库人员工资等。变动成本与库存数量有直接关系,如保险费用、资金占用成本、破损和变质损失等。变动成本一般包括四部分:库存资金占用成本、存储空间成本、库存服务成本和库存风险成本。库存资金占用成本也称为利息成本或机会成本,是反映由于库存资金占用而丧失的赢利机会。这是库存持有成本的最主要组成部分。存储空间成本包括与产品运入、运出仓库有关的搬运成本及储存成本。库存服务成本主要指保险和税金。库存风险成本主要指由于企业无法控制的因素导致的库存贬值的损失。

缺货成本是指由于仓库供应中断导致的损失,包括原材料供应中断造成的停工损失、客户订货不着导致的订单流失等。一般缺货会导致下列三种损失:

（1）延期交货:延期交货有两种形式,一种是缺货商品在下次订货时补上,另外一种是利用紧急订货来满足订单。如果用户允许前一种情况,企业没什么实际损失,但是,对企业的形象和信誉造成了不好的影响,如果客户只允许紧急订货交货,那么企业为了快速获得订单需求的产品,通常都要比平时订货付出更多的费用,而这部分费用就是延期交货带来的损失。

（2）失销:尽管有些客户可能允许延迟交货,但是还是有一些客户由于某种原因不愿意等,从而向其他的供应商订货,那么,这时,企业便失去了这个客户的订单,失去了这次销售机会,直接损失就是这次订单的金额,间接损失还包括当初为了获取这个订单而付出的时间、精力和资金。

（3）失去客户:企业失去的不仅是这次销售机会,更为严重的情况是永远失去了该客户所有的订单,客户再也不向企业订货。这种情况的损失是很难估计的。丧失这个客户的结果可能是企业失去了一个客户,也可能是企业失去了一群客户。

以上就是库存成本的主要构成。了解库存成本的构成有利于我们知道应该从哪些方面进行库存成本控制。

在直接需求情况下,采购管理的任务是需要维持零库存,保证没有多余库存,这时采购管理是保证零库存的重要手段。通过与供应商建立起良好的合作关系,保证适时适量供应是采购管理的重点。在间接需求情况下,采购物资用于填充库存,库存水平过高,占用大量资金库存风险高,库存水平过低,容易导致缺货,因此,采购管理这时的任务是使库存水平维持在合理的水平上,既能保证生产和销售需要,又不会使库存水平过高,造成库存积压。

通过上面库存成本的构成,我们可以看出,在一段时间内,企业物资需求量相对稳定的话,那么订货批量越大,这段时间内的订货次数越少,订货成本相对较低,但是库存持有成本会上升;反之,订货批量越小,订货次数就越多,订货成本也越高,库存持有成本却会降低。由此,我们可以看出,采购管理与库存控制是密不可分的,两者相辅相成,是辩证统一的,不能完全割裂开单独强调某一方面,应该采用系统的观点去处理二者之间的关系。

三、库存控制目标

企业持有库存具有二重性,持有一定的库存,可以在一定程度上提高企业客户服务水平,提高客户满意度,但也会增加企业库存和管理成本,这就是管理中常见的"两难"问题。面对这样的困境,企业只能通过确定合理的库存水平,既在一定程度上满足客户需求(很难达到100%满足),又能使库存成本维持在一个合理的范围内。这就需要进行库存控制。库存控制,就是要通过合适的方法和策略控制库存量和库存成本。一般来说,库存控制主要反映在周转库存控制上。

因此,库存控制的基本目标就是在满足客户服务水平的条件下,确定合理的库存水平和企业可接受的库存成本。换句话说,库存控制既要防止库存过高,又要防止缺货。库存过高,库存成本高,企业管理水平低下;库存过低,客户订货不着,生产中断风险加大,因此,要在客户服务水平和库存成本之间进行权衡,找到一个平衡点,确定一个合理的库存量。这就是库存控制的基本目标。

要达到这个基本目标,需要回答下面三个基本问题:

(1)什么时候订货? 即订货时机问题。

(2)订多少? 即订货批量问题。

(3)如何实施? 即订货操作方法问题。

下面要介绍的库存控制方法都是通过回答以上三个基本问题来解决库存控制的问题的。

四、库存控制方法

1. ABC 分类法

对于单一品种的物资的库存控制,企业可以拿出所有的精力全力去进行控制,但是,一个企业,尤其是生产型企业,通常需要采购和控制的物料有成百上千,甚至几万种,企业不可能对所有的品种都花费同样的时间、成本和人力去精细控制,这就需要区别对待。对于重点物资,多花费一些精力,进行重点控制,次要的、一般的物资少花一些精力,采用简单的控制方式。这样可以简化库存控制方法,节约库存控制成本。

ABC 分类法是由意大利经济学家维尔弗雷多·帕累托首创的。1879 年,帕累托在研究个人收入的分布状态时,发现少数人的收入占全部人收入的大部分,而多数人的收入却只占一小部分,他将这一关系用图表示出来,就是著名的帕累托图。该分析方法的核心思想是在决定一个事物的众多因素中分清主次,识别出少数的但对事物起决定作用的关键因素和多数的但对事物影响较少的次要因素。后来,帕累托法被不断应用于管理的各个方面。1951 年,管理学家戴克(H. F. Dickie)将其应用于库存管理,命名为 ABC 法。1951—1956 年,约瑟夫·朱兰(Joseph

M. Juran)将 ABC 法引入质量管理,用于质量问题的分析,被称为排列图。1963 年,彼得·德鲁克(P. F. Drucker)将排列法推广到全部社会现象,使 ABC 法成为企业提高效益的普遍应用的管理方法。

ABC(activity based classification)分类法是以某类货物品种数占库存物资品种数的百分比和该类物资库存资金占用金额占库存物资资金总额的百分比为标准,将库存物资分类,并采用不同的库存控制策略。一般将库存物资分成 A、B、C 三类进行分级管理。分类方法和库存控制策略如表 2.31 所示。

表 2.31　ABC 分类法库存控制策略

类型	分类依据与方法	库存控制策略与方法
A 类	品种占库存总品种数的 5%～20%,而其占用资金金额占库存占用资金总额的 70%～80%	这类库存物资数量虽少对企业却最为重要,是最需要严格管理和控制的库存。加强信息更新维护,加强与供应链上下游企业的合作,降低库存水平,加快库存周转率。对 A 类要重点进行管理,做到实时记录,严格控制,谨慎预测,保证订货供应
B 类	品种占库存品种总数的 15%～20%,其占用资金金额占库存占用资金总额的 20% 左右	这类库存属于一般重要的库存,对于这类库存的管理强度介于 A 类库存和 C 类库存之间。对 B 类库存一般进行正常的例行管理和控制,灵活调整
C 类	品种占库存品种总数的 60%～70%,而其占用资金金额占库存占用资金总额的 15% 以下	这类库存物资数量最大但对企业的重要性最低,因而被视为不重要的库存。对于这类库存一般进行简单的管理和控制。比如,大批量采购、大量储存,减少这类库存的管理人员和设施,延长库存检查时间间隔等

除了按照库存资金占用额(库存价值)进行分类之外,也可以采用其他符合企业库存控制目的的标准,常用的标准有:

(1)存储空间占用程度;

(2)缺货后果严重程度;

(3)供应不确定性的高低;

(4)过期或变质的风险高低;

(5)使用频率/需求程度。

当然实际运用时,也不一定必须将库存物资分成三类,也可分成更多的类别,但是,分类的目的是要采取不同的库存控制策略,如果分类之后,控制策略没有区别,也就没有必要分成更多类别了。分类的界限也不是完全绝对的,可根据实际情况进行确定。

2. CVA 库存控制

ABC 分类法的不足之处表现在 C 类物资得不到应有的重视,在实际当中,C 类物资缺货也会造成整个装配线的停工,因为库存的价值量不能完全代表它的重要性。因此,引入了关键因素分析法(critical value analysis,简称 CVA)。

CVA 法基本思想是把库存按照关键性分为 3～4 类,然后分别采取不同的控制策略。CVA 库存控制策略如表 2.32 所示。

表 2.32　CVA 库存控制

库存类型	特点	控制策略
最高优先级	经营管理中的关键物资,或 A 类重点客户的存货	不许缺货
较高优先级	生产经营中的基础性物资,或 B 类客户的存货	允许偶尔缺货
中等优先级	生产经营中比较重要的物资,或 C 类客户的存货	允许合理范围内的缺货
较低优先级	生产经营中需要,但是可替代的物资	允许缺货

CVA 法比 ABC 分类法具有更强的目的性。使用中要注意,人们往往倾向于把物资归为较高的优先级,造成较高的优先级的物资种类过多,结果与不分级管理效果没什么两样,哪种物资都不能得到充分的重视和管理。实际中,可以将 ABC 分类法和 CVA 法结合起来使用。

3. 定量订货库存控制法

所谓定量订货库存控制法就是预先设定一个订货点和订货批量,随时检查库存,当库存降到订货点(reorder of point)时就发出固定批量的订货。在系统运行过程中,订货点和订货批量都是固定的,因此,这种库存控制方法关键是要确定订货点和订货批量这两个关键决策变量。订货批量一般选择经济订货批量(economic order quantity,简称 EOQ)。经济订货批量是使库存总成本最小的订货量。

通过前面的介绍我们知道库存总成本由四部分成本构成:购置成本、订货成本、库存持有成本和缺货成本。在这里,我们只考虑不允许缺货的情况,也就是没有库存总成本中的缺货成本。这时,年库存总成本 = 年购置成本+年订货成本+年库存持有成本。

经济订货批量模型假设条件:

(1)需求率已知(年需求量也已知),且为常量,即库存物资的消耗率恒定;

(2)订货提前期已知,且为常量;

(3)全部订货一次性交付,不存在边消耗边补充的问题;

(4)运输和采购均没有数量折扣,即价格恒定;

(5)不存在缺货现象。

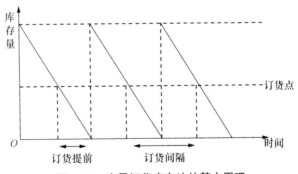

图 2.34　定量订货库存法的基本原理

这几个假设条件保证 EOQ 模型是在确定性条件下研究库存控制问题。下面我们建立经济订货批量模型,求出使库存总成本最小的订货批量,即经济订货批量。

假设企业年需求量为 D,物资单价为 P,每次(每张订单)订货费用为 C,单位物资一年的储存费用为 F,年储存费率(意为 1 元的库存物资在仓库储存一年的费用)为 $H(F=PH)$,订货批量为 Q,则库存总成本 TC 为:

$$TC = PD + CD/Q + QPH/2$$

这是年库存总成本关于订货批量 Q 的函数(库存持有成本按平均库存量计算),若要使 TC 最小,则函数两边分别对 Q 求一阶导数,令上式等于0,则可求得

$$\frac{\mathrm{d}(TC)}{\mathrm{d}Q} = -\frac{CD}{Q^2} + \frac{PH}{2}$$

$$Q^* = EOQ = \sqrt{\frac{2CD}{PH}} = \sqrt{\frac{2}{CD/F}}$$

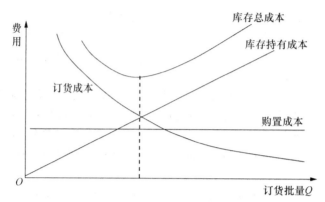

图 2.35　库存各种成本与订货批量之间的关系

这就是所要求的经济订货批量。可以知道,按经济订货批量订货,库存持有成本和订货成本是相等的。

确定了订货批量之后,还有订货点需要确定。由图2.35可以看出,由于是在确定性条件下考虑库存问题,因此,订货点的库存量应该能够满足一个订货提前期的需求,假设一年工作日有 N 天,订货提前期为 L 天,则订货点 $R = DL/N$。

定量订货库存法应用的前提条件是:

(1)独立需求库存物资的库存控制;

(2)订货不受限制,即随时随地都能订到货,这样的市场必须供应充足且可以自由流通;

(3)直接适用于单一品种的库存控制,多品种联合订货需要灵活处置;

(4)既适用于确定性库存控制,也适用于随机性库存控制;

(5)一般适用于 C 类物资库存控制。

定量订货库存控制法要求连续检查库存,密切关注库存消耗情况,操作起来比较困难。在实际运用当中,可以把相当于订货点数量的物资单独存放(形成一堆),当仓库内该品种物资都消耗完了,只剩下订货点这一堆物资的时候,就是该订货的时候了,这种方法我们称之为双箱系统或者双堆系统。如果安全库存也单独放成一堆,则称为三箱系统。

经济订货批量模型只是一种较为理想状态下的库存控制模型,在实际当中要更复杂一些,但是,它为我们提供了一种库存控制的思路。我们把这个模型的假设条件进行弱化,可以得到另外一些有意义的库存控制模型。如允许缺货、价格有优惠、分批到货等情况下的库存控制问题,以及不确定条件下的库存控制问题(需要设置安全库存),也可以通过经济订货批量模型推导出来。这里不再赘述,有兴趣的学员可以参阅相关库存控制的书籍和文献。

4. 定期订货库存控制法

定期订货库存控制法的基本原理是预先确定一个库存检查周期 T 和最高库存量 S,按照固定的周期检查库存,同时向供应商订货,订货批量等于最高库存量 S 和检查库存时剩余库存量 I 的差额。这

时,检查库存的周期也是订货周期,是两次订货的时间间隔,每次订货的批量不是固定的。

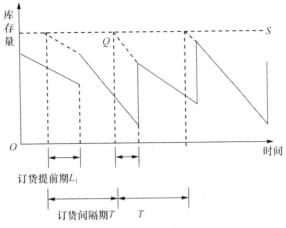

图 2.36　定期订货库存控制法的基本原理

定期订货库存控制方法的决策变量也有两个:订货间隔期 T(库存检查周期)和最高库存量 S。一般地,订货间隔期 T 采用经济订货间隔期,其确定方法和经济订货批量模型确定经济订货批量的方法类似。

年库存总成本 $TC = PD + Cn + DPH/2n$

$$= PD + C/T + DTPH/2$$

式中,T 为订货间隔期,n 为年订货次数,$n = 1/T$,年库存总成是订货间隔期的函数,函数两边分别对 T 求导,并令其等于 0,可求得

$$T = \sqrt{\frac{2C}{DPH}}; n = \sqrt{\frac{DPH}{2C}}$$

式中其他变量含义同前。把订货周期的公式代入公式可以求得库存总成本。

还需要确定最高库存量 S。在确定条件下,由于 $Q = S - I$,所以,$S = Q + I = d \times L + d \times T = d(L + T) = D(L + T)/N$。

定量订货库存控制法与定期订货库存控制法各有优缺点,表 2.33 是两种方法的比较。

表 2.33　定量订货库存控制法与定期订货库存控制法的比较

定量订货库存控制法		定期订货库存控制法	
优点	缺点	优点	缺点
经常检查库存,不易缺货	订货时间不确定,难以编排严密采购计划	订货时间确定,便于制定严密采购计划	不能很好地掌握库存动态,易出现缺货
每次订货量固定,便于管理	未能突出重点物资管理	可以突出重点物资管理	每次订货批量不确定,不便于管理
盘点和订货手续简便,便于使用计算机进行控制	不能及时调整订货批量,不适应需求变化大的情况	当需求变化大时,可以及时调整订货批量	盘点和订货手续比较反复,不便于管理
安全库存较低	不能实现多种物资联合订购	可以实现多品种联合订购	安全库存较高

五、库存控制绩效评价指标

1. 仓库资源利用程度指标

（1）仓库利用率

仓库利用率指标是衡量和考核仓库利用程度的指标，可以用仓库面积利用率和仓库容积利用率来衡量。其利用率越大，说明仓库面积或容积利用效率越高。

$$仓库面积利用率 = \frac{仓库可供利用面积}{仓库建筑面积} \times 100\%$$

$$仓库容积利用率 = \frac{库存商品实际数量或容积}{仓库应存商品数量或容积} \times 100\%$$

仓库利用率是衡量仓库管理水平的主要经济指标之一。

（2）设备利用率

设备利用率主要考核起重运输与搬运设备等仓储设备的利用效率。

$$设备利用率 = \frac{全部设备工作时间（小时）}{设备工作总能力（小时）} \times 100\%$$

$$设备能力率 = \frac{全部设备实际载荷量}{设备额定载荷量} \times 100\%$$

2. 服务水平评价指标

（1）缺货率

缺货率是仓库保证供应、满足客户需求的程度，用以衡量仓库进行库存分析的能力和及时组织补货的能力。其数值越小，说明仓库保证供应做得越好。

$$缺货率 = \frac{缺货次数}{顾客订货次数} \times 100\%$$

（2）准时交货率

准时交货率是指在一定时间内，供应商仓库准时交货的次数占交货总次数的百分比。仓库准时交货率低，说明其生产能力达不到要求，或者对生产过程的组织管理跟不上运行需要。

$$准时交货率 = \frac{准时交货次数}{总交货次数} \times 100\%$$

3. 储存能力与质量指标

（1）吞吐量

货物吞吐量也叫货物周转量，是计划期内进出库货物的总量，一般以吨表示。它是反映仓库工作的数量指标，是仓库工作考核的主要指标，也是计算其他指标的基础和依据。

$$吞吐量 = 入库量 + 出库量 + 直拨量$$

（2）平均库存量

平均库存量指计划期内的平均库存量。

$$月平均库存量 = \frac{月初库存量 + 月末库存量}{2}$$

$$年平均库存量 = \frac{各月平均库存量之和}{12}$$

（3）库存周转率

库存周转率大，在相同额度资金的利用率高，因此，周转的速度代表了企业利益的测定值。库存周转率对于企业的库存管理来说具有非常重要的意义。

对于库存周转率，没有绝对的评价标准，通常是同行业相互比较，或与企业内部的其他期间相比分析。在库存绩效评价与分析中,库存周转率是着重评价的内容。

$$库存周转率=\frac{期间内的出库总金额}{期间内的平均库存金额}\times100\%$$

$$=\frac{2\times期间内的出库总金额}{期初库存金额+期末库存金额}\times100\%$$

(4)收发货差错率

收发货差错率是以仓库收发货所发生的累计差错数占仓库收发货总数的百分比来表示,用来反映仓库收发货的准确程度。这是仓库管理的重要质量指标。

$$收发货差错率=\frac{出现差错总量}{期内吞吐量}\times100\%$$

六、沙盘模拟中的库存控制实例

沙盘模拟过程中,库存控制同样具有很重要的意义。在沙盘模拟中,企业的瓶颈资源之一就是资金限制,在模拟过程中,很多团队企业由于态度不端正,把模拟当做游戏来玩,没有很好地进行规划和预算,因此,在中后期资金方面往往捉襟见肘,疲于应付。经常是由于资金不能到位,不得不改变广告投入,临时修改战略规划,或者虽然生产能力很强,但是由于资金缺乏,广告投入受到限制,不能接到理想的订单,或者由于没有资金购买原材料,生产线停工待料,造成生产能力浪费,严重时还会出现违约。

下面以某沙盘模拟比赛决赛中的一场比赛为例进行说明。

本场比赛一共六个参赛队伍(C 组中途退赛),分六年进行经营模拟比赛。从结果来看(如图2.37所示),B 组和 E 组的所有者权益分别为125 和126,领先于其他竞争对手。

公司＼年份	起始年	1	2	3	4	5	6
A	662	41-25	16-25	4-12	16-12	20-4	14-5
B	662	32-34	2-30	15-13	46-31	73-27	125-52
C	662	36-30	3-33	5-2			
D	662	45-21	24-21	24	42-18	61-19	80-19
E	662	42-24	27-15	49-22	56-7	79-23	126-47
F	662	41-25	26-15	17-9	13-4	14-1	27-13
本地		B	B	B	B	B	B
区域			E	E	E	E	E
国内				C	B	B	B
亚洲					E	E	E
国际							

图 2.37 各组各年经营成果展示

下面我们以成绩较好的 B 组和 E 组与成绩较差的另外两组 A 组和 F 组进行比较。

在沙盘模拟中,库存主要以在制品、产成品和原材料形式存在,表 2.34、2.35、2.36、2.37 给出了 A、B、E、F 各组每年年末在制品、产成品和原材料库存的价值(单位:M)。

表 2.34 A 组各年销售与库存状况表

	1	2	3	4	5	6
销售额	26	28	26	59	46	41
直接成本	10	12	10	23	18	20
在制品库存价值	8	12	8	10	10	10
产成品库存价值	8	6	14	2	4	
原材料库存价值	2	2	5	2		
总库存价值	18	20	27	14	14	10
库存周转率		0.63	0.43	1.12	1.29	1.67

表 2.35 B 组各年销售与库存状况表

	1	2	3	4	5	6
销售额	36	44	122	160	147	171
直接成本	14	18	54	68	66	78
在制品库存价值	10	17	20	26	27	6
产成品库存价值	4	10	18		4	
原材料库存价值		4	4	1	7	
总库存价值	14	31	42	27	38	6
库存周转率		0.80	1.48	1.97	2.03	3.55

表 2.36 E 组各年销售与库存状况表

	1	2	3	4	5	6
销售额	22	15	30	46	58	84
直接成本	8	6	12	20	28	36
在制品库存价值	8	14		8	8	
产成品库存价值	10		2		8	
原材料库存价值		4	4			
总库存价值	18	18	6	8	16	0
库存周转率		0.33	1	2.86	2.33	4.50

表 2.37　F 组各年销售与库存状况表

	1	2	3	4	5	6
销售额	16	46	123	104	168	211
直接成本	6	19	51	47	74	92
在制品库存价值	6	20	20	27	31	
产成品库存价值	12	11		7	8	11
原材料库存价值	3	5	2	4	4	5
总库存价值	21	36	22	38	43	16
库存周转率		0.67	1.76	1.57	1.83	3.12

　　库存周转率是指产品销售成本与库存平均余额的比率,用以衡量一定时期内企业库存资产的周转速度,反映一个企业购、产、销平衡的效率。库存周转快,说明库存量适中,库存积压和库存价值损失的风险相对较低,库存所占用资金利用率高,企业的变现能力和经营能力较强,但库存周转率与企业经营生产周期有关。生产经营周期短,表示企业无须大量存货,就可以实现满足市场需求,因此,其库存周转就会加快,库存周转率也就相对较高。因此,利用库存周转率评价时,应考虑行业生产经营的特点。

　　库存周转率的计算公式:库存周转率=当期销售成本/当期平均库存价值或者库存周转率=当期销售成本/[(期初库存价值+期末库存价值)/2]。

　　从上面可以看出,A 组各年的库存周转率均比其他几个小组低,B 组和 E 组的库存周转率都相对比较高,F 组虽然第 5 年和第 6 年库存周转率比 B 和 E 高,但是,由于 F 组产能始终不足,生产线落后,生产经营周期较长,且那时已经进入决战末期,已经回天乏术了。

　　由上面的分析,我们可以看出,成功的库存控制要注意以下几点:

　　第一,团队协作。采购总监、生产总监、营销总监和财务总监之间通力合作,是采购总监及时、准确地获取采购品种、数量信息的重要保证。

　　第二,市场分析。研究市场信息,尤其是市场上竞争对手的相关信息,如产品研发、市场开拓、生产线投资、各产品产能等,是企业制定合理的竞争战略,安排合理的采购与库存控制策略的基础。

　　第三,加快库存周转。企业资金有限,加快资金周转是发挥资金最大效益的有效方法。

学习测评

一、知识测评

　　1. 什么是库存?库存包含哪些种类?

　　2. 说明企业持有库存的优点和弊端。

　　3. 库存总成本由哪些成本构成?这些成本之间的关系是什么?

　　4. 简述 ABC 库存控制法的基本原理。

　　5. 比较定期与定量库存控制异同。

　　6. 评价库存的绩效的指标有哪些?分别有何含义?

二、技能测评

　　1. 沙盘模拟中,有哪些库存类型?

2. 在沙盘模拟中,应该由谁来控制库存?

3. 沙盘模拟过程中,原材料和成品库存多少对企业有哪些影响?

4. 计算你所在企业的库存周转率。

5. 讨论:模拟企业该如何控制库存?

6. 库存控制和采购有什么关系?

——运筹帷幄 决胜千里

模块一　CEO:战略谋划

 模块导读

　　本模块包括两个任务:一个是制定模拟企业战略,另外一个是指挥企业运营,在沙盘模拟中,这两项工作主要由 CEO 承担,也是 CEO 两项极其重要的工作。如果把模拟企业比作大海上的一艘船,CEO 就是这艘船的船长,船要驶向何方,行走哪条航线,需要由船长来决定,船长的决定正确,船就会沿着正确的航线前进,可以躲避沿途的暗礁和风暴,顺利抵达目的地;如果船长的决定发生偏差甚至是错误,则整条船都可能葬身大海。因此,CEO 制定的战略和指挥企业的水平对企业能否达成目标有重要的影响。

任务一　战略制定

　　企业战略就是企业的发展蓝图,没有战略的组织就好像没有舵的小船,会在原地打转。在沙盘模拟过程中,制定一个适合企业的发展战略是 CEO 首先要面对的一个重要课题。明茨伯格(H. Mintzberg)和沃特斯(J. Waters)指出,合适的战略制定与决策过程,依赖于环境波动的程度,一个好的战略应该能够给企业多种选择,并配有相应的应急措施。企业可以对这些选择作出清晰的权衡,同时又能适应市场上迅速发生的变化。为了提高应急能力,企业应该把自己锤炼成为"自组织"、"自适应"的组织。

知识目标
1. 了解企业战略的含义、特征;
2. 掌握企业总体战略类型与选择。

技能目标
1. 分析企业的内外部环境;
2. 制定企业发展战略。

任务情境

　　在某次沙盘模拟中,A 企业各部门人员就职之后,CEO 主持召开企业第一次会议,在会上,各部门人员都摩拳擦掌,跃跃欲试,欲与竞争对手试比高,每个部门都提出了自己美好的愿望。"那么,我们企业依靠什么去打败其他竞争者?"CEO 的一句话,让每个人都低下头沉思了起来。CEO 提出了一个企业必须面对的问题:我们企业的战略是什么?

　　如何制定适合企业的战略? 如果你是 CEO,你能给你的企业人员提出几种战略?

一、企业战略的含义

企业战略是在市场激烈的竞争环境下,为了谋求长期的生存和持续稳定的发展,企业根据其外部环境及内部资源和能力的状况,对企业发展目标、达到目标的途径和手段的长远的、全局性的谋划。它具有指导性、全局性、长远性、竞争性、系统性、风险性六大主要特征。

一个规范的战略管理过程可大体分解成七个阶段:企业使命、目的和目标;战略态势分析;战略制定;战略评估与选择;战略实施与控制。也可以将其划分为四个阶段,即战略分析阶段、战略选择及评价阶段、战略实施及控制阶段。

二、企业总体战略

1. 稳定型战略

稳定型战略是指企业在未来内外部环境因素变化不大的情况下,遵循与过去相同的经营目标,不改变基本的产品和经营范围,保持一贯成长速度的战略。企业采取稳定型战略主要原因有企业管理者对目前的状况比较满意、风险较低、整顿休养、经营安全。

稳定型战略的适用条件:宏观经济保持稳定或低速增长;行业技术创新速度较慢;所在行业进入障碍高。企业在发展中采用何种战略,一方面要看外部环境中的机会与威胁,另一方面要根据自己的优势和劣势而定;如果企业可以用来投资的资金不足、研究开发能力较差或在人力资源方面无法满足扩张型战略的要求时,采用稳定型战略更安全。

稳定型战略的类型有:无变化战略、短期赢利战略、暂停战略和谨慎前进战略。

(1)无变化战略:即按原定方向和模式经营,不作重大调整。企业管理者对企业目前的经营状况比较满意,不希望进行改变。

(2)短期赢利战略:即在已取得的市场优势基础上力图在短期内更多地获利。在产品生命周期内或企业退出该产品市场之前,尽量获取更多的利润。

(3)暂停战略:即为了巩固已有的优势,暂时放慢发展速度。

(4)谨慎前进战略:在外部环境某一种重要因素不确定性较高,难以预测或变化趋势不明显时,为了经营安全,避免风险,采取放缓实施进度的一种策略。

2. 发展战略

发展战略是一种使企业在现有的战略水平上向更高一级目标发展的战略。发展战略包括密集型发展战略、多样化发展战略和一体化发展战略。

(1)密集型发展战略

密集型发展战略是指企业在原有生产范围内充分利用在产品和市场方面的潜力,以快于过去的增长速度来求得成长与发展的战略。该种战略又称为集中型发展战略或集约型成长战略,是较为普遍采用的一种公司战略类型。产品和市场是企业战略管理的核心。安索夫(H. igor Ansoff)提出产品-市场战略,即企业战略由产品和市场组合而成。

表3.1 产品—市场战略2×2矩阵

市场 ＼ 产品	现有产品	未来产品
现有目标市场	市场渗透战略	产品开发战略
未来市场	市场开发战略	多样化发展战略

①市场渗透战略

市场渗透战略是以现有产品在现有市场范围内通过更大力度的营销努力提高现有产品或服务的市场份额的战略。具体思路如表3.2所示。

表3.2　市场渗透战略

扩大产品使用者的数量	转化非使用者
	努力发掘潜在使用者
	把竞争者的顾客吸引过来
扩大产品使用者的使用频率	增加使用次数
	增加使用数量
	增加产品的新用途
改进产品特性	提高产品质量(增加产品的功能特性)
	增加产品的特点,如尺寸、材料等
	改进产品的式样,如包装颜色、形状等

实施市场渗透战略的一般条件:当企业的产品或服务在当前市场中还未达到饱和时,即市场处于成长期,采取市场渗透战略具有潜力;当现有用户对产品的使用率还可显著提高时,企业可以通过营销手段进一步提高产品的市场占有率;在整个行业的销售额增长时,竞争对手的市场份额却呈现下降趋势,企业就可通过市场份额的增加获得收益;企业在进行产品营销时,随着营销力度的增加,其销售呈上升趋势,且二者的相关度能够保证市场渗透战略的有效性;企业通过市场渗透战略带来市场份额的增加,使企业达到销售规模的增长,且这种规模能够给企业带来显著的市场优势。

市场渗透战略的潜在风险有:除非该企业在市场上处于绝对优势地位,否则必然出现许多强有力的竞争对手;企业管理者宁愿把精力放在现有事务处理上,因而可能错过了更好的投资机会;顾客兴趣的改变容易导致企业现有目标市场的衰竭;一项大的技术突破甚至可能使产品在一夜之间成为一堆废物。

②市场开发战略

市场开发战略是密集型发展战略在市场范围上的扩展,是将现有产品或服务打入新市场的战略。比市场渗透战略具有更多的战略机遇,能够减少由于原有市场饱和而带来的风险,但不能降低由于技术的更新而使原有产品遭受淘汰的风险。

实施市场开发战略的基本途径有市场瓜分、市场创造、市场撤离。

实施市场开发战略的一般条件:在空间上存在着未开发或未饱和的市场区域;企业可以获得新的、可靠的、经济的、高质量的销售渠道;企业拥有扩大经营所需的资金、人力和物质资源;企业存在过剩生产能力;企业的主营业务是全球化惠及的行业。

③产品开发战略

产品开发战略是密集型成长战略在产品上的扩展。它是企业在现有市场上通过改造现有产品或服务,或开发新产品或服务而增加销售量的战略。从某种意义上讲,产品开发战略是企业成长和发展的核心,实施这一战略可以充分利用现有产品的声誉和商标,吸引对现有产品有好感的用户对新产品产生关注。这一战略的优势在于企业对现有市场有充分的了解,产品开发针对性强,容易取得成功。但另一方面,由于企业局限于现有的市场上,也容易失去获取广大新市场的机会。

主要的途径:向目标市场提供相关产品;向目标市场提供其他行业已有的产品;向目标市场提供全新产品。

实施产品开发战略的一般条件:企业拥有很高的市场信誉度,过去的产品或服务的成功,可以吸引顾客对新产品的使用;企业参与竞争的行业属于迅速发展的高新技术产业,在产品方面进行的各种改进和创新都是有价值的;企业所处的行业高速增长,必须进行产品创新以保持竞争优势;反之,如果企业所处行业增长缓慢或趋于稳定,则进行产品创新要承担较大的风险;企业在产品开发时,提供的新产品能够保持较高的性能价格比,比竞争对手更好地满足顾客的需求;企业具备很高的研究和开发能力,不断进行产品的开发创新;拥有完善的新产品销售系统。

产品开发战略的潜在风险有:企业要对它原有顾客有透彻的了解,能够提供满足顾客需要的其他产品;但是这种战略依然使企业束缚了自己,企业的潜能仅仅被用来在原有市场的顾客群中寻找新的投资机会,这可能会因为没有寻找到其他市场而导致较大的机会成本。

(2)多样化发展战略

多样化发展战略又称为多元化发展战略,多角化发展战略,是企业为了更多地占领市场或开拓新市场,或避免经营单一带来的风险而选择进入新领域的战略。

①水平多样化发展战略

水平多样化又被称为专业多样化。它是指以现有用户为出发点,向其提供新的、与原有业务不相关的产品或服务。

水平多样化基于原有产品、市场和服务进行变革,因而在开发新产品、服务和开拓新市场时,可以较好地了解顾客的需求和偏好,风险相对较小。比较适合原有产品信誉高、市场广且发展潜力大的企业。

②同心多样化发展战略

同心多样化又被称为相关多样化或集中多样化。这种战略是指以企业现有的设备和技术能力为基础,发展与现有产品或劳务不同的新产品或新业务。例如,某制药企业利用原有的制药技术生产护肤美容、运动保健产品等。

③复合多样化发展战略

复合多样化又被称为混合多样化、不相关多样化或集团多样化。是一种通过合并、购买、合资以及自我发展,使企业增加与现有业务大不相同的新产品或新劳务的发展战略。

复合多样化发展战略的优点:可以通过向不同的产业渗透和向不同的市场提供服务来分散企业经营的风险,增加利润,使企业获得更加稳定的发展;能够使企业迅速地利用各种市场机会,逐步向具有更大市场潜力的行业转移,从而提高企业的应变能力;有利于发挥企业的优势,综合利用各种资源,提高经济效益。

复合多样化战略的缺点:导致组织结构的膨胀,加大了管理上的难度;一味地追求多样化,企业有可能在各类市场中都不占领先地位,当外界环境发生剧烈变化时,企业会首先受到来自各方面的压力,导致巨大的损失。

企业实行多样化战略时,必须至少利用下列三个基本要素之一,即企业的生产能力、技术能力以及特定的市场分销渠道。

(3)一体化发展战略

一体化发展战略是指企业充分利用自身产品(业务)在生产、技术和市场等方面的优势,沿着其产品(业务)生产经营链条的纵向或横向,通过扩大业务经营的深度和广度来扩大经营规模,提高收入和利润水平,不断发展壮大。一体化发展战略分为纵向一体化和横向一体化。

①纵向一体化战略

纵向一体化战略是指企业在业务链上沿着向前和向后两个可能的方向上,延伸、扩展企业现有经营业务的一种发展战略。

纵向一体化的类型包括前向一体化、后向一体化、双向一体化。

前向一体化发展战略是指以企业初始生产或经营的产品(业务)项目为基准,生产经营范围的扩展沿其生产经营链条向前延伸,使企业的业务活动更加接近最终用户,即发展原有产品的深加工业务,提高产品的附加值后再出售,或者直接涉足最终产品的分销和零售环节。

后向一体化发展战略是指以企业初始生产或经营的产品(业务)项目为基准,生产经营范围的扩展沿其生产经营链条向后延伸,发展企业原来生产经营业务的配套供应项目,即发展企业原有业务生产经营所需的原料、配件、能源、包装和服务业务的生产经营。也就是企业现有产品生产所需要的原材料和零部件等,由外供改为自己生产。

双向一体化战略是前述两种战略的复合,当企业在初始生产经营的产品(业务)项目的基础上,沿生产经营业务链条朝前、后分别扩张业务范围。

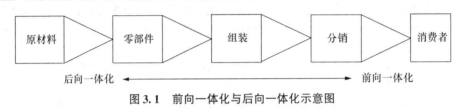

图 3.1　前向一体化与后向一体化示意图

纵向一体化战略的优点:前向一体化使企业能够控制销售过程和销售渠道,有助于企业更好地掌握市场信息和发展趋势,更迅速地了解顾客的意见和要求,从而增加产品的市场适应性;有些企业采取前向一体化或后向一体化战略,是希望通过建立全国性的销售组织和扩大生产规模,来获得规模经济带来的利益,从而降低成本,增加利润。

纵向一体化战略的风险:实行纵向一体化时,需要进入新的业务领域,由于业务生疏,可能导致生产效率低下,而这种低效率又会影响企业原有业务的效率;纵向一体化的投资额比较大,而且一旦实行了一体化,企业就很难摆脱这一产业;当该产业处于衰落期时,企业会面临巨大的危机;纵向一体化可能导致企业缺乏活力,因为这时的企业领导者往往过多地注意自成一体的业务领域,而忽视外界环境中随时可能出现的机会。

②横向一体化战略

横向一体化战略也叫水平一体化战略,是指为了扩大生产规模、降低成本、巩固企业的市场地位、提高企业竞争优势、增强企业实力而与同行业企业进行联合的一种战略。

实行横向一体化的优点:首先是能够吞并和减少竞争对手;其次是能够形成更大的竞争力量去与别的竞争对手抗衡;最后是能够取得规模经济效益,获取被吞并企业在技术及管理等方面的经验。

横向一体化的主要缺点:企业要承担在更大规模上从事某种经营业务的风险,以及由于企业过于庞大而出现的机构臃肿、效率低下的情况。

3. 紧缩战略

紧缩战略是企业面临绩效恶化,如销售、利润大幅度下降,受到巨大压力或出现重大失误时不得已而采取的战略,或者是企业为使战略组合得到更健康的发展而对不良业务进行的战略调整。

紧缩型战略的适用条件:经济衰退、行业衰退或市场对企业的产品需求减少;企业经营失误;调整企业的发展方向。

紧缩型战略的类型包括转向战略、放弃战略、清算战略。

（1）转向战略

也叫筹资转向战略。抽资转向战略使企业在现有的经营领域不能维持原有的产销规模和市场面,不得不采取缩小产销规模和市场占有率,或者企业在存在新的更好的发展机遇的情况下,对原有的业务领域进行压缩投资,控制成本以改善现金流为其他业务领域提供资金的战略方案。另外,企业在财务状况下降时有必要采取抽资转向战略,这一般发生在物价上涨导致成本上升或需求降低使财务周转不灵的情况下。针对这些情况,抽资转向战略可以通过以下措施来配合进行。

（2）放弃战略

在采取抽资转移战略无效时,企业可以尝试放弃战略。放弃战略是指将企业的一个或几个主要部门转让、出卖或停止经营。这个部门可以是一个经营单位、一条生产线或者一个事业部。放弃战略与清算战略并不一样,由于放弃战略的目的是要找到肯出高于企业固定资产时价的买主,所以企业管理人员应该说服买主,认识到购买企业所获得的技术资源或资产能给对方增加利润。而清算战略一般意味着基本上只包括有形资产的部分。

（3）清算战略

清算战略是指卖掉其资产或停止整个企业的运行而终止一个企业的存在。显然,只有在其他战略都失败时才考虑使用清算战略。但在确实毫无希望的情况下,尽早制定清算战略,企业可以有计划地逐步降低企业股票的市场价值,尽可能多地收回企业资产,从而减少全体股东的损失。因此,清算战略在特定的情况下,也是一种明智的选择。要特别指出的是,清算战略的净收益是企业有形资产的出让价值,而不包括其相应的无形价值。

紧缩型战略的优缺点:能帮助企业在外部环境恶劣的条件下,节约开支和费用,使企业顺利地度过面临的不利处境;能使企业在经营不善的情况下最大限度地降低损失;能帮助企业更好地实行资产的最优组合。企业采用此种战略,会使企业陷入消极经营状态,职工士气低落。这种状态本身就会威胁到企业的生存,也会加剧企业经营的困难。

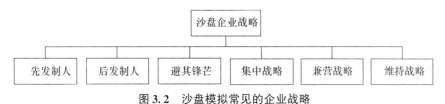

图3.2 沙盘模拟常见的企业战略

三、沙盘模拟中企业战略

1. 先发制人

先发制人是指企业在经营过程中,通过高额广告投放或利用以往市场"老大"的有利地位,争取新市场"老大"地位,企业在新市场开发和新产品研发上均采取积极主动策略,投资建设全自动或柔性生产线,提高企业产能,在市场竞争中一直处于领导者地位,从一开始就采取压制竞争对手的策略。

表3.3 某次比赛各企业所有者权益和市场"老大"情况

企业与市场	1	2	3	4	5	6
A	41	16	4	16	20	14
B	32	2	15	46	73	125
C	36	3	5			
D	45	24	24	42	61	80
E	42	27	49	56	79	126
F	41	26	17	13	14	27
本地	B	B	B	B	B	B
区域		E	E	E	E	E
国内			C	B	B	B
亚洲				E	E	E
国际						

从表3.3中可以看到,E企业两个企业一开始就采取主动出击策略,所有者权益一直处于领先,占领了区域和亚洲两个市场"老大"地位。

2. 后发制人

后发制人指企业前几年韬光养晦,成绩平平,看似平淡无奇,实际在暗中积蓄能量,乘敌不备,在后两年一举占领市场,销售业绩节节拔高,所有者权益后来居上。此举可以麻痹敌人,使敌人放松警惕,放缓开发步伐,减少投资,从而使自己有较长的时间去积累资金,蓄势而发。但是,如果竞争对手也采取此法,则容易两败俱伤。

从表3.4可以看出,F公司在4年所有者权益并不突出,但是,凭借前几年的积累,在第5、6年,一举占领了亚洲和国际两个市场,尤其是在第6年,成为两个市场"老大",从而,所有者权益迅速上升,成为最后的赢家。

表3.4 某次比赛各企业所有者权益和市场"老大"情况

企业与市场	1	2	3	4	5	6
A	50	22	33	35	36	37
B	46	14	−2			
C	48	41	30	33	36	42
D	61	41	33	42	38	45
E	40	16	14	24	22	24
F	42	11	35	38	60	91
本地	D	A	A	F	F	F
区域		C	C	C	C	C
国内			F	E	E	D
亚洲				E	E	F
国际					F	F

3. 避其锋芒

当市场上有竞争对手比较强势时，采取回避策略，开发其他竞争对手放弃的市场和产品，尽量避免与之正面交锋，积蓄资金，另辟蹊径。这样，可以避免两败俱伤，不会得到竞争对手的遏制和敌视，但是同样企业也缺乏对竞争对手的遏制，把投资期短、投资较少的市场、产品等拱手让出，而自己要生产成本更高的产品，开发需要投资更多的市场，因此，资金压力较大。如果有竞争对手在后几年企图抢占该产品市场，则更为艰难。

表3.5　A企业各年度产品销售情况

年份	P1			P2			P3			P4		
	收入	数量	成本	收入	数量	成本	收入	数量	成本	收入	数量	成本
1	36	7	14									
2	28	6	12	13	2	6						
3	15	3	6	46	6	18						
4	8	2	4	30	5	15				18	2	10
5	9	2	4	84	11	33				29	3	15
6	8	2	4	36	6	18				94	10	50

从表3.5可以看到，A企业开发并生产P4，其中，第6年总销售收入为138M，其中P4就占了94M，占比超过68%，另外两种产品只占不到32%。

表3.6　某次比赛各企业所有者权益和市场"老大"情况

企业与市场	1	2	3	4	5	6
A	62	54	33	14	40	51
B	54	53	68	90	108	134
C	58	58	51	50	35	52
D	55	35	54	68	82	100
E	39	39	53	90	113	139
本地	C	B	B	B	B	B
区域		E	E	E	E	E
国内			D	D	D	D
亚洲				E	E	E
国际						

从表3.6可以看出，B、D、E三个企业竞争比较激烈，三个企业都在争夺P1、P2和P3的市场份额，且B、C、D、E均未研发P4，因此，为了避免与之争锋，A企业开发并开始生产P4，从而，避免了成为3个企业竞争的牺牲品，找到了自己的立足点。可惜的是，由于生产线转产晚了，第4年和第5年P4销售额不高，如果P4在这两年就能占领市场，那么A企业的战绩应该会更好。

4. 集中战略

把广告投放重点放在某个市场或者某个产品上,集中资源去生产和销售某种产品,或者集中在某个市场上投放广告,以期成为该市场领导者。这种战略可以提高企业资源使用效率,减少资金浪费,节约开发成本,但是,由于缺乏对产品需求趋势和价格趋势的考虑,企业这种单一市场或者单一品种策略,可能会使企业面临市场需求萎缩、产品单价降低而导致的利润空间缩小的风险,而且,一旦在该市场或者该产品上决策失误,就会给企业造成难以挽回的损失,难以取得非常好的业绩。

表 3.7 某次沙盘比赛某企业产品销售情况

年份	P1			P2			P3			P4		
	收入	数量	成本	收入	数量	成本	收入	数量	成本	收入	数量	成本
1	22	4	8									
2	15	3	6									
3	30	6	12									
4	9	2	4				37	4	16			
5	8	2	4				50	6	24			
6							84	9	36			

从表 3.7 可以看出,该企业在前 3 年主要销售 P1 产品,最后一年销售 P3 产品,产品比较单一,把生产主要集中于一种产品,这种战略就是集中战略。

5. 兼营战略

企业把广告投放在多个市场和多个品种上,进行多品种生产,产品产量相对均衡,产品广告投放比较均衡,同时占领多个市场。这种战略,可以根据市场需求变化和竞争对手情况及时进行调整策略,比较稳妥。

表 3.8 某次比赛各企业所有者权益和市场"老大"情况

企业与市场	1	2	3	4	5	6
A	50	29	17	24	22	39
B	32	15	10	22	35	37
C	42	35	46	67	95	145
D	49	31	37	27	38	53
E	44	32	29	29	39	51
本地	A	E	D	B	B	B
区域		C	C	C	C	C
国内			C	C	C	C
亚洲				E	E	E
国际					A	A

表 3.9　C 企业产品销售情况

年份	P1			P2			P3			P4		
	收入	数量	成本	收入	数量	成本	收入	数量	成本	收入	数量	成本
1	11	2	4									
2	15	3	6	38	6	18	8	1	4			
3	48	10	20	62	8	24	23	3	12			
4	46	11	22	62	8	24	48	6	24			
5	19	4	8	55	8	24	81	9	36			
6	20	5	10	54	9	27	116	13	52			

　　C 企业采取兼营 P1、P2、P3 的策略,放弃 P4,企业虽然开发了亚洲和国际两个市场,但是把目标市场放在区域和国内两个市场,取得了两个市场"老大"地位,在比赛中取得了非常好的战绩。

　　6. 维持战略

　　维持战略是在竞争比较激烈、企业在市场竞争中处于不利地位时,为了避免企业破产,采取保守经营的战略。这种战略中,企业不进行大规模广告投放,不开发新生产线,不进行新市场开拓,不进行新产品研发,采取维持现状为主的竞争战略。但是这种维持战略,可能会因为竞争对手的挤压而受到利润极薄和费用支出的双重压力,导致企业难以为继。

表 3.10　某企业各年度费用情况

年份	管理费	广告费	设备维护	厂房租金	转产费	市场开拓	ISO 认证	产品研发	其他	总计
1	4	17	4		1	1		4		31
2	4	6	3							13
3	4	10	4							18
4	4	6	5							15
5	4	6	5							15
6	4	5	4							13

　　从表 3.10 中可以看出,该企业只在第 1 年进行了市场开拓和产品研发,完成了区域市场和 P2 产品的投资,其他市场和产品均未开发和投资,该企业采用的就是维持策略,避免企业破产风险。该企业最终所有者权益只有 22。

学习测评

一、知识测评

　　1. 什么是企业战略?企业战略的重要性体现在哪些方面?

　　2. 常见的企业战略有哪些?

　　3. 稳定型战略包括哪几种?什么环境下适合采用该战略?

　　4. 发展战略包括哪几种?每种战略的适用环境是什么?

5. 实施密集型发展战略要考虑哪些因素？

6. 什么是一体化战略？一体化战略的类型有哪些？

7. 紧缩战略适合在什么条件下采用？

二、技能测评

1. 列举沙盘模拟中常见的战略，并分析如果采用该战略，企业可能面临的风险。

2. CEO 召开各部门会议，制定本企业战略。

3. 沙盘模拟结束后，评价本企业战略实施效果。

任务二　团队管理

沙盘模拟是以团队形式组成企业的，CEO 是这个团队的灵魂，肩负着组建团队、管理团队的责任，团队各个成员之间的协调和配合的好坏，对企业运营的效率会有很大影响。三个臭皮匠，赛过诸葛亮，沙盘模拟中企业之间的竞争，实际是各个团队之间的竞争，因此，团队管理的效率对企业运营的成功与否有很大关系。

知识目标

1. 了解团队概念及类型；

2. 理解团队的作用；

3. 掌握卓越团队的特征。

技能目标

1. 了解你的团队成员；

2. 管理团队。

沙盘模拟第三年，A 企业由于交报表超时，被扣了分数，回去之后，成员开始找原因：我们为什么超时？财务总监说："我是按照盘面的信息做好记录的，但是，最后还是不平衡。"这时，大家低头看向盘面，发现盘面异常混乱：R1、R2、R3、R4 的原材料都混到一起了，原材料订单也分不清是哪一个原材料的订单，各种费用也混在一起，根本分不清是哪一种费用……类似的情况很多很多。

CEO 该如何解决这个问题？这个企业的经营出现了什么问题？盘面混乱反映了什么？

一、团队的含义

美国管理学家罗宾斯·P·斯蒂芬(Stephen P. Robbins)认为，团队是指一种为了实现某一目标而由相互协作的个体所组成的正式群体。

这一定义突出了团队与群体不同，所有的团队都是群体，但只有正式群体才能是团队，并且认为普通群体和团队的区别主要体现在四个方面：一是群体强调信息共享，团队则强调集体绩效；二是群体的作用是中性的(有时消极)，而团队的作用往往是积极的；三是群体责任个体化，而团队的责任既可能是个体的，也可能是共同的；四是群体的技能是随机的或不同的，而团队的技能是相互补充的。

二、团队的类型

罗宾斯·P·斯蒂芬根据团队成员的来源、拥有自主权的大小以及团队存在的目的不同,将团队分为问题解决型团队、自我管理型团队、跨功能型团队三种类型。

1. 问题解决型团队

这些团队一般由来自同一个部门的5到12个钟点工人组成,他们每周用几个小时的时间来碰碰头,讨论如何提高产品质量、生产效率和改善工作环境。在这种团队里,组织成员就如何改进工作程序、方法等问题交换看法,对如何提高生产效率和产品质量等问题提出建议。但是,这些团队几乎没有权力根据这些建议单方面采取行动。

2. 自我管理型团队

通常由10到16人组成。他们承担以前自己的上司所承担的一些责任。其成员不仅讨论解决问题的方法,而且亲自执行解决问题的方案,并对工作承担全部责任,这是一种真正独立自主的团队。一般来说,他们的责任范围包括控制工作节奏、决定工作任务的分配、安排工作休息。彻底的自我管理团队甚至可以挑选自己的成员,并让成员相互进行绩效评估。

3. 跨功能型团队

其成员来自同一等级、不同工作领域的各职能部门,它是一种有效的方式,能使组织内(甚至组织之间)不同领域员工之间交换信息,激发出新的观点,解决面临的问题,协调完成组织内的复杂项目。

彼得·德鲁克(Peter F. Drucker)把团队分为三种类型:棒球型团队、足球型团队和网球双打型团队。每一种类型团队在结构、对成员行为要求、团队的优点、缺点、局限性以及要求上都是不同的,最重要的是,每一种团队类型在可以干什么和应该用来干什么上也是不同的。

(1)棒球型团队

团队的成员都在这个队伍里行动,但都不是作为一个团队在行动。大家都有绝不离开的固定位置。然而,这种团队有着很多长处。它可以对每一个成员分别作出评估,每个成员都有清楚具体的目标,承担起各自的责任,正如一个真正的棒球迷对棒球史上每一个主力队员都可以讲出一大堆统计资料一样。每一个成员都可以按其能力的最大程度予以培训和发展。由于各成员之间无须在团队中根据他人来调整自己,所以,每一个位置可以拥有一个"明星",无论该团队中各成员脾气多么暴躁妒忌成性,或者好出风头。但棒球型团队缺乏灵活性。只有当这样的事情已经进行过多次,行动的次序已为所有成员完全理解时,棒球型团队才能运作很好。

(2)足球型团队

在足球队里,队员们和棒球队一样,也有固定的位置,但他们是作为一个团队在行动的。足球型团队有着相当的灵活性,但它比棒球型团队有着更为严格的要求,因为它需要"随机应变",正如比赛场上教练可以对混乱的队伍发出信号,指挥队伍应变那样。

(3)网球双打型团队

在双打型团队里,成员们有着主要位置,而不是固定的。他们都被假设为要"包含"他们的队友,适应队友的长处和弱点,在"比赛"中根据变化的需要作出调整。网球双打型团队的要求更为严格,这种团队必须非常小,最多5到7个人。成员必须一同培训,共同工作相当一段时间,才能发挥一个团队的充分作用。整个团队必须有一个明确的目标,但对每个成员的工作和职责履行而言,则有着相当的灵活性。在这种团队里,只有团队在"运作",各成员都是在"做贡献"。

三、团队发展的阶段

团队的发展一般经历四个阶段：

第一阶段：团队的形成阶段。此时，团队形象比较模糊，成员间不太了解，但能放弃某些个性和自由，接受团队规则和规范，在工作中逐步建立彼此间的信任和依赖关系，在回报机制的激励下，通过协作达到个体无法实现的目标，品尝到成功的喜悦。

第二阶段：团队的磨合阶段。早期的成功可能使团队成员容易盲目自信，也可能形成定势惯性，使团队陷入过分依赖经验而导致的僵化困境中。大家对事情意见不同，互不服气。不服从领导、不愿受团队的纪律约束的现象时有发生。这时，进行有效的监督和控制是第一位的，确保团队始终朝着正确的方向前进。

第三阶段：团队的正常运作阶段。大家对自己在团队中的角色和共同解决问题的方法达成共识，整个团队达到自然平衡，差异缩小，队员之间互相体谅各自的困难。团队成员已拥有高度的责任心和自制力，既不盲目乐观也不惧怕困难。

第四阶段：团队高效运作阶段。队员之间相互关心，相互支持，能够有效而圆满地解决问题、完成任务。团队内部达到高度统一，最终共同达到目标。

四、为什么需要团队

团队是由不同经验背景、知识和技能的个体组成，有着共同的使命，相互协同工作以实现共同目标的正式群体。俗话说：三个臭皮匠，赛过诸葛亮。事实表明，如果某种工作任务的完成需要多种技能和经验，那么由团队来做通常比个人单打独斗效果要好，团队是组织提高运行效率的可行方式，它有助于组织更好地利用员工的专业才能。管理人员发现，在多变的环境中，团队比传统的部门结构或其他形式的稳定性群体更灵活，反应更迅速，可以快速地组合、重组或解散。除此之外，团队在激励方面也能发挥很好的作用，能够促进其成员参与决策过程，有助于管理人员增强组织的民主气氛，提高员工的积极性；通过团队领导来协调成员间的分工，加强成员的自我管理意识，形成一定程度的信赖和约束力，促使团队不断寻求发展。因此，传统的组织管理模式和团队协作模式最大的区别在于团队会更加强调个人的创造性发挥和团队整体的协同工作。

五、卓越的团队的特征

一个人如果脱离了团队，他的力量即使再无穷，也是有限的。而一个团队，却能够散发无限的力量。一个好的管理者，能够把羊群激发出狮群的战斗力。卓越的团队具有如下特点：

1. 明确的、具体的、一致的目标

团队成员应花费充分的时间、精力来讨论、制定他们共同的目标，并在过程中使每个团队成员都能够深刻地理解团队的目标，并坚信这一目标包含着重大的意义和价值，以后不论遇到任何困难，共同目标都会为团队成员指明方向和方针。而且，这种目标的重要性还激励着团队成员把个人目标升华到群体目标中去。在高效的团队中，成员愿意为团队目标作出承诺，愿意为团队目标的实现全力以赴，清楚地知道希望他们做什么工作，以及他们怎样共同工作最后完成任务。

自然界中有一种昆虫很喜欢吃三叶草（也叫鸡公叶），这种昆虫在吃食物的时候都是成群结队的，第一个趴在第二个的身上，第二个趴在第三个的身上，由一只昆虫带队去寻找食物，这些昆虫连接起来就像一节一节的火车车厢。管理学家做了一个实验，把这些像火车车厢一样的昆虫连在一起，组成一个圆圈，然后在圆圈中放了它们喜欢吃的三叶草。结果它们爬得精疲力竭也吃不到这些草。

这个例子说明了共同的目标对团队的重要性。如果团队失去共同的目标,那么结果可能是团队成员都被饿死。目标还应该能够有效地传播,让团队内外的成员都知道这些目标,知道实现这个目标会给自己带来什么利益。

2. 相关的技能

高效的团队是由一群有能力的成员组成的。他们具备实现理想目标所必需的技术和能力,而且相互之间有能够良好合作的个性品质,从而出色地完成任务。后者尤为重要,却常常被人们忽视。有精湛技术能力的人并不一定就有处理群体内关系的高超技巧,高效团队的成员往往兼而有之。

3. 相互的信任

成员间相互信任是有效团队的显著特征,就是说,每个成员对其他人的品行和能力都深信不疑。就团队成员之间的信任关系而言,研究发现,有五个维度:正直、能力、一贯、忠实、开放。这五个维度的重要程度是相对稳定的,通常其顺序是:正直、能力、一贯、忠实、开放。正直程度和能力水平是一个人判断另一个人是否值得信赖的两个最关键的特征。

4. 一致的承诺

高效的团队成员对团队表现出高度的忠诚和承诺,为了能使群体获得成功,他们愿意去做任何事情。对成功团队的研究发现,团队成员对他们的群体具有认同感,他们把自己属于该群体的身份看作是自我的一个重要方面。因此,承诺一致的特征表现为对群体目标的奉献精神,愿意为实现这个目标调动和发挥自己最大的潜能。

钓过螃蟹的人都知道,篓子中放了一群螃蟹,不必盖盖子,螃蟹也是爬不出去的,因为只要有一只想往上爬,其他螃蟹便会纷纷攀附在它的身上,结果就是把它拉下来,最后没有一只能够爬出去。团队的成员要有一致的目标和承诺,只有所有的成员都朝着这个目标努力和兑现自己的承诺,团队才可能高效运作,否则,你在背后拉我一下,我在前面蹬你一脚,最后的结果只能是大家谁也不能成功。

5. 良好的沟通

群体成员通过畅通的渠道交换信息,包括各种言语和非言语信息。此外,管理层与团队成员之间健康的信息反馈也是良好沟通的重要特征,有助于管理者指导团队成员的行动,消除误解。

小强明天就要参加小学毕业典礼了,因此,上街买了条裤子,可惜裤子长了两寸。吃晚饭的时候,趁奶奶、妈妈和嫂子都在场,小强把裤子长两寸的问题说了一下,饭桌上大家都没有反应。饭后大家都去忙自己的事情,这件事情就没有再被提起。妈妈睡得比较晚,临睡前想起儿子明天要穿的裤子还长两寸,于是就悄悄地把裤子剪好叠好放回原处。半夜里,狂风大作,窗户"哐"的一声关上把嫂子惊醒,猛然想到小叔子裤子长两寸,自己辈分最小,怎么说也是自己去做了,于是披衣起床将裤子处理好才安然入睡。奶奶年纪大了,每天都起得很早,给小孙子做早饭上学,水未开的时候她突然想起孙子的裤子长两寸,马上拿起剪刀又剪了两寸。

任何一个团队仅有良好的愿望和热情是不够的,它还必须拥有畅通的信息沟通及感情交流,在确定目标、执行工作计划等各个方面取得一致的意见,才能保证团队成员之间角色清晰、分工合理,最后达成目标。

6. 谈判的技能

以个体为基础进行工作设计时,员工的角色由工作说明、工作纪律、工作程序及其他一些文件明确规定。但对于团队来说,其他成员角色具有灵活多变性,总在不断进行调整,这就需要成员具备充分的谈判技能。由于团队中的问题和关系时常变换,成员必须能面对和应付这种情况。

7. 恰当的领导

有效的领导能够让团队跟随自己共同度过最艰难的时期,因为他能为团队指明方向所在。他们向成员阐明变革的可能性,鼓舞团队成员自信心,帮助他们充分地了解自己的潜力。优秀的领导者不一定非得指示或控制,高效团队领导者往往担任的是教练和后盾的角色,他们对团队提供指导和支持,但并不试图去控制它。

猎人养了几条猎狗,为了让它们能更多地捕获猎物,猎人想出了一个好主意:凡是在打猎中捉到兔子的,就可以得到几根骨头,捉不到的就没有饭吃。于是猎狗们纷纷努力追兔子,因为谁都不愿意没饭吃。就这样过了一段时间,问题又出现了。猎狗们发现,大兔子非常难捉到,小兔子好捉,但捉到大兔子和捉到小兔子得到的骨头却差不多。于是猎狗们都只捉小兔子。猎人对猎狗说:最近你们捉的兔子越来越小了,为什么?猎狗们说:反正没有什么大的区别,为什么费那么大的劲去捉那些大的呢?猎人经过思考后,决定不将是否捉到兔子与分得骨头的数量挂钩,而是每过一段时间,就统计一次猎狗捉到兔子的总重量,按照重量决定猎狗在一段时间内的待遇。于是猎狗们捉到兔子的数量和重量都增加了。但是过了一段时间,猎人发现,猎狗们捉兔子的数量又少了,而且越有经验的猎狗,捉兔子的数量降得越厉害。于是,猎人又去问猎狗。猎狗们说:"我们把最好的时间都奉献给了您,但是我们会越来越老,当我们捉不到兔子的时候,您还会给我们骨头吃吗?"猎人做了个论功行赏的决定,分析与汇总了所有猎狗捉到兔子的数量与重量,规定如果捉到的兔子超过了一定的数量后,即使捉不到兔子,也可以得到一定数量的骨头。猎狗们都很高兴,努力去达到猎人规定的目标。这时,其中有一只猎狗说:"我们这么努力,只得到几根骨头,而我们捉的猎物远远超过了这几根骨头,我们为什么不能给自己捉兔子呢?"于是,有些猎狗离开了猎人。猎人意识到猎狗正在流失,并且那些流失的猎狗像野狗一般和自己的猎狗抢兔子。情况变得越来越糟。猎人不得已诱捕了一条野狗,问野狗到底比猎狗强在哪里。野狗说:"猎狗吃的是骨头,吐出来的是肉啊!"接着又道:"也不是所有的野狗都顿顿有肉吃,大部分最后骨头都没得舔。"于是猎人进行了改革,使得每条猎狗除基本骨头外,还可从其所猎兔肉中提成,而且随着贡献变大,该比例还可递增,并有权按比例分享猎人的所有兔肉。就这样,猎狗们与猎人一起努力,将野狗们逼得叫苦连天,纷纷强烈要求重归猎狗队伍。

这个故事告诉我们,自身的利益是每个人最注重的,要想让团队成员心甘情愿地为团队目标而努力,必须使团队成就与每个人的利益挂上钩。在人事管理当中,自我利益是最强烈的动机。所谓管理是指能够站在部属的立场来考虑,既要求他们工作,同时也为他们争取利益,并且关心他们的实际生活。同时,每个成员在各个阶段的需求可能会改变,作为团队的领导必须了解团队成员的需要,才能找到合适的激励手段。

8. 内部与外部的支持

既包括内部合理的基础结构,如适当的培训、一套易于理解的用以评估员工总体绩效的测评系统以及一个起支持作用的人力资源系统等,也包括外部给予必要的资源条件。

六、沙盘模拟过程中的团队管理

在经营沙盘模拟过程中,一个模拟企业是由至少 5 人组成的团队,CEO 是整个团队的最高指挥官,企业的团队能不能良好运作,决定了企业的战略目标能不能实现。沙盘模拟的团队的各个成员的角色是大家自愿报名、共同商议所决定的,有的时候,这些成员来自于不同学院、不同专业、不同班级,性格迥异,有的活泼,有的细致,有的长于写作,有的长于绘画……大家由于沙盘模拟聚到一起,很多时候,互相并不了解,有些时候难免意见相左,产生一些摩擦,因此,各成员之间需要磨合,互相理解,才能配合默契。

CEO 作为模拟企业的领导者,是这个团队的组织者和管理者,必须承担起协调、组织、指挥和控制的作用,从一个 CEO 的角度来说,管理这个团队是其职责的重要组成部分,而且,其管理的好坏,对模拟企业最后的经营成果有很大的影响。CEO 若要管理好这个临时组建的团队,应该做到以下几点:

1. 角色分工,发挥各人所长

在企业角色分工时,CEO 尽量去多了解你的成员的特点,针对个人特点,给予角色选择的建议,同时,也让你了解你的队员,能在企业沙盘模拟过程中发挥每个人的长处,调动每个人的工作积极性,使大家能取长补短,互相学习。

为了能更好地各得其所,建议在组建团队时,尽量不要因为彼此是朋友、关系要好而组成一队,团队中,尽量吸收不同兴趣、爱好,不同专业,不同性别,不同性格的人。在决定各个角色的时候,首先,让大家互相了解,可以先开竞选会议或者自我推介会,既增进大家互相了解,又融洽了团队氛围,CEO 也可以了解每个人的特点。然后再由大家自愿或者民主推选决定出各角色人选。

2. 通过战略,统一团队目标

在确定企业各个角色之后,企业 CEO 还要主持确定企业战略的会议,由于在沙盘模拟过程中,给各个企业商量和决策的时间很少,因此,企业必须在事先就要学习规则,尤其是关乎到每个具体角色的规则,如生产总监要了解生产线投资、折旧、转产、出卖、生产和产品结构等规则。同时,还要确定企业采用什么样的战略参与竞争,确定企业战略,是考验这个企业的团队的第一步,也是非常关键的一步。战略的制定是企业高层必须要面对的一个重大决策。通过战略的制定,大家统一认识,统一思想,统一目标,为实现企业目标而共同努力。

3. 允许争论,明确决策权力

在沙盘模拟过程中,难免会出现分歧和矛盾,尤其是当个部门都从为企业目标实现的角度提出自己不同的意见的时候,CEO 应该给予鼓励,不应该打压,但是,应该明确决策的权力归属,最后由谁决定。不能全部由 CEO 一人最后拍板,出现问题,也由 CEO 一人承担。因此,建立起一套决策机制,也是 CEO 管理好企业团队的一项重要工作。

4. 及时沟通,协调企业运作

在沙盘模拟过程中,CEO 要做好各部门的协调与沟通工作,确保信息在各部门之间能够共享,保证部门之间信息联系,避免各自为政,协调各部门目标。如当营销总监需要开发新市场的时候,财务总监认为企业资金比较紧张,不宜开发,这时,CEO 要从中做好协调工作,既要看营销总监的决定是否符合企业战略,又要看财务总监是否做好了财务预算,财务预算是否符合企业战略,然后,召集各部门商讨,寻求合理的解决方案。

5. 权责清楚,避免互相指责

企业各部门主管都有自己的权力和责任,CEO 应该确保权力和责任都能落实到每个角色,不能出现"做好做坏一个样,做与不做一个样",因此,在企业没有人力资源总监的情况下,CEO 应该担当起这一重任,保证人人有事做,事事有人做。另外,当出现决策失误的时候,责任应该明确,但是,要避免大家互相指责,破坏团结的氛围。

6. 以身作则，既分工又合作

CEO 是企业的最高指挥官，是这个团队的最高将领，俗话说"兵熊熊一个，将熊熊一窝"，一个企业的 CEO 要带领大家去打仗，必须以身作则，给大家树立一个好的榜样。有时候，如果 CEO 对企业的经营状况漠不关心，指挥运营的时候，声音有气无力，大家会受到 CEO 的影响，情绪不高，士气低落，决策失误不断，盘面混乱，记录不完整、不规范，问题频现，漏洞百出。

企业运营管理是一项极其复杂的工作，就算是一个沙盘模拟的企业，也暗含了很多的管理理论和哲学，这一工作不可能也离不开团队。在运营的过程中，既要分工明确，又要各部门协作，共同承担起这一重任，齐心协力，推动企业更好、更快地发展，最终才能赢得胜利。

 **学习测评**

一、知识测评

    1. 什么是团队？团队有哪些类型？

    2. 团队与普通群体有何区别？

    3. 卓越的团队有何特点？

    4. 如何打造卓越而有效的团队？

二、技能测评

贝尔宾团队角色：

说明：对下列问题的回答，可能在不同程度上描绘了您的行为。每题有八句话，请将总分十分分配给每题的八个句子。分配的原则是：最体现您行为的句子分最高，以此类推。最极端的情况也可能是十分全部分配给其中的某一句话。请根据您的实际情况把分数填入后面的得分表中。得分最高的 2～3 个角色便是你的团队角色。

1. 我认为我能为团队作出的贡献是：

    A. 我能很快地发现并把握住新的机遇。

    B. 我能与各种类型的人一起合作共事。

    C. 我生来就爱出主意。

    D. 我的能力在于，一旦发现某些对实现集体目标很有价值的人，我就及时把他们推荐出来。

    E. 我能把事情办成，这主要靠我个人的实力。

    F. 如果最终能导致有益的结果，我愿面对暂时的冷遇。

    G. 我通常能意识到什么是现实的，什么是可能的。

    H. 在选择行动方案时，我能不带倾向性，也不带偏见地提出一个合理的替代方案。

2. 在团队中，我可能有的弱点是：

    A. 如果会议没有得到很好的组织、控制和主持，我会感到不痛快。

    B. 我容易对那些有高见而又没有适当地发表出来的人表现得过于宽容。

    C. 只要集体在讨论新的观点，我总是说得太多。

    D. 我的客观看法，使我很难与同事们打成一片。

    E. 在一定要把事情办成的情况下，我有时使人感到特别强硬以至专断。

    F. 可能由于我过分重视集体的气氛，我发现自己很难与众不同。

    G. 我易于陷入突发的想象之中，而忘了正在进行的事情。

H. 我的同事认为我过分注意细节,总有不必要的担心,怕把事情搞糟。

3. 当我与其他人共同进行一项工作时:

   A. 我有在不施加任何压力的情况下,去影响其他人的能力。

   B. 我随时注意防止粗心和工作中的疏忽。

   C. 我愿意施加压力以换取行动,确保会议不是在浪费时间或离题太远。

   D. 在提出独到见解方面,我是数一数二的。

   E. 对于与大家共同利益有关的积极建议我总是乐于支持的。

   F. 我热衷寻求最新的思想和新的发展。

   G. 我相信我的判断能力有助于作出正确的决策。

   H. 我能使人放心的是,对那些最基本的工作,我都能组织得"井井有条"。

4. 我在工作团队中的特征是:

   A. 我有兴趣更多地了解我的同事。

   B. 我经常向别人的见解进行挑战或坚持自己的意见。

   C. 在辩论中,我通常能找到论据去推翻那些不甚有理的主张。

   D. 我认为,只要计划必须开始执行,我有推动工作运转的才能。

   E. 我有意避免使自己太突出或出人意料。

   F. 对承担的任何工作,我都能做到尽善尽美。

   G. 我乐于与工作团队以外的人进行联系。

   H. 尽管我对所有的观点都感兴趣,但这并不影响我在必要的时候下决心。

5. 在工作中,我得到满足,因为:

   A. 我喜欢分析情况,权衡所有可能的选择。

   B. 我对寻找解决问题的可行方案感兴趣。

   C. 我感到,我在促进良好的工作关系。

   D. 我能对决策有强烈的影响。

   E. 我能适应那些有新意的人。

   F. 我能使人们在某项必要的行动上达成一致意见。

   G. 我感到我的身上有一种能使我全身心地投入到工作中去的气质。

   H. 我很高兴能找到一块可以发挥我想象力的天地。

6. 如果突然给我一件困难的工作,而且时间有限,人员不熟:

   A. 在有新方案之前,我宁愿先躲进角落,拟定出一个解脱困境的方案。

   B. 我比较愿意与那些表现出积极态度的人一道工作。

   C. 我会设想通过用人所长的方法来减轻工作负担。

   D. 我天生的紧迫感,将有助于我们不会落在计划后面。

   E. 我认为我能保持头脑冷静,富有条理地思考问题。

   F. 尽管困难重重,我也能保证目标始终如一。

   G. 如果集体工作没有进展,我会采取积极措施去加以推动。

   H. 我愿意展开广泛的讨论意在激发新思想,推动工作。

7. 对于那些在团队工作中或与周围人共事时所遇到的问题:

   A. 我很容易对那些阻碍前进的人表现出不耐烦。

B. 别人可能批评我太重分析而缺少直觉。

C. 我有做好工作的愿望,能确保工作的持续进展。

D. 我常常容易产生厌烦感,需要一两个有激情的人使我振作起来。

E. 如果目标不明确,让我起步是很困难的。

F. 对于我遇到的复杂问题,我有时不善于加以解释和澄清。

G. 对于那些我不能做的事,我有意识地求助于他人。

H. 当我与真正的对立面发生冲突时,我没有把握使对方理解我的观点。

得分统计表

题号	CW	得分	CO	得分	SH	得分	PL	得分	RI	得分	ME	得分	TW	得分	FI	得分
1	G		D		F		C		A		H		B		E	
2	A		B		E		G		C		D		F		H	
3	H		A		C		D		F		G		E		B	
4	D		H		B		E		G		C		A		F	
5	B		F		D		H		E		A		C		G	
6	F		C		G		A		H		E		B		D	
7	E		G		A		F		D		B		H		C	
总分																

性格特质分析:

1. 实干家 CW(company worker)

   A. 典型特征:保守;顺从;务实可靠

   B. 积极特性:有组织能力、实践经验;工作勤奋;有自我约束力

   C. 能容忍的弱点:缺乏灵活性;对没有把握的主意不感兴趣

   D. 在团队中的作用:(1)把谈话与建议转换为实际步骤;(2)考虑什么是行得通的,什么是行不通的;(3)整理建议,使之与已经取得一致意见的计划和已有的系统相配合

2. 协调员 CO(coordinator)

   A. 典型特征:沉着;自信;有控制局面的能力

   B. 积极特性:对各种有价值的意见不带偏见地兼容并蓄,看问题比较客观

   C. 能容忍的弱点:在智能以及创造力方面并非超常

   D. 在团队中的作用:

   (1)明确团队的目标和方向

   (2)选择需要决策的问题,并明确它们的先后顺序

   (3)帮助确定团队中的角色分工、责任和工作界限

   (4)总结团队的感受和成就,综合团队的建议

3. 推进者 SH(shaper)

   A. 典型特征:思维敏捷;开朗;主动探索

   B. 积极特性:有干劲,随时准备向传统、低效率、自满自足挑战

C. 能容忍的弱点:好激起争端,爱冲动,易急躁

D. 在团队中的作用:

(1)寻找和发现团队讨论中可能的方案

(2)使团队内的任务和目标成形

(3)推动团队达成一致意见,并朝向决策行动

4. 智多星 PL(planter)

A. 典型特征:有个性;思想深刻;不拘一格

B. 积极特性:才华横溢;富有想象力;智慧;知识面广

C. 能容忍的弱点:高高在上;不重细节;不拘礼仪

D. 在团队中的作用:

(1)提供建议

(2)提出批评并有助于引出相反意见

(3)对已经形成的行动方案提出新的看法

5. 外交家 RI(resource investigator)

A. 典型特征:性格外向;热情;好奇;联系广泛;消息灵通

B. 积极特性:有广泛联系人的能力;不断探索新的事物;勇于迎接新的挑战

C. 能容忍的弱点:事过境迁,兴趣马上转移

D. 在团队中的作用:

(1)提出建议,并引入外部信息

(2)接触持有其他观点的个体或群体

(3)参加磋商性质的活动

6. 监督员 ME(monitor uator)

A. 典型特征:清醒;理智;谨慎

B. 积极特性:判断力强;分辨力强;讲求实际

C. 能容忍的弱点:缺乏鼓动和激发他人的能力;自己也不容易被别人鼓动和激发

D. 在团队中的作用:

(1)分析问题和情景

(2)对繁杂的材料予以简化,并澄清模糊不清的问题

(3)对他人的判断和作用作出评价

7. 凝聚者 TW(team worker)

A. 典型特征:擅长人际交往;温和;敏感

B. 积极特性:有适应周围环境以及人的能力;能促进团队的合作

C. 能容忍的弱点:在危急时刻往往优柔寡断

D. 在团队中的作用:

(1)给予他人支持,并帮助别人

(2)打破讨论中的沉默

(3)采取行动扭转或克服团队中的分歧

8. 完美主义者 FI(finisher)

A. 典型特征:勤奋有序;认真;有紧迫感

B. 积极特性:理想主义者;追求完美;持之以恒

C. 能容忍的弱点:常常拘泥于细节;容易焦虑;不洒脱

D. 在团队中的作用：

（1）强调任务的目标要求和活动日程表

（2）在方案中寻找并指出错误、遗漏和被忽视的内容

（3）刺激其他人参加活动，并促使团队成员产生时间紧迫的感觉

模块二 CFO:财务谋划

模块导读

　　沙盘模拟中,各个企业的初始状态是相同的。然而经过6年的经营,各企业的经营业绩往往相差甚远:有的企业业绩高歌猛进,所有者权益翻番甚至更多;有的企业则步履维艰,经营得十分困难;有的企业经营急转直下,两三年即宣告破产。

　　诺贝尔奖获得者 Herbert Simon 认为"管理就是决策",经营成果的差异关键在于各企业所采取的决策的不同;而正确的决策则需要建立在及时、有效的信息之上。财务相关的信息涵盖了企业经营的方方面面,企业的财务总监需要综合梳理这些信息,结合财务预算与控制、财务分析规避经营风险,提升企业决策水平,最终提升企业经营绩效。沙盘模拟中财务总监除了完成资金筹集、现金管理、编制报表等基本工作外,还需完成财务谋划工作。

任务一　财务预算

　　沙盘模拟中企业经常出现资金不足的情况,此时需要融资;沙盘中融资的首选渠道为银行贷款(短期贷款、长期贷款),但很多企业应所有者权益的限制而无法申请短期贷款和长期贷款,不得不选择利息昂贵的高利贷;此外,也有些企业因资金断流而破产。要想较好地规避财务风险,控制好企业的资金,则需要财务预算。沙盘模拟中,财务总监除了"记账"等工作外,还有一项重要的任务,就是开展财务预算相关工作,而该项工作涉及企业的各个部门,需要各部门的合作。

　　知识目标

1. 了解财务预算的意义;
2. 理解财务预算的思想;
3. 掌握财务预算与控制的方法。

　　技能目标

1. 在确定企业各种投资计划的基础上,能够编制财务预算相关表格;
2. 学会利用现金流预算信息分析企业的投资计划合理性,指导企业经营。

任务情境

　　沙盘模拟中,某小组在第四年年初的订货会上"大获全胜",拿到了最多的订单,总销售额超过了90M;此时企业产能也相当旺盛,拥有多条全自动生产线,可以生产 P1、P2 产品,P3 产品也已经研发过半,小组在年度规划会议上制定了激进的计划:继续购置1条全自动生产线,完成 P3 产品的研发,开拓亚洲、国际市场……前两个季度,一切按照计划顺利执行;然而到第三季度初,需要归还40M短期贷款时,财务总监发现现金库中只有28M,短期贷款的本金都无法归还,更不用提利息了,无奈之下,企业只得通过应收账款的贴现获得部分资金,但也为此付出了5M的财务费用,企业当年利润受到了较大影响。

如果你是该企业的财务总监,你知道为什么企业需要开展财务预算相关工作吗?你知道如何编制财务预算相关表格吗?你知道如何用预算信息指导企业日后的经营吗?

一、财务预算及其意义

财务预算是一系列专门反映企业未来一定时期内预计财务状况和经营成果,以及现金收支等价值指标的各种预算的总称,具体包括现金预算、预计利润表、预计资产负债表和预计现金流量表等内容。

财务预算是财务管理中重要内容之一,对企业的经营管理有着重要的意义,表现在如下几个方面:

1. 财务预算可以提升企业决策水平

财务预算是把未来经费管理纳入当前视线下的一种管理方法,是保障企业完成目标的重要保障。财务预算管理是对企业经费使用的一种客观战略管理,防止企业在生产投资等领域的短视行为。

2. 财务预算有助于资源的合理分配,提升企业沟通与协调能力

企业的资源是有限的,而企业的各个部门往往会根据本部门的需要提出一定的资源要求,如何合理分配有限的资源是企业管理中重要的问题。通过财务预算,可以将有限的资源优先分配给获利能力较高的部门、项目或产品,从而得到更大的产出。此外,财务预算的编制也是企业各个部门参与的公共活动,在此过程中各部门可加强横向与纵向的沟通,提升管理人员的合作意识。

3. 财务预算有助于企业运营控制及绩效评估

财务预算可以视为一种控制标准;若将实际经营成果与期初预算相比较,可以让管理人员找出差距,分析原因,改善经营。此外,通过财务预算可以帮助企业建立相应的绩效评估机制,开展绩效评估工作。

在实际企业经营过程中,需要开展多个内容的财务预算工作,其中最为常见的是现金预算(现金预算也是ERP沙盘模拟课程的重要内容)。现金是企业的血液,企业不一定会因亏损而倒闭,但会由于现金断流而死亡;现金预算亦称现金收支预算,它是以日常业务预算和特种决策预算为基础所编制的反映现金收支情况的预算。如图3.3所示,企业的现金流入主要来源于产品的销售以及从资本市场筹集的资金,而企业的现金支出项目却很多。财务管理的功能不是简单的事后监督,更多的是事前、事中控制。然而,很多企业在经营过程中并没有做好现金预算工作,导致其现金断流,企业最终走向破产。

现金是企业所有资产中变现能力最强的资产,企业持有现金是为了满足交易性需要,现金流是企业生存发展的基本条件。在大多数行业,尤其是资金密集型行业,产品开发周期一般比较长,开发需投入的资金数额巨大,拥有良好的现金流对企业尤其重要。现金预算着眼于整个资金的运用,企业对预算期内的现金流入与流出及余额所作的详细预测,可以用来指导公司的筹资策略,合理安排公司的财务结构,通过对现金持有量的安排,既可以使企业保持较高的赢利水平,又可以使企业保持一定的流动性。

此外,现金流量也是评价企业信誉、企业发展潜力和企业价值评估的重要指标。目前很多企

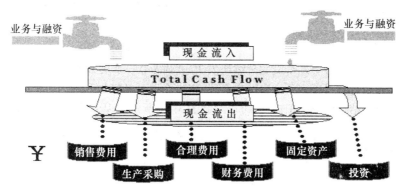

图 3.3　企业现金的流入与流出

业存在着现金管理薄弱、现金缺乏流动性等弊病,企业设定的目标多是资产总额和营业额,很少有人关注现金流量问题。加强现金管理,尤其是加强现金流量预算管理越来越重要。

二、沙盘模拟中的财务预算与控制

在市场经济条件下,竞争异常激烈,企业不但要想方设法把产品销售出去,更重要的是要及时收回货款,以便使经营活动能够持续进行,加强现金管理,尤其是加强现金流量预算管理越来越重要。现金流量预算管理,就是根据企业的生产经营计划,按照先自下而上、后自上而下的程序,通过对现金流入、流出的预测,进行综合平衡,合理安排,科学调控资金的一种管理方法。

现金预算是保证企业这艘大船避免因"触礁"而沉没的重要工具。传统的管理模式中,财务人员的工作仅仅是统计数据、编制报表、报账、记录等核算工作,只要不违反会计制度即可。然而在科学管理时代,为了提升企业的管理水平,财务人员尤其是财务主管应当成为管理型会计,必须能够预测企业现金流。那么如何做预测,做到未卜先知? 这就需要准确地制定和执行年度工作计划,当然需要采购部门、生产部门、营销部门的参与,需要实现各个部门数据的共享。沙盘模拟中企业的现金流入主要来源于产品的销售以及从资本市场筹集的资金,而企业的现金支出项目却很多。在经营规则部分中提到,企业破产的条件之一是现金断流,从沙盘模拟的实际情况来看,有相当一部分小组破产或濒临破产的重要原因就是没有做好现金流的管理,未体现财务的事前、事中控制功能,仅仅把沙盘模拟中的财务部分当成了事后的监督。

沙盘模拟中,企业在取得了销售订单后,其现金收入基本确定(当然也有其他收入形式,如向其他企业出售产品等,但这些收入所占的比例很少,在编制现金预算时可以暂时忽略)。当企业决定了投资计划、开工计划、原材料采购计划后,企业的现金支出也基本确定下来。接着就需要计算收入与支出的差额,差额为正时说明企业有多余的现金,可以用来投资或者提前偿还贷款等;差额为负,说明企业的现金不足,需要筹集新的资金或者减少现金支出。现金预算表的格式有多种,主要包含现金收入、现金支出、现金富余或不足、筹资等部分,各个小组可以根据自己的实际需要而自行设计。例如,根据沙盘模拟规则,可以设计出现金预算表。假设该企业年度计划、销售等情况如下:

期初库存现金(年初现金):39M

上年度应交税金:1M

本年度广告费:7M

支付利息(短期贷款):2M

支付到期短期贷款:20M

应收款到期(收到现金):第一季度9M,第二季度15M,第三季度0,第四季度12M

年末支付维修费:4M

年末偿还长期贷款利息:2M

年度投资情况:企业自第二季度起持续研发P2产品;第一季度开始持续投资一条半自动生产线,第三季度开始持续投资一条全自动生产线;年末企业开拓区域和国内两个市场。

根据以上信息,结合沙盘模拟规则,可以编制表3.11所示的现金预算表。

表3.11 现金预算表

	第一季度	第二季度	第三季度	第四季度
期初库存现金	39	15	14	2
支付上年应交税	1			
市场广告投放	7			
贴现费用				
利息(短期贷款)	2			
支付到期短期贷款	20			
原料采购支付现金	1	2	1	2
转产费用				
生产线投资	4	4	8	8
加工费	1	2	1	2
产品研发投资		1	1	1
收到现金前的所有支出	36	9	11	13
应收款到期	13	9		17
支付管理费用	1	1	1	1
利息(长期贷款)				2
支付到期长期贷款				
设备维护费用				4
租金				
购买新建筑				
市场开拓投资				2
ISO认证投资				
其他				
期末库存现金余额	15	14	2	−3

由表3.11可以看出,该企业在第一、二、三季度"收到现金前的所有支出"均小于"期初库存现金",且前三季度的"期末库存现金金额"为正数,说明前三个季度企业的现金准备充足,可以满足生产运营需要。但是第四季度的"期初库存现金"为2,而第四季度的"收到现金前的所有支

出"为13,说明企业在第四季度收到现金前会出现现金短缺,这时企业可以考虑融资或者改变企业原有的投资计划。

　　沙盘模拟中,多数小组在经营过程中会出现资金短缺的情况,从而导致正常经营不得不中断,甚至导致企业因现金断流而破产。产生这些情况的原因无非两点:一是企业没有编制详细的现金预算和经营计划,依靠"拍脑袋"的方式临时决定企业的生产、采购、研发、市场开拓等行动;二是没有按照经营计划执行,导致实际情况严重脱离了现金预算,使得现金预算失去了其应有的效果。总之,为应对以上情况,年度经营之初编制一份翔实的预算和经营计划是十分必要的。

学习测评

一、知识测评

　　1. 沙盘模拟中,企业破产的条件有哪些? 对企业管理者而言,财务预算有何意义?

　　2. 沙盘模拟中,在编制现金预算是否是财务总监一人能完成的? 现金预算编制前,企业需要确定哪些经营计划?

　　3. 沙盘模拟中,在编制现金预算时发现企业在收到现金前所支付的费用大于季度之初的现金量,说明企业的经营计划可行吗?

二、技能测评

　　1. 财务总监为本企业第一年经营编制财务预算。

　　2. 各个成员开会,讨论上面财务总监编制的预算,说明其可行性。

任务二　财务控制

　　企业运作过程中除了要开展财务预算工作外,还需要根据企业实际经营情况、企业所处的环境开展预算控制、资产控制、风险控制等财务控制措施。财务控制的目的是对企业投资及收益情况进行衡量和校正,保证财务计划得以实现。

　　知识目标

　　1. 财务控制的概念、特点和内容;

　　2. 沙盘模拟中财务控制的基本内容与方法。

　　技能目标

　　1. 在沙盘模拟相关决策中,能够引入财务控制的思想;

　　2. 沙盘模拟中,建立本企业的财务控制制度;

　　3. 学会控制本企业的应收账款及实物资产,严格管理与登记,发现问题及时纠正;

　　4. 在确保企业发展的同时,严格控制企业的经营成本,提升利润水平。

任务情境

　　沙盘模拟中,由于怕支付过多的利息等财务费用,D小组决定采用谨慎的融资、投资策略;前三年,从省钱的角度出发,该企业只借入了20M的长期贷款,生产部门仍然沿用初始的4条生产线(1条半自动生产线、3条手工生产线),市场方面仅开拓区域市场,广告费投入也很"稳妥"(每个市场1M广告费)。该企业可谓不折不扣的"守财奴",按理说应该攒了不少钱,但第三年年末企业所有者权益为-5M,宣告破产了。原因何在?

如果你是该企业的财务总监,你知道企业为什么需要财务控制吗?财务控制主要包括哪些内容?沙盘模拟中,企业财务控制有哪些具体措施?

任务导学

一、财务控制及其意义

财务控制是指对企业的资金投入及收益过程和结果进行衡量与校正,目的是确保企业目标以及为达到此目标所制定的财务计划得以实现。财务控制总体目标是在确保法律法规和规章制度贯彻执行的基础上,优化企业整体资源综合配置效益,实现资本保值和增值的目标;财务控制是企业理财活动的关键环节,也是确保实现理财目标的根本保证。

财务控制必须以确保单位经营的效率性和效果性、资产的安全性、经济信息和财务报告的可靠性目的。财务控制的作用主要有以下三方面,一是有助于实现公司经营方针和目标,它既是工作中的实时监控手段,也是评价标准;二是保护单位各项资产的安全和完整,防止资产流失;三是保证业务经营信息和财务会计资料的真实性和完整性。

二、沙盘模拟中的财务控制

沙盘模拟中的企业规模相对较小,资本和技术构成较低,发展时间较短,属于典型的中小企业,受自身体制和外部环境影响大等因素,财务控制方面往往存在一些薄弱环节,如财务控制制度不健全、现金管理不当、实物资产控制薄弱、粗放的成本管理等。因此,沙盘模拟企业的财务控制应当从建立严密的财务控制制度、现金流量预算、应收账款、实物资产、成本和财务风险的控制等方面入手,其内容如图3.4所示。

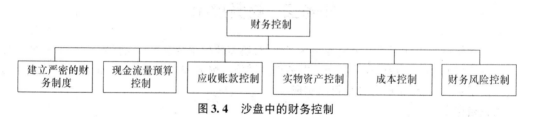

图3.4 沙盘中的财务控制

1. 建立严密的财务控制制度

对于沙盘模拟中的企业而言,要搞好财务控制,必须建立严密的财务控制制度;财务总监及其助理应当明确自己的岗位职责,不得允许企业其他人员"越俎代庖",需要严格控制企业资金的出入,并编制相关财务报表。

很多小组模拟过程中出现诸如"现金盈亏"等问题,导致年末财务报表错误,其重要的原因便是在嘈杂的环境中未做好分工,过多人员插手本应属于财务人员负责的工作。

2. 现金流量预算控制

企业财务管理首先应该关注现金流量,而不是企业利润,首先解决生存的问题而后谋求发展,这也是财务总监应当做好的基本工作。财务总监应当按照"以收定支,与成本费用匹配"的原则编制现金流的预算,严格控制现金流量,并能根据企业发展的需要及时调整,对日常现金流量进行动态控制。

3. 应收账款控制

在市场竞争日趋激烈的今天,中小企业不得不部分甚至全部以信用形式进行业务交易,由此便有了大量的应收账款。沙盘模拟中,应收账款控制相对简单,到期的应收账款可立即转换为现金,因此不存在客户违约的情况;但管理者应当注意,沙盘模拟中出售产品得到的大多是应收账款而非现金,而应收账款到期之前是不可直接使用的(除非贴现,此种情况下会增加企业的财务费用,降低利润水平),所以不能看到企业有较高的销售额就简单认为企业资金充足,分析各应收账款的到款日期是十分必要的。

4. 实物资产控制

实物资产控制是为保证企业实物资产安全完整而采取的财务控制措施;沙盘中的实物资产主要包括大小厂房、各种生产线,对于这些资产的控制也应坚持责任到人的原则,由专人负责厂房的购置与出售、生产线变更与折旧等相关工作,财务总监严格登记资产的增减情况,做到账实相符。

5. 成本控制

对于生产型企业而言,控制好其成本是取得竞争优势的重要手段之一。沙盘模拟中,企业从原材料的采购到产品的最终售出,都要采取有效的成本控制方法。所谓成本控制就是对企业生产经营过程中所发生的各种耗费进行控制,即运用一定的方法将生产过程中构成产品成本的一切耗费限定在预先确定的计划范围内,然后分析实际成本和标准成本之间的差距,找出问题,采取一定的措施以降低成本。

要想有效控制成本,必须明确成本的构成,这样才能有的放矢。生产型企业的基本生产经营活动是生产与销售企业产品;因此,在整个生产与销售过程中所有支出的总和就构成了企业的成本,一般由产品成本和经营成本两大部分构成,如图3.5所示。

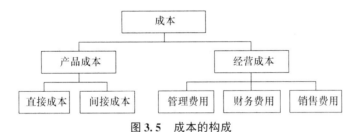

图3.5　成本的构成

产品成本是指构成产品的费用,包括间接成本和直接成本。直接成本包括直接材料费和直接人工费。间接成本是指产品的制造费用,即按一定标准分配计入产品成本的费用。沙盘模拟中,正常经营情况下,构成产品成本的各项内容基本固定,压缩空间较为有限,但仍有几点需要注意:对于已经折旧完毕的手工生产线(生产线净值为1M)、半自动生产线(生产线净值为2M),在生产能力有限,且需要每年消耗1M的维护费,若企业其他生产线的生产能力充足,则可以考虑出售手工生产线和半自动生产线;又如,有的企业没有认真分析企业当年的生产计划,采购总监为避免"缺料"的情况而采购了大量原材料(超过生产所需),则占用了大量流动资金。

经营成本是指企业行政管理部门组织和管理生产、销售产品、提供劳务等所发生的各项费用。这类费用因与制造产品没有直接联系,因而不计入产品成本,也不构成产品成本项目。经营成本包括以下三项费用:

(1)管理费:指企业行政管理部门为管理和组织生产经营活动发生的各项费用,例如业务招待费和坏账损失等。沙盘模拟中,各企业每个季度需要支付1M的管理费,因此该项费用没有压缩空间。

(2)财务费用:指企业为筹集资金而发生的各项费用,如利息净支出、汇兑净损失、调剂外汇手续费和金融机构手续费等;沙盘模拟中,财务费用包括各种贷款的利息、应收账款贴现所支付的费用,因此企业要想控制好财务费用,需要确定好融资规模(融资不能太多,多了浪费财务费用;也不能太少,少了影响经营计划的执行),并选择好合适的融资渠道(长期贷款、短期贷款、高利贷、贴现等需要支付的财务费用是不同的)。

(3)销售费用:指企业在销售产品、自制半成品和提供劳务等过程中发生的各项费用(含设置销售机构的开支),如运输费、装卸费、包装费、销售部门人员的工资、职工福利费、差旅费、办公费等。沙盘模拟中,销售费用所占比例较大,往往存在较多浪费现象。例如,有的企业为了抢订单或市场"老大"地位,无序地开拓新市场,且在年初订货会上不计成本地投入大量广告费,而并不考虑企业接到的订单是否有利润,结果造成销售成本的急剧上升,个别企业的销售成本甚至超过了销售额。因此在开拓新市场、广告费的投入等问题上应当理性分析,不能逞一时之勇。

6. 财务风险控制

财务风险(financial risk)是指公司财务结构不合理、融资不当使公司可能丧失偿债能力而导致投资者预期收益下降的风险。企业举债经营会对企业自有资金的盈利能力造成影响,由于负债要支付利息,债务人对企业的资产有优先的权利,万一公司经营不善,或有其他不利因素,则公司资不抵债,破产倒闭的危险就会加大;但是另一方面,有效地利用债务,可以大大地提高企业的收益,当企业经营好、利润高时,高负债会带来企业的高速增长。因此,对于筹资所带来的风险,财务总监需要有深刻的认识。

 学习测评

一、知识测评

1. 企业为什么需要进行财务控制?沙盘模拟中财务控制的内容主要有哪些?

2. 沙盘模拟中,企业产品的成本由哪些部分组成?哪些成本是固定的,哪些是可以压缩的?

二、技能测评

1. 你在本企业经营过程中是如何控制成本的?

2. 沙盘模拟中,企业是否需要财务控制制度?如何保证本小组的财务制度得以实施?

模块三 CSO：营销谋划

 模块导读

沙盘模拟中，对于模拟企业来讲，如何利用好有限的资金，使企业利益最大化是各个角色学员必须要关注的问题，而面对众多竞争对手，企业想要突出重围，必须采取合适的策略开展各项业务活动，在各项活动中，营销活动是直接与竞争对手接触的活动，因此，其策略性就显得尤为重要。本模块从市场开发、产品研发、广告投放与订单选取三个方面介绍 ERP 沙盘模拟经营过程中几种常用的营销策略。通过本模块学习，学员将掌握一些营销方面的策略。

任务一　市场开发策略

在沙盘模拟中，各个市场由于在需求量、开发周期等方面差异，企业会从中选择开发对实现自己战略最有帮助的市场，因此，竞争在市场开发时就开始了。选择合适的市场进行开发，有时可以使企业投入较少的广告费就取得理想的订单。通过本任务学习，学员将掌握通过市场分析，采取合适的市场开发策略。

知识目标
1. 掌握市场策略的含义及内容；
2. 掌握市场开发的策略。

技能目标
1. 能够结合市场预测进行市场分析；
2. 能够制定市场开发策略。

任务情境

沙盘模拟即将开始第一至六年的自主经营，面对相同的企业综合实力与不同的管理能力，各模拟企业急需制定适合自己的企业发展策略。模拟企业 A 的营销总监认为单纯以低值产品走量获利的方式是难以让企业持续、高速、健康发展的，必须开发更具价值的产品，并且要在多个市场进行推广；生产总监认为新产品的开发与多市场并行，必须要提高生产效率，扩大生产能力，只有这样才能为销售提供强有力的支持；物流总监认为及时准确地提供企业生产原料的种类和数量，对生产乃至销售至关重要；财务总监认为合理的负债和持续的获利是企业生存发展的关键，盲目扩张不仅增加企业资金负担，还可能导致收益下降，流动资金紧张甚至断链而破产；总经理则认为企业的发展与壮大应该具有梯度性，循序渐进，不能急于求成和片面追求多产品多市场，而应当将产品有针对性地锁定在特定市场持续保持主导优势。最终企业决定选择性地优先开发五大

市场中易于开发的区域和国内市场,后续开发其他市场;每个市场选择两种产品进行销售,并有一个是主打产品。

面对模拟企业 A 的决策,结合市场预测情况制定市场开发策略。

 **任务导学**

一、市场策略

市场策略是指企业在复杂的市场环境中,为达到一定的营销目标,对市场上可能发生或已经发生的情况与问题所作的全局性策划。

市场策略按不同分类标准可分为如下三类:

1. 按其内容分

(1)市场渗透策略,这种策略的目的在于增加老产品在原有市场上的销售量。即企业在原有产品和市场的基础上,通过提高产品质量、加强广告宣传、增加销售渠道等措施来保持老用户、争取新用户,逐步扩大产品的销售量,提高原有产品的市场占有率。

(2)市场开拓策略,又称市场开发策略。它包括两个方面的内容,一是给产品寻找新的细分市场;二是企业为老产品寻找新的用途,在传统市场上寻找、吸引新的消费者,扩大产品的销售量。

(3)市场发展策略,又称新产品市场策略。企业为了保持市场占有率、取得竞争优势,并不断扩大产品销售,就必须提高产品质量、改进产品,刺激、增加需求。

(4)混合市场策略,为了提高竞争力,企业不断开发新的产品,并利用新的产品开拓新的市场。

2. 按其性质划分

(1)进攻策略,是指在一个竞争性的市场上,主动挑战市场竞争对手的策略。采取进攻型策略的既可以是行业的新进入者,也可以是那些寻求改善现有地位的既有公司。进攻性行动的中心可以是一项新技术、一项新开发出来的核心能力、一种具有革新意义的产品,新推出的某些具有吸引力的产品性能特色,以及在产品生产或营销中获得的某种竞争优势,也可以是某种差别化的优势。

(2)防守策略,又称为稳定型策略,是指在内外环境的约束下,企业准备在策略规划期使企业的资源分配和经营状况基本保持在目前状态和水平上的策略。按照稳定型策略,企业目前所遵循的经营方向及其正在从事经营的产品和面向的市场领域,企业在其经营领域内所达到的产销规模和市场地位都大致不变或以较小的幅度增长或减少。从企业经营风险的角度来说,稳定型策略的风险是相对较小的,对于那些曾经成功地在一个处于上升趋势的行业和一个不大变化的环境中活动的企业会很有效。

(3)撤退策略,又称紧缩型策略,是指企业从目前的策略经营领域和基础水平收缩和撤退,且偏离起点策略较大的一种经营策略。与稳定型策略和增长型策略相比,紧缩型策略是一种消极的发展策略。一般地,企业实施紧缩型策略只是短期的,其根本目的是使企业挨过风暴后转向其他的策略选择。有时,只有采取收缩和撤退的措施,才能抵御竞争对手的进攻,避开环境的威胁和迅速地实现自身资源的最优配置。可以说,紧缩型策略是一种以退为进的策略。

3. 按产品在市场上的寿命周期划分

分为导入期产品的市场策略、成长期产品的市场策略、成熟期产品的市场策略、衰退期产品的市场策略。

二、市场开发策略

市场开发策略是企业用现有的产品开辟新的市场领域的策略。如果市场上企业现有的产品已经没有进一步渗透的余地,就必须设法开辟新的市场,比如将产品由城市推向农村,由本地区推向外地区等等。

市场开发实施的常用措施有:

(1)将本企业原有产品打入从未进入过的市场;

(2)在市场寻找潜在用户,激发其购买欲望,扩大新市场的占有率;

(3)增加新的销售渠道,灵活运用各种中间商的销售途径,开发新的市场。

三、市场分析

1. ERP 沙盘模拟市场环境分析

在 ERP 沙盘模拟经营中,市场预测信息在开始经营时通过电子表格发布给各个模拟企业,因此模拟企业就省去了实际采集数据的环节,剩下的就是从一系列的表格与趋势图中分析发现市场的内在价值,具体预测结果如图 3.6 所示。分析预测图可得如下结论:

(1)国际市场是一个风险市场,除 P1 产品需求较为稳定外,其他产品需求数量及市场价格均较低,竞争激烈。

(2)市场需求整体较为旺盛,在各个市场的主打产品选择上应根据该市场的竞争对手决策作出调整,避免主打产品集中的情况发生。

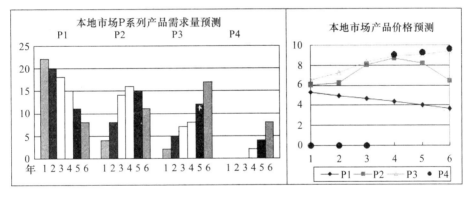

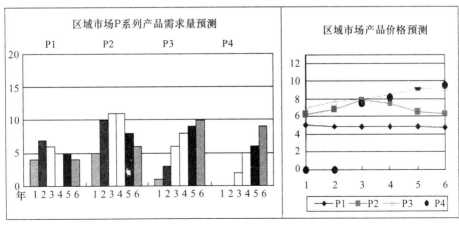

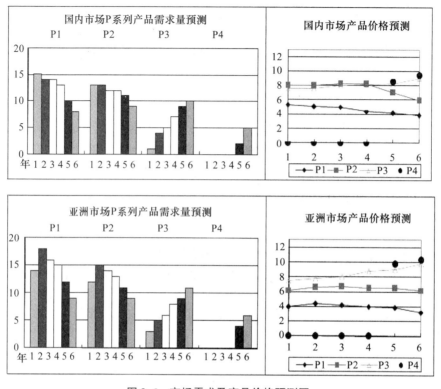

图 3.6　市场需求及产品价格预测图

（3）在市场地位不利的情况下，可以采取弱化市场主打产品的策略，争取更多的小额订单，以达到提升销售额的目的。

（4）生产能力与供应能力需要协调发展。

2. 细分市场分析

在进入某特定市场前，模拟企业依据市场预测信息，对各市场产品需求量、价格水平及二者的变化趋势进行分析，发现市场背后隐藏的价值。

根据市场预测提供的数据，整理六年各市场各产品总体需求量、价格水平等的数据如表3.12所示。

表 3.12　市场总需求量及价格水平表

		本地市场	区域市场	国内市场	亚洲市场	国际市场
P1	总需求	95	36	58	50	51
	平均单价	4.38	4.85	4.48	3.9	5.57
	平均毛利	2.38	2.85	2.28	1.9	3.57
P2	总需求	66	57	55	49	23
	平均单价	7.36	6.85	7.4	6.73	6.93
	平均毛利	4.36	3.85	4.4	3.73	3.93

续表

		本地市场	区域市场	国内市场	亚洲市场	国际市场
P3	总需求	48	36	34	32	13
	平均单价	8.28	8.04	8.06	8.56	7.93
	平均毛利	4.28	4.04	4.06	4.56	3.93
P4	总需求	24	24	11	11	5
	平均单价	9.03	8.93	8.83	9.95	9
	平均毛利	4.03	3.93	3.83	4.95	4
	总需求	233	153	158	142	92
	总获利	816.02	561.81	566.01	478.14	343.55
	平均获利	3.50	3.67	3.58	3.37	3.73

　　由此可知,五个市场中,本地市场的产品需求数量最大,总获利能力也最高,但是平均获利却很低;国内市场总需求、总获利位居第二,平均获利排名第三,是一个比较均衡的市场;国际市场的市场总需求和总获利最低,但是平均获利最高,这符合现实的市场规律。

四、市场开发决策

　　假设模拟企业 A 开发了 P1、P2、P3、P4 四种产品,那么市场开发的策略之一如下:

　　(1)优先开发区域市场和国内市场,及时开发亚洲市场,酌情开发国际市场;

　　(2)产品开发应在尽可能短的时间内完成;

　　(3)逐步提高生产供应能力,逐步弱化市场主导产品,寻求市场与产品均衡发展。

学习测评

一、知识测评

　　1. 市场策略具体有哪些?

　　2. 市场排名靠后、生产能力较小、现金流较为稳定的企业适合什么样的市场开发策略?

二、技能测评

　　1. 统计第一年各市场各产品总体需求量、价格水平等的数据,填入下表。

第一年市场总需求量及价格水平表

		本地市场	区域市场	国内市场	亚洲市场	国际市场
P1	总需求					
	平均单价					
	平均毛利					
P2	总需求					
	平均单价					
	平均毛利					

		本地市场	区域市场	国内市场	亚洲市场	国际市场
P3	总需求					
	平均单价					
	平均毛利					
P4	总需求					
	平均单价					
	平均毛利					
总需求						
总获利						
平均获利						

2. 确定本企业市场开发策略,决定开发哪些市场,并说明原因。

任务二　产品研发策略

产品研发是进行产品生产和销售的前提。在沙盘模拟中,由于企业资金和市场竞争方面的考虑,往往不是开发所有产品,而是有选择地开发。那么,究竟应该选择开发哪些产品？什么时机开发？这是企业的一个策略问题。本任务主要介绍产品研发的策略。通过本任务学习,学员能了解新产品研发的一些常见的策略。

知识目标

1. 了解新产品的含义及分类;
2. 理解新产品研发的策略;
3. 了解模拟企业新产品研发对企业发展的作用。

技能目标

1. 能够根据模拟企业战略制定产品开发策略;
2. 能够根据市场竞争情况,调整产品开发进度与品种。

任务情境

结合任务一,模拟企业面临着选取哪些产品作为企业的主导产品,集中企业的生产能力在第一、二、三年获得较高的收益以应对产品、市场开发及生产投资带来的所有者权益降低的不利因素。模拟企业 A 在第一年经营中为了提高生产供应能力,投入大批资金建成了 2 条全自动生产线和 1 条柔性生产线,还开发了区域市场;并且,第二年开发完成国内市场,第三年将会开发完成亚洲市场。但是第一年没有开发新产品,在第二年的订货会上,A 企业在本地和区域市场中仅获得了少量 P1 订单,而强大的生产能力使得在第二季度末就积压了 10 个 P1 产品。面对严重的困境,企业召开临时会议,商讨新产品研发问题。

综合分析市场需求及企业 A 的困境,制定新产品研发策略。

一、新产品开发简介

1. 新产品开发的含义

新产品开发是指从研究选择适应市场需要的产品开始到产品设计、工艺制造设计,直到投入正常生产的一系列决策过程。

2. 新产品开发的分类

从不同的角度可以把新产品开发分为不同的类型。

(1)按新产品创新程序分类

①全新新产品。是指利用全新的技术和原理生产出来的产品。

②改进新产品。是指在原有产品的技术和原理的基础上,采用相应的改进技术,使外观、性能有一定进步的新产品。

③换代新产品。采用新技术、新结构、新方法或新材料在原有技术基础上有较大突破的新产品。

(2)按新产品所在地的特征分类

①地区或企业新产品。指在国内其他地区或企业已经生产但本地区或本企业初次生产和销售的产品。

②国内新产品。指在国外已经试制成功但国内尚属首次生产和销售的产品。

③国际新产品。指在世界范围内首次研制成功并投入生产和销售的产品。

(3)按新产品的开发方式分类

①技术引进新产品。是直接引进市场上已有的成熟技术制造的产品,这样可以避开自身开发能力较弱的难点。

②独立开发新产品。是指从用户所需要的产品功能出发,探索能够满足功能需求的原理和结构,结合新技术、新材料的研究独立开发制造的产品。

③混合开发的产品。是指在新产品的开发过程中,既有直接引进的部分,又有独立开发的部分,将两者有机结合在一起而制造出的新产品。

二、企业新产品开发的可行性

1. 商业可行性

检验商业可行性的结果将证实新产品或服务是否会有市场,顾客是否愿意购买你的新产品或接受你的服务,他们对你的新产品或服务究竟有多大的需求,你是否可以从新产品或服务中赢利。比如,某游泳池决定在其游泳服务的项目中增加一项健身服务。他们认为这是很自然的事,因为顾客可以在游泳之前先锻炼一下身体。在组织了几场小组座谈会之后,他们得到了一些非常有利信息的反馈。于是他们决定先选一个点进行检验,结果也是非常好,于是他们决定继续进行新项目开发计划。

2. 企业内部条件

企业必须检查是否有足够的能力支持新产品的开发。这些能力包括技术能力、成本投入能力、经营网络能力等。

(1)技术可行性。检验技术可行性必须要求企业的生产能力以及产品或服务能实现设计的功能。比如,某公司开发新产品的原型,将这种新产品安在一个正常的灯泡上可使灯泡的使用寿命延长10倍,市场前景非常可观;而且他们可以利用自己闲置的机器生产这种产品。但存在的问题是需要找到一种能抗高温的黏合剂。他们自己没有这方面的技术能力开发这种抗高温的黏合剂,若与国际上较先进的厂商合作开发,费用将远远超出利润,因此从整体上来分析,这是不成功的。

(2)成本投入能力。规模越大,资金投入越大,成本回收就越慢。如果没有数千万的资金准备和两年内准备回笼投资的思想准备,做高档品牌的结果一定没有好结果。Levi'S 牛仔第一次通过韩国代理商进入上海时,一年的时间花掉了上千万元,不得不撤退就是不成功的典型例子。

(3)经营网络能力。如果你只熟悉低档市场,拥有一批低档产品的代理商。那么,你的产品最好定位在低档范围,否则,不仅会造成原有资源的浪费,另外开发新的商业网络也需要雄厚的资本,使企业不堪负担;更重要的是,重新开发商业网络未必能达到预期的目的。

三、企业新产品开发策略的类型

企业开发什么样的产品,这是一个重大的策略选择。产品开发的角度不同,从而形成不同的产品开发策略类型。

1. 按产品开发的新颖程度进行分类,有四种策略可供选择

(1)全新型新产品开发策略。全新型新产品是指新颖程度最高的一类新产品,它是运用科学技术的新发明而开发和生产出来的,具有新原理、新技术、新材质等特征的产品。选择和实施此策略,需要企业投入大量资金,拥有雄厚的技术基础,开发实力强,同时花费时间长,并需要一定的需求潜力,故企业承担的市场风险比较大。调查表明,全新产品在新产品中只占 10% 左右。

(2)换代型新产品开发策略。换代型新产品使原有产品发生了质的变化。选择和实施换代型新产品开发策略,只须投入较少的资金,费时不长,就能改造原有产品,使之成为换代新产品,具有新的功能,满足顾客新的需要。

(3)改进型新产品开发策略。所开发的新产品与原产品相比,只发生了量的变化,即渐进的变化,同样能满足顾客新的需求。这是代价最小、收获最快的一种新产品开发策略,但容易被竞争者模仿。

(4)仿制型新产品开发策略。开发这种产品不需要太多的资金和尖端的技术,因此比研制全新产品要容易得多,但企业应注意对原产品的某些缺陷和不足加以改造,并结合市场的需要进行改进,而不应全盘照抄。

以上四种产品开发策略中,第一类开发策略,一般企业实施较难,只有大型企业或特大型企业在实行"产学研"联合开发工程的条件下,才能仿效;第二、三、四类开发策略,多数企业选择和实施较为容易,且能迅速见效。多数企业应着重考虑选择第二、第三和第四种新产品开发策略。

2. 按产品开发的范围和水平进行分类,有三类策略可供选择

(1)地区级新产品开发策略。这里所指的"地区级",是指省、市、自治区一级。也就是新产品开发达到省、市、自治区一级水平的策略。凡我国其他省(市、自治区)已经开发和生产的新产品,本省(市、自治区)还没有这种新产品,某企业率先开发和生产出来,经有关部门鉴定和确认,则属于本省(市、自治区)一级新产品。

(2)国家级新产品开发策略。这是指新产品开发达到国家一级水平的策略。国家级新产品,是指在全国范围内新出现的产品。凡国外已率先开发和生产,国内尚没有这类产品,国内某企业率先开发和生产出来,经国家有关主管部门鉴定和确认,则属于国家级新产品。

(3)国际级新产品开发策略。这是指新产品开发达到国际一级水平的策略。国际级新产品是指:①在国际市场上尚未出现、本国某企业率先开发和生产出来的先进产品。②国外虽然已经出现某种新产品,国内企业在掌握国外新产品特点的基础上,开发出性能更好、水平更高的同类产品,属于国际领先产品。

以上三种新品开发策略,可以由低向高逐级选择和实施,即先选择第一级地区级新产品开发策略,实施成功后再选择第二级即国家级新产品开发策略,这一策略实施成功后,再选择第三级即国际级新产品开发策略。凡条件好的,也可跳跃式开发,企业还没有地区级新产品,可直接开发国家级新产品;有些企业拥有地区级新产品,但还没有国家级新产品,只要条件允许,可选择开发国际级新产品的策略。

四、企业实施新产品开发策略需要解决的几个问题

1. 关于新产品的创意问题

发现市场机会,寻求新产品创意,提出新观点的可能有各种人员。企业内部各个部门是一大来源,但更为广泛的来源在企业外部,如中间商、专业咨询机构、教学和科研机构、政府部门,特别是广大消费者,他们的意见直接反映着市场需求的变化倾向。因此,企业必须注意和各方面保持密切的联系,经常倾听他们的意见,并对这些意见进行归纳和分析,以发现新的市场机会。在这方面经常采取的方法有:

(1)询问调查法。即通过上门询问或采取问卷调查的方式来搜集意见和建议,作为分析的依据,从中寻找和发现市场机会。

(2)德尔菲法。即通过轮番征求专家意见来从中寻找和发现市场机会。

(3)召开座谈会。如召开消费者座谈会、企业内部人员座谈会、销售人员座谈会、专家座谈会等,搜集意见和建议。

(4)课题招标(承包)法。即将某些方面的环境变化趋势对企业市场营销的影响,以课题的形式进行招标或承包,由中标的科研机构或承包的专门小组(或人员)在一定期限内拿出他们的分析报告,从中寻找和发现市场机会。

(5)头脑风暴法。亦称"操脑术"活动,即将有关人员召集在一起,不给任何限制,对任何人提出的意见,哪怕是异想天开,也不能批评。通过这种方法,来搜集那些从常规渠道或常规方法中得不到的意见,从中寻找和发现有价值的市场机会。

2. 关于新产品的营销问题

(1)为新产品定价。新产品定价分为受专利保护的创新产品的定价和仿制新产品的定价。

①受专利保护的创新产品的定价策略:撇脂定价和渗透定价。撇脂定价,是指在产品生命周期的最初阶段,把产品的价格定得很高,以攫取最大利润,犹如从鲜奶中撇取奶油。企业之所以能这样做,是因为有些购买者主观认为某些高价商品具有很高价值。渗透定价,即企业把它的创新产品的价格定得相对较低,以吸引大量顾客,提高市场占有率。

②仿制新产品的定价策略:要开发某种仿制的新产品的企业面临着产品定位问题,它需要决定:在产品质量或价格上,其产品应定位于何处。就新产品质量和价格而言,企业有九种可供选择的策略:优质高价策略;优质中价策略;优质低价策略;中质高价策略;中质中价策略;中质低价策略;低质高价策略;低质中价策略;低质低价策略。如果市场领导者正采取优质高价策略,新来者就应采取其他策略。

(2)促销新产品。制定一个营销计划,说明你将如何把新产品投放目标市场并加以促销。该计划应包括媒体、采购点、邮寄点或其他计划使用的广告方法。如果通过销售队伍销售产品,那么需要制定一些销售策略,需要为销售人员提供新产品所需要的促销工具和有关信息。这些工具包括销售手册、最新的价目表等等。如果利用营销代理或广告代理,那么在你作出开发新产品的决定之后,你应让他们参与以后的一些过程。他们能帮助你决定什么方法是推销你新产品

的最佳方法。

（3）把新产品送到消费者手中。企业需要制定一个把产品送到顾客手中的交货计划。如果你是向零售商销售,这时你需要事先拿到他们的订单,并确立一个交货的方法。如果企业提供的是新的服务,一定要确保员工都受到足够的培训,能有效地提供服务。简而言之,你需要针对把新产品交到市场的所有后勤问题制定一个详细计划。

3. 关于新产品商业化问题

在新产品上市以前,企业应做好以下决策:何时推出新产品,何地推出新产品,向谁推出新产品,如何推出新产品。

（1）何时推出新产品。指企业高层管理者要决定在什么时间将新产品投放市场最适宜。例如,如果某种新产品是用来替代老产品的,就应等到老产品的存货被处理掉后再将这种新产品投放市场,以免冲击老产品的销售,造成损失。

（2）何地推出新产品。指企业高层管理者要决定在什么地方(某一地区、某些地区、全国市场或国际市场)推出新产品最适宜。选择市场时要考察这样几个方面:市场潜力,企业在该地区的声誉,投放成本,该地区调查资料质量的高低,对其他地区的影响力以及竞争渗透能力。此外竞争情况也十分重要,它同样可以影响到新产品商业化的成功。

（3）向谁推出新产品。指企业高层管理者要把分销和促销目标面向最优秀的顾客群。这样做的目的是要利用最优秀的顾客群带动一般顾客,以最快的速度、最少的费用扩大新产品的市场占有率。

（4）如何推出新产品。企业管理部门要制定开始投放市场的市场营销策略。这里,首先要对各项市场营销活动分配预算,然后规定各项活动的先后顺序,从而有计划地开展市场营销管理。

企业应选择一个最适宜新产品上市的时间,在最适宜的地点,向最需要新产品的顾客,以最恰当的方式推出新产品。如法国白兰地通过给艾森豪威尔总统做寿,借势生势,集广告、公关等手段于一体,将市场渗透、开拓、扩张并行,成功地进入并占有了相当份额的美国市场;河南韶绍酒1997年以为董建华先生做寿为由进入香港市场,与法国白兰地进入美国市场有异曲同工之妙,而且借助世界瞩目的1997香港回归达到了向国际市场渗透的目的。

五、模拟企业新产品研发实例

沙盘模拟中,关于产品和市场的组合多种多样,根据排列组合的计算可知总共有20种组合(四种产品和五个市场),按照六组模拟的规模,每组可以选择其中的三个组合而互不重复。组合情况如表3.13所示。

表3.13 产品市场组合

	本地	区域	国内	亚洲	国际
P1	本P1	区P1	内P1	亚P1	际P1
P2	本P2	区P2	内P2	亚P2	际P2
P3	本P3	区P3	内P3	亚P3	际P3
P4	本P4	区P4	内P4	亚P4	际P4

如果六个模拟企业能够彼此协商划定产品市场组合:每组选择三个不同的组合,放弃剩余的两组分别是国际市场P4组合和国际市场P3组合,并且保证第二年后每组每年都能至少有两个组合能够有资格在市场中选单,这样,虽然模拟企业的最终赢利额会有差异,但是企业的竞争被

降低到最小,基础投资可以做到最优,没有企业会在经营中轻易破产,不过这是理想情况。

在实际经营中,很难实现这种状态。企业在经营中追逐利益最大化是其本质决定的,在利益的驱动下,只要有机会能够获得新的销售额就会采取必要手段开拓市场,最终假设的均衡格局被打破,模拟企业间又陷入竞争和重新排序,达到一个新的消费市场均分的平衡状态。

模拟企业在起始年拥有本地市场准入和 P1 产品生产的资格,按照产品研发的规则,最短的时间也需要 6 个季度,按照企业 A 在第二年第二季度末的时间点召开会议,最早在第三年第四季度开发完成,因此我们关注第四年、第五年、第六年该产品在市场中的需求总量和价格水平。

根据"任务一"中的市场预测信息分析,P4 产品在所有市场中的需求量比较少,考虑到自身的市场地位,争取 P4 订单的机会不大,因此放弃 P4 产品研发,将重点放在 P2、P3 产品上,从第二年第三季度开始连续投资 6 季度,同时研发 P2、P3 产品。关于产品如何研发在"应战篇"已有介绍,在此不重复说明。

第三年末,企业已经具备了 P1、P2、P3 生产资格,现在的问题是如何将积压的 P1 产品及时地销售出去将在"任务三"中详细介绍。

这里需要说明的是:很多模拟企业经营者片面认为 P1、P2 产品是低端产品,利润太低而逐渐放弃,转而生产 P3、P4 产品,这样不仅增加了市场竞争的风险,同时也使得企业产品结构相对单调,利润来源受到限制,如果再加上市场开发拖后,最终会导致企业产品积压,资金紧张,利润降低,阻碍企业的后续发展。

学习测评

一、知识测评

1. 沙盘模拟新产品研发的优势与风险有哪些?
2. 企业新产品开发策略有哪些?

二、技能测评

1. 在 ERP 沙盘模拟经营中,本地市场 P1 需求量逐年减少,请制定该市场的产品开发策略。
2. 营销总监拟定本企业的产品—市场组合策略,并评估该策略的机会与风险。(依据 CIO 获取的竞争对手情报进行分析)

任务三 广告投放与订单选取策略

在沙盘模拟中,广告投放与订单选取有着密切的关系,有时候,广告投得多,虽然可能拿到较大额度的订单,但是单位广告的产出却很小。因此,在经营过程中,确定合理的广告投放额度并能在市场和产品上合理地分配是企业广告投放策略的重点所在。在广告投放之后,每年一度的订单选取也是重要的一环,企业必须在保证不违约的情况下,争取到最有利于本企业的订单。通过本任务的学习,学员能够掌握合理确定广告投放额和合理分配广告的策略以及选单时需要考虑的因素,在经营中尽量提高广告的效用。

知识目标

1. 了解广告策略类型;
2. 理解广告投放及订单选取的影响因素。

技能目标

1. 能够熟练地根据广告策略填写广告登记表;

2. 能够合理地确定广告投放额度；

3. 能够合理分配广告；

4. 能够选择对本企业较为有利的订单。

 **任务情境**

　　沙盘模拟经营进入第二年，企业 A 目前的状况如下：期初现金 39M，上年度无利润不需要纳税，第二年第一季度归还短贷 20M，拥有本地和区域两个市场，本地市场排名第三，期初库存 P1 产品 4 个，第三季度拥有 P2 生产资格，第一季度 1 条柔性生产线投入使用，现有的 3 条手工生产线和 1 条半自动生产线用来生产 P1 产品，市场预测信息如下：

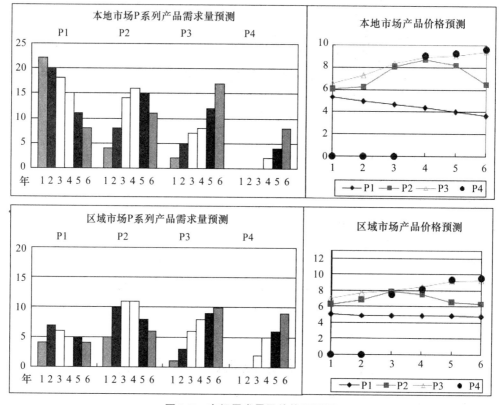

图 3.7　市场需求量及价格预测图

　　另外，其他四个企业具有区域市场准入资格，其中有两个企业也具有 P2 生产资格，产能与企业 A 相当。

　　针对企业 A 及其所处的环境，制定广告投放计划，解决 P1 产品积压和区域市场市位问题。

 **任务导学**

一、广告策略简介

　　广告策略是指广告策划者在广告信息传播过程中，为实现广告策略目标所采取的对策和应用的方法、手段。

1. 广告策略的表现形式

广告策略通常有如下 5 种：

（1）配合产品策略而采取的广告策略，即广告产品策略；

（2）配合市场目标采取的广告策略，即广告市场策略；

（3）配合营销时机而采取的广告策略，即广告发布时机策略；

（4）配合营销区域而采取的广告策略，即广告媒体策略；

（5）配合广告表现而采取的广告表现策略。广告策略必须围绕广告目标，因商品、因人、因时、因地而异，还应符合消费心理。

2. 广告策略的主要类型

（1）生活信息广告策略

这主要是针对理智购买的消费者而采用的广告策略。这种广告策略，通过类似新闻报道的手法，让消费者马上能够获得有益于生活的信息。

（2）塑造企业形象广告策略

这种广告策略一般来说，适合于老厂、名厂的传统优质名牌产品。这种广告策略主要是强调企业规模的大小及其历史性，从而诱使消费者依赖其商品服务形式。也有的是针对其产品在该行业同类产品中的领先地位，为在消费者心目中树立领导者地位而采取的一种广告策略。

（3）象征广告策略

这种广告策略，主要是为了调动心理效应而制定的。企业或商品通过借用一种东西、符号或人物来代表商品，以此种形式来塑造企业的形象，给予人们以情感上的感染，唤起人们对产品质地、特点、效益的联想。同时，由于把企业和产品的形象高度概况和集中在某一象征上，便于记忆、扩大影响。

（4）承诺式广告策略

这是企业为使其产品赢得用户的依赖而在广告中作出某种承诺式保证的广告策略。值得提出的是，承诺式广告的应用，在老产品与新产品上的感受力度和信任程度有所不同。承诺式广告策略的真谛是：所作出的承诺，必须确实能够达到；否则，就变成地道的欺骗广告了。

（5）推荐式广告策略

企业与商品自卖自夸的保证，未必能说服人。于是，就要采用第三者向消费者强调某商品或某企业的特征的推荐式广告策略，以取得消费者的信赖。所以这种广告策略，又可称为证言形式。对于某种商品，专家权威的肯定、科研部门的鉴定、历史资料的印证、科学原理的论证，都是一种很有力的证言，可以产生"威信效应"，从而导致信任。在许多场合，人们产生购买动机，是因为接受了有威信的宣传。

（6）比较性广告策略

这是一种针对竞争对手而采用的广告策略，即是将两种商品同时并列，加以比较。欧美的一些国家广告运用得较多。"不怕不识货，就怕货比货"，比较，可以体现产品的特异性能，是调动信任的有效方法，比较的方法主要有：功能比较、革新对比、品质对比。

（7）打击伪冒广告策略

这是针对伪冒者而采取的广告策略。鉴于市场上不断出现伪冒品，为避免鱼目混珠，维护企业名牌产品的信誉，就需在广告中提醒消费者注意其名牌产品的商标，以防上当。

（8）人性广告策略

这是把人类心理上变化万千的感受加以提炼和概括，结合商品的性能、功能和用途，以喜怒哀乐的感情在广告中表现出来的手法。其最佳的表现手法是塑造消费者使用该产品后的欢乐气氛,通过表现消费者心理上的满足来保持该产品的长期性好感。

（9）猜谜式广告策略

即不直接说明是什么商品,而是将商品渐次地表现出来,让消费者好奇而加以猜测,然后一语道破。这种策略适宜于尚未发售之前的商品。猜谜式广告策略,看起来似乎延缓了广告内容的出台时间,其实却延长了人们对广告的感受时间。通过悬念的出现,使原来呈纷乱状态的顾客心理指向在一定时间内围绕特定对象集中起来,为顾客接受广告内容创造了比较好的感受环境和心理准备,为顾客以后更有效地接受广告埋下了伏笔。

（10）如实广告策略

这是一种貌似否定商品,实则强化商品形象,争取信任的广告策略。这与竭力宣传本商品各种优点,唯恐令人不信的广告有很大区别。如实广告就是针对消费者不了解商品的情况,如实告诉消费者应当了解的情况。

二、产能预测

根据"任务情境"中的生产能力,作出如下预测:

（1）现有 P1 产品 4 个,第二年 P1 最大产量 8 个,总计最多 12 个。

（2）P2 产品第三季度才能开始生产,单独使用柔性生产线年总产量为 2 个,若调用半自动生产线可再多生产 1 个,不过由于需要 1Q 的转产期,P1 的总产量将会减少到 11 个。

三、市场需求预测

（1）P1 产品本地市场需求量为 20 个,区域市场需求量为 7 个,且两市场价格均在 5M/个。

（2）P2 产品本地市场需求量为 8 个,均价 6M/个,区域市场需求量为 10 个,均价 7M/个。

四、广告投放

1. 本地市场 P1 产品广告投放

进入第二年,由于本地市场的"市场老大"已经产生,按照第一年该市场销售额排名先后选单的规则,大额广告投放的方式已经没有意义,因此在本地市场上的广告投放以基本广告费投入和争取第二次选单机会为主要目标。但是考虑到本地市场 P1 总需求量为 20 个,订单数量预计不超过 6 张,对于排名第三的企业 A 来说,第二次选单的机会渺茫,所以,企业 A 在本地市场 P1产品的广告投放情况如表 3.14 所示 P1 产品本地部分。

2. 本地市场 P2 产品广告投放

根据本地市场 P2 产品市场预测需求量为 8 个,订单数量预计在 3 个左右,排名第三的企业 A 获得第三个订单的可能性很大。但是由于 P2 开发完成的时间是第二季度,各模拟企业的产能均有限,因此,企业 A 应做好选取前两名放弃大订单的准备,但总数量不能超过 3 个,广告投放以至少能争取 1～2 个 P2 为宜,广告投放情况如表 3.14 所示 P2 产品本地部分。

3. 区域市场 P1 产品广告投放

由于有四个模拟企业具有区域市场准入资格且有两个 P2 产能与企业 A 相当的企业,对于全新的区域市场,四家企业的选单机会便和广告费的总量密切相关,广告投放的决策不再像本地市场那样具可预测性,广告投放的策略和模拟企业的经营风格息息相关,主要分为保守型、中庸型和冒险型三类。在此,我们假设企业 A 属于中庸型经营企业(另外两种类型的企业广告投放策略将在"技能测评"中供大家讨论确定),由于区域市场 P1 产品第二年总需求仅为 7 个左右,订单数量预计不超过 3 张,由此,每张订单的产品数量非常有限,利润空间较小,过多的广告投放并不能带来应有的回报,广告投放情况如表 3.14 所示 P1 产品区域部分。

4. 区域市场 P2 产品广告投放

鉴于企业 A 在区域市场上的广告投放较为保守,而 P2 产品在区域市场上的总需求在 10 个左右,订单数量预计在 4 张左右,即使只投下 1M 的最低广告费,也能获取 1 张订单,因此,区域市场 P2 的广告投放可适当增加,目的之一:为区域市场产品 P1 争取更靠前的选单机会;目的之二:在本地市场 P2 选单不理想的情况下保证 P2 产品不至于积压过多,因此广告投放情况如表 3.14 所示 P2 产品区域部分。

表 3.14　广告投放表

___组　第___年广告投放单

产品	本地	区域	国内	亚洲	国际	合计
P1	1	3				4
P2	1	5				6
P3						
P4						
合计	2	8				10

至此,第二年企业 A 的本地、区域市场的 P1、P2 产品的广告投放便已完成,如表 3.14 所示,按照此策略投入广告,可达到缓解 P1 积压的问题、保持本地市场排名不降、争取区域市场排名靠前和 P2 及时销售的效果,最重要的一点是广告投放总费用得到了很好的控制。

五、订单选取策略

沙盘模拟中,每张订单的市场、产品、数量、单价、总额、交货期、应收账期、ISO 都是各模拟企业选择订单的评价指标,根据模拟企业现状来决定是否选择该订单,具体可以分为如下策略:

1. 总额优先

当模拟企业生产供应能力充足、力求争取市场地位或尽力消除库存产品以保证现金流时,常常考虑总额较大的订单。这种策略也是在企业进入新市场时常常采用的。

2. 市场优先

当模拟企业为了巩固在某特定市场的市场地位、看中某市场的单个产品利润率或为了争取该市场的市场地位时,常常会将主要的供应能力锁定在某个市场中。这也是市场细分策略的具体实施。

3. 交货期优先

当模拟企业生产供应能力有限、生产能力计划不明确、订单数量较多时,常常考虑交货期较长的订单,以降低交货期太短而引起的订单违约风险。

4. 应收账期优先

当模拟企业现金流较小或遇到还贷、投资压力时,常常会优先考虑提前交货并尽可能快地收到销售货款,这样应收账期越短就对模拟企业越有利。

学习测评

一、知识测评

1. 模拟企业 A 拥有本地和区域市场的老大地位,请问在这两个市场的广告如何投放?

2. 广告投放是否需要计入综合费用表？投入过多是否会影响净利润？

二、技能测评

1. 假设企业 A 是保守型企业，请制定广告投放策略、填写表格并说明投放依据。

广告投放表
___组　第___年广告投放单

产品	本地	区域	国内	亚洲	国际	合计
P1						
P2						
P3						
P4						
合计						

2. 假设企业 A 是冒险型企业，请制定广告投放策略、填写表格并说明投放依据。

广告投放表
___组　第___年广告投放单

产品	本地	区域	国内	亚洲	国际	合计
P1						
P2						
P3						
P4						
合计						

模块四 COO:生产谋划

 **模块导读**

> 在沙盘模拟中,生产总监要安排产品生产和生产线投资。产品生产需要按照生产计划进行生产,控制生产进度,协调采购、生产与销售。生产线投资是一项具有策略性的活动,因为生产线建成之后第二年开始折旧,并且建成后不管生产产品与否,都需要交纳维护费,所以提前建成生产线,不仅占用资金,而且造成生产能力浪费。因此,选择合适的时机投资建设生产线是生产线投资的策略性表现之一。此外,因为沙盘模拟中的生产线可以生产任何产品,但是,生产效率、转产费用及时间、投资费用是有差别的,所以,选择哪种类型的生产线也是生产线投资初期必须要考虑的问题。本模块主要介绍生产总监如何编制生产计划,如何合理地进行生产线投资的问题。通过本模块学习,学员可以利用MRP的基本思想编制企业生产计划,根据企业战略确定生产线投资规划。

任务一 生产计划编制

沙盘模拟企业在生产经营过程中,生产计划是企业生产和安排采购的前提,因此模拟企业制定科学、合理的生产计划是关键的一步。对于模拟企业来说,企业的生产计划就是要决定每条生产线什么时候生产、生产什么。因此,制定开工计划的同时也就完成了生产计划的编制。本任务主要介绍生产计划的编制。通过本任务的学习,学员将掌握在沙盘模拟中如何编制企业开工完工计划。

知识目标

1. 了解生产计划、主生产计划的含义;
2. 了解生产计划编制的原则;
3. 理解主生产计划的流程。

技能目标

1. 能够安排生产线生产任务;
2. 能够按照订单制定企业生产计划(开工完工计划)。

任务情境

模拟企业A经营进入第五年,在过去的四年经营中,企业致力于技术含量较高的P3、P4产品的生产和销售,P2产品作为市场附属品,在第二年就放弃了P1产品的生产;市场方面则是积极投放广告,不放弃每一个市场每一种产品的选单机会;生产中心也积极扩张生产加工能力:3条全自动生产线、2条半自动生产线;财务上拥有较高的权益,融资并不困难,销售额在众企业中也遥遥领先。然而,在利好的势头后面,企业 A 却被这样的问题困扰着:多个市场强大的订单争取能力,使得每年 P2、P3、P4 产品的数量变化较大,需求总量很不稳定,即使提前储备较多的产品,仍然不能避免频繁转产及偶尔违约的情况发生,在年初的工作会议上,生产总监要求增加柔性生产线来解决转产问题,但是在尽可能争取更多订单的情况下如何制定有效的生产计划、避免订单违约仍然没有很好的决策。

结合企业 A 的情况,从企业信息化的角度制定主生产计划。

一、主生产计划

1. 主生产计划的定义

主生产计划(MPS),也称产品出产进度计划,主生产计划是一个重要的 ERP 的计划层次。粗略地说,主生产计划是关于"将要生产什么"的一种描述。

ERP 有五个计划层次,即经营规划、销售和生产规划、主生产计划、物料需求计划和能力需求计划。生产规划是按产品族来计划生产的,必须先把关于产品族的生产信息分解成关于产品的生产信息,才能据以运行 MRP,主生产计划在其中起着承上启下、从宏观计划到微观计划过渡的作用。

主生产计划(MPS)是预先建立的一份计划,由主生产计划员负责维护,是确定每一具体的最终产品在每一具体时间段内生产数量的计划。

这里的最终产品是指对于企业来说最终完成、要出厂的完成品,它要具体到产品的品种、型号。这里的具体时间段,通常是以周为单位,在有些情况下,也可以是日、旬、月。主生产计划详细规定生产什么、什么时段应该产出,它是独立需求计划。主生产计划根据客户合同和市场预测,把经营计划或生产大纲中的产品系列具体化,使之成为展开物料需求计划的主要依据,起到了从综合计划向具体计划过渡的承上启下作用。主生产计划必须考虑客户订单和预测、未完成订单、可用物料的数量、现有能力、管理方针和目标等等。因此,它是生产计划工作的一项重要内容。

2. 主生产计划的对象

主生产计划的计划对象主要是把生产规划中的产品系列具体化以后的出厂产品,通称最终项目,所谓"最终项目"通常是独立需求件,对它的需求不依赖于对其他物料的需求而独立存在。但是由于计划范围和销售环境不同,作为计划对象的最终项目其含义也不完全相同。

从满足最少项目数的原则出发,下面对三种制造环境分别考虑 MPS 应选取的计划对象。

(1)面向库存生产的公司:用很多种原材料和部件制造出少量品种的标准产品,则产品、备品备件等独立需求项目成为 MPS 计划对象的最终项目。对产品系列下有多种具体产品的情况,有时要根据市场分析估计产品占系列产品总产量的比例。此时,生产规划的计划对象是系列产品,而 MPS 的计划对象是按预测比例计算的。产品系列同具体产品的比例结构形式,类似一个产品结构图,通常称为计划物料或计划 BOM。

(2)面向订单生产的公司:最终项目一般就是标准定型产品或按订货要求设计的产品,MPS 的计划对象可以放在相当于 T 形或 V 形产品结构的低层,以减少计划物料的数量。如果产品是标准设计或专项,最终项目一般就是产品结构中 0 层的最终产品。

(3)面向订单装配的公司:产品是一个系列,结构相同,表现为模块化产品结构,都是由若干基本组件和一些通用部件组成。每项基本组件又有多种可选件,有多种搭配选择(如轿车等),从而可形成一系列规格的变型产品,可将主生产计划设立在基本组件级。在这种情况下,最终项目指的是基本组件和通用部件。这时主生产计划是基本组件(如发动机、车身等)的生产计划。

电脑制造公司可用零配件来简化 MPS 的排产。市场需求的电脑型号,可由若干种不同的零部件组合而成,可选择的零配件包括:6 种 CPU、4 种主板、3 种硬盘、1 种软驱、2 种光驱、3 种内存、4 种显示器、3 种显卡、2 种声卡、2 种 Modem、5 种机箱电源。基于这些不同的选择,可装配出的电脑种类有 $6 \times 4 \times 3 \times \cdots \cdots = 103680$ 种,但主要的零配件总共只有 $6+4+3+\cdots \cdots = 35$ 种,零配件的总数比最终产品的总数少得多。显然,将 MPS 定在比最终产品(电脑)这一层次低的某一级(零配件)比较合理。经过对装配过程的分析,确定只对这些配件进行 MPS 的编制,而对最后生成的 103680 种可选产品,将根据客户的订单来制订最终装配计划。这种生产计划环境即面向订单装配。实际编制计划时,先根据历史资料确定各基本组件中各种可选件占需求量的百分比,并以此安排生产或采购,保持一定库存储备。一旦收到正式订单,只要再编制一个总装计划(FAS),规定从接到订单开始,核查库存、组装、测试检验、发货的进度,就可以选装出各种变型产品,从而缩短交货期,满足客户需求。

3. 主生产计划的约束条件

编制主生产计划(MPS)时要确定每一具体的最终产品在每一具体时间段内的生产数量。它所需要满足的约束条件是:

(1)主生产计划所确定的生产总量。必须等于总体计划确定的生产总量。该约束条件包括两个方面:

第一个方面是,每个月某种产品各个型号的产量之和等于总体计划确定的该种产品的月生产总量;

第二个方面是,总体计划所确定的某种产品在某时间段内的生产总量(也就是需求总量)应该以一种有效的方式分配在该时间段内的不同时间生产。

当然,这种分配应该是基于多方面考虑的,例如,需求的历史数据、对未来市场的预测、订单以及企业经营方面的其他考虑。此外,主生产计划既可以周为单位,也可以日、旬或月为单位。当选定以周为单位以后,必须根据周来考虑生产批量(断续生产的情况下)的大小,其中重要的考虑因素是作业交换成本和库存成本。

(2)在决定产品批量和生产时间时必须考虑资源的约束。

与生产量有关的资源约束有若干种,例如设备能力、人员能力、库存能力(仓储空间的大小)、流动资金总量等等。在制定主生产计划时,必须首先清楚地了解这些约束条件,根据产品的轻重缓急来分配资源,将关键资源用于关键产品。

4. 主生产计划的编制原则

主生产计划是根据企业的能力确定要做的事情,通过均衡地安排生产实现生产规划的目标,使企业在客户服务水平、库存周转率和生产率方面都能得到提高,并及时更新、保持计划的切实可行和有效性。主生产计划中不能有超越可用物料和可能能力的项目。在编制主生产计划时,应遵循这样一些基本原则。

(1)最少项目原则:用最少的项目数进行主生产计划的安排。如果 MPS 中的项目数过多,就会使预测和管理都变得困难。因此,要根据不同的制造环境,选取产品结构不同的级,进行主生产计划的编制,使得在产品结构这一级的制造和装配过程中,产品(或)部件选型的数目最少,以改进管理评审与控制。

(2)独立具体原则:要列出实际的、具体的可构造项目,而不是一些项目组或计划清单项目。这些产品可分解成可识别的零件或组件。MPS 应该列出实际的要采购或制造的项目,而不是计划清单项目。

（3）关键项目原则：列出对生产能力、财务指标或关键材料有重大影响的项目。对生产能力有重大影响的项目，是指那些对生产和装配过程起重大影响的项目。如一些大批量项目，造成生产能力的瓶颈环节的项目或通过关键工作中心的项目。对财务指标而言，指的是与公司的利润效益最为关键的项目。如制造费用高，含有贵重部件，昂贵原材料，高费用的生产工艺或有特殊要求的部件项目。也包括那些作为公司主要利润来源的，相对不贵的项目。而对于关键材料而言，是指那些提前期很长或供应厂商有限的项目。

（4）全面代表原则：计划的项目应尽可能全面代表企业的生产产品。MPS 应覆盖被该 MPS 驱动的 MRP 程序中尽可能多的组件，反映关于制造设施，特别是瓶颈资源或关键工作中心尽可能多的信息。

（5）适当裕量原则：留有适当余地，并考虑预防性维修设备的时间。可把预防性维修作为一个项目安排在 MPS 中，也可以按预防性维修的时间，减少工作中心的能力。

（6）适当稳定原则：在有效的期限内应保持适当稳定。主生产计划制订后在有效的期限内应保持适当稳定，那种只按照主观愿望随意改动的做法，将会破坏系统原有的正常的优先级计划，削弱系统的计划能力。

5. 主生产计划的编制步骤

编制主生产计划一般要经过以下步骤：

（1）根据生产规划和计划清单确定对每个最终项目的生产预测。

（2）根据生产预测、已收到的客户订单、配件预测以及该最终项目作为非独立需求项的需求数量，计算总需求。

（3）根据总需求量和事先确定好的订货策略和批量，以及安全库存量和期初库存量，计算各时区的主生产计划接收量和预计可用量。使用如下公式从最初时区推算：

第 $K+1$ 时区的预计可用量 = 第 K 时区预计可用量 + 第 $K+1$ 时区主生产计划接收量 − 第 $K+1$ 时区的总需求量（$K=0,1,\cdots\cdots$）

第 0 时区预计可用量 = 期初可用量

在计算过程中，如预计可用量为正值，表示可以满足需求量，不必再安排主生产计划量；如预计库存量为负值，则在本时区计划一个批量作为主生产计划接收量，从而给出一份主生产计划的备选方案。在此过程中，要注意均衡生产的要求。

（4）用粗能力计划评价主生产计划备选方案的可行性，模拟选优，给出主生产计划报告。

虽然经营规划、预测和生产规划可为主生产计划的编制提供合理的基础，但随着情况的变化，主生产计划期的改变仍是不可避免的。为了寻求一个比较稳定的主生产计划，提出了时界的概念，向生产计划人员提供一个控制计划的手段。

在计划展望期内最近的计划期，其跨度等于或略大于最终产品的总装配提前期；稍后的计划期其跨度加上第 1 计划期的跨度等于或略大于最终产品的累计提前期。这两个计划期的分界线称为需求时界，它提醒计划人员，早于这个时界的计划已在进行最后阶段，不宜再作变动；第二个计划期和以后的计划期的分界线称为计划时界，它提醒计划人员，在这个时界和需求时界之间的计划已经确认，不允许系统自动更改，必须由主生产计划员来控制；在计划时界以后的计划系统可以改动。通过两种时界向计划人员提供一种控制手段。

在制定主生产计划的过程中涉及一系列的量，具体包括：

（1）生产预测

生产预测用于指导主生产计划的编制，使得主生产计划员在编制主生产计划时能遵循生产规划的目标。它是某产品类的生产规划总生产量中预期分配到该项产品的部分，其计算通常使用百分比计划清单来分解生产规划。

（2）未兑现的预测

未兑现的预测是在一个时区内尚未由实际客户订单兑现的预测，它指出在不超过预测的前提下，对一个最终项目还可以期望得到多少客户订单。计算方法是以某时区的预测值减去同一时区的客户订单。但是早于需求时界的累计未兑现预测如何处理，典型的MRPⅡ软件将提供不同的策略供用户选择，或移到需求时界之后的第一个时区，或忽略不计。

（3）总需求

某个时区的总需求量即为本时区的客户订单、未兑现的预测和非独立需求之和。

（4）可签约量（available to promise，简记为ATP）

签约量等于主生产计划量减去实际需求。此项计算从计划展望期的最远时区由远及近逐个时区计算。如果在一个时区内需求量大于计划量，超出的需求可从早先时区的可签约量中预留出来。

（5）累计可签约量

从最早的时区开始，把各个时区的可签约量累加到所考虑的时区即是这个时区的累计可签约量。它指在不改变主生产计划的前提下，积累到目前所考虑的时区为止，关于此最终项目还可向客户作出多大数量的供货承诺。

一般，主生产计划员首先根据总需求量、ATP、预计可用量和时界策略来制定主生产计划，然后，当新的操作数据产生时，再对主生产计划进行维护。

例中，生产规划量、百分比清单、生产预测、配件预测、客户订单、非独立需求以及期初库存可用量都是事先给定的。对早于需求时界的未兑现预测，则采用移至需求时界后第1时区的策略。然后用上面的方法计算各个时区的主生产计划量，给出一份主生产计划备选方案。

6. 主生产计划编制的技巧

在主生产计划的基本模型中，并未考虑利用生产速率的改变、人员水平的变动或调节库存来进行权衡、折中。但是，总体计划是要考虑生产速率、人员水平等折中因素的，因此，在实际的主生产计划制定中，是以综合计划所确定的生产量而不是市场需求预测来计算主生产计划量。也就是说，以总体计划中的生产量作为主生产计划模型中的预测需求量。总体计划中的产量是按照产品系列来规定的，为了使之转换成主生产计划中的市场需求量，首先需要对其进行分解，分解成每一计划期内对每一具体型号产品的需求。在做这样的分解时，必须考虑到不同型号、规格的适当组合，每种型号的现有库存量和已有的顾客订单量相等，然后，将这样的分解结果作为主生产计划中的需求预测量。

总而言之，主生产计划应是对总体计划的一种具体化，当主生产计划以上述方式体现了总体计划的意图时，主生产计划就成为企业整个经营计划中的一个重要的、不可或缺的部分。

7. 不同生产类型中的主生产计划的变型

主生产计划是要确定每一具体的最终产品在每一具体时间段内的生产数量。其中的最终产品是指，对于企业来说最终完成的要出厂的产品。但实际上，这主要是指大多数"备货生产型"（make-to-stock）的企业而言。在这类企业中，虽然可能要用到多种原材料和零部件，但最终产品的种类一般较少，且大都是标准产品，这种产品的市场需求的可靠性也较高。因此，通常是将最终产品预先生产出来，放置于仓库，随时准备交货。

在另外一些情况下，特别是随着市场需求的日益多样化，企业要生产的最终产品的"变型"是很多的。所谓变型产品，往往是若干标准模块的不同组合。例如，以汽车生产为例，传统的汽车生产是一种大批量备货生产类型，但在今天，一个汽车装配厂每天所生产的汽车可以说几乎没有两辆是一样的,因为顾客对汽车的车身颜色、驱动系统、方向盘、座椅、音响、空调系统等不同部件可以自由选择,最终产品的装配只能根据顾客的需求来决定,车的基本型号也是由若干不同部件组合而成的。

例如,一个汽车厂生产的汽车,顾客可选择的部件包括:3 种发动机(大小)、4 种传动系统、2 种驱动系统、3 种方向盘、3 种轮胎尺寸、3 种车体、2 种平衡方式、4 种内装修方式、2 种制动系统。基于顾客的这些不同选择,可装配出的汽车种类有 3×4×2… = 10368 种,但主要部件和组件只有 3+4+2+… = 26 种,即使再加上对于每辆车来说都是相同的那些部件,部件种类的总数也仍比最终产品种类的总数要少得多。因此,对于这类产品,一方面,对最终产品的需求是非常多样化和不稳定的,很难预测,因此保持最终产品的库存是一种很不经济的做法。而另一方面,由于构成最终产品的组合部件的种类较少,因此预测这些主要部件的需求要容易得多,也精确得多。所以,在这种情况下,通常只是持有主要部件和组件的库存,当最终产品的订货到达以后,才开始按订单生产。这种生产类型被称为组装生产(assemble-to-order)。这样,在这种生产类型中,若以要出厂的最终产品编制 MPS,由于最终产品的种类很多,该计划将大大复杂化,而且由于难以预测需求,计划的可靠性也难以保证。因此,在这种情况下,主生产计划(MPS)是以主要部件和组件为对象来制定的。例如,在上述汽车厂的例子中,只以 26 种主要部件为对象制定 MPS。当订单来以后,只需将这些部件作适当组合,就可在很短的时间内提供顾客所需的特定产品。

还有很多采取订货生产类型(make-to-order)的企业,如特殊医疗器械、模具等生产企业,当最终产品和主要的部件、组件都是顾客订货的特殊产品时,这些最终产品和主要部件、组件的种类比它们所需的主要原材料和基本零件的数量可能要多得多。因此,类似于组装生产,在这种情况下,主生产计划(MPS)也可能是以主要原材料和基本零件为对象来制定的。

二、主生产计划流程

在制造资源计划(MRPⅡ)实施过程中,主生产计划作为一项核心业务,将企业的多个部门紧密联系在一起,系统流程如图 3.8 所示。

三、编制模拟企业 A 的生产计划

假设:模拟企业 A 第一年状态

(1)生产线:有 3 条手工生产线,1 条半自动生产线,在制品状态按照第四年第四季度末状态摆放。

(2)产品:P1。

(3)市场:本地、区域。

(4)企业第一年不转产、不停产、不变卖生产线。

企业 A 的生产计划及物料采购计划如表 3.15 所示。

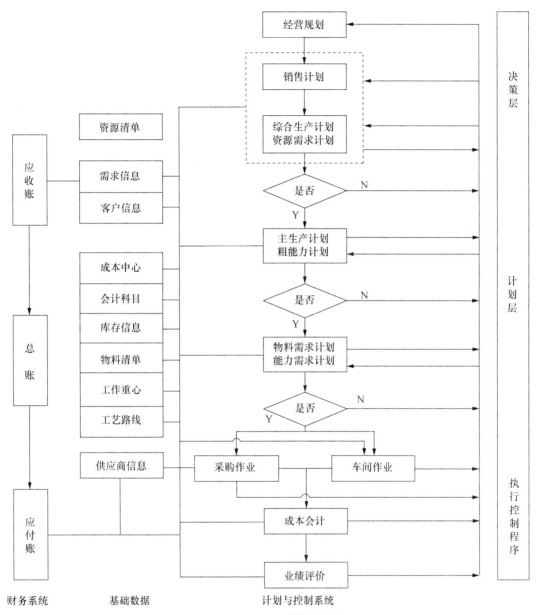

图 3.8 MRP Ⅱ 决策流程图

表3.15 企业A的生产计划及采购计划

生产线		第1年				第2年				第3年			
		第一季度	第二季度	第三季度	第四季度	第一季度	第二季度	第三季度	第四季度	第一季度	第二季度	第三季度	第四季度
1手工	产品			P1			P1					P2	P2
	原材料		R1										
2手工	产品				P1	P1							
	原材料			R1									
3手工	产品	P1			P1								
	原材料	R1											
4手工	产品		P1		P1								
	原材料	R1											
5手工	产品												
	原材料												
……	产品												
	原材料												
合计	产品	1P1	2P1	1P1	2P1								
	原材料	2R1	1R1		1R1								

一、知识测评

1. 什么是生产计划？生产计划有哪些指标？

2. 什么是主生产计划？主生产计划的作用及计划对象是什么？

二、技能测评

1. 结合模拟企业 A 的生产计划，计算每季度原材料需求数量，并完善生产计划表。

2. 若第三季度全自动生产线实施转产，调整模拟企业 A 的生产计划及原材料需求量。

任务二　生产线投资策略

生产线是产品生产的主要设备，生产线投资是企业生产决策的重要组成部分。在沙盘模拟中，提供了四种生产线类型，虽然这些生产线都可以生产所有产品，但是，这些生产线在投资额、生产效率、生产能力、运营成本和柔性等方面却存在差异，生产总监需要考虑投资建设生产线的类型、数量及时机，这些关系到企业的战略是否能实现。通过本任务学习，学员能够了解四种生产线类型的差异，在沙盘模拟中，学会制定合适的生产线投资策略。

知识目标

1. 了解生产能力的概念及其计量单位；

2. 理解生产能力收缩和扩张的途径；

3. 掌握生产能力调节的途径。

技能目标

1. 能够结合企业实际，比较四种生产线类型的优劣；

2. 能够制定适合本企业的生产线投资策略。

任务情境

模拟企业经营进入第五年，企业 A 在过去的四年时间里一直保持本地市场领导地位，经过持续努力，终于在第四年通过产品组合销售策略抢得国际市场的领导地位。在第五年初的订货会上，由于继续采用多市场和多产品组合销售的策略，企业获得大批订单。在订单选择上，企业 A 并非一味追求销售额最大，而是关注单个产品的销售价格较高及订单数量适中，这样就可以使得产品的平均收益相对较高。然而，在五个市场分竞三种产品的订单复杂程度是相当高的，订货结束后进行产能评估，按照当前生产能力还是有两张订单不能完成（分别是本地市场 P2 产品 3 个，国际市场 P3 产品 4 个），如果放弃这两张订单，那么企业 A 不仅会遭受巨额损失及违约罚款，还将在第六年初失去这两个市场的领导地位，并在年终综合评估时，失去市场领导地位的权重加分，企业陷入了危机中。

备注：企业生产能力情况

大厂房（购买）、生产线（半自动 2 条、全自动 3 条、柔性 1 条）

假设：财务、物流部门能够满足生产线投资的资金需求。

结合模拟企业 A 的现状，制定合理的生产线投资计划，渡过难关。

一、生产能力概述

生产能力是指在计划期内,企业参与生产的全部固定资产,在既定的组织技术条件下,所能生产的产品数量,或者能够处理的原材料数量。生产能力是反映企业所拥有的加工能力的一个技术参数,它也可以反映企业的生产规模。每位企业主管之所以十分关心生产能力,是因为他随时需要知道企业的生产能力能否与市场需求相适应。当需求旺盛时,他需要考虑如何增加生产能力,以满足需求的增长;当需求不足时,他需要考虑如何缩小规模,避免能力过剩,尽可能减少损失。

实际运用中的生产能力有多种不同的表达方式,包括制程设计产能、有效产能和利用的产能等。

制程设计产能是企业建厂时在基建任务书和技术文件中所规定的生产能力,它是按照工厂设计文件规定的产品方案、技术工艺和设备,通过计算得到的最大年产量。企业投产后往往要经过一段熟悉和掌握生产技术的过程,甚至改进某些设计不合理的地方,才能达到制程设计产能。制程设计产能也不是不可突破的,当操作人员熟悉了生产工艺,掌握了内在规律以后,通过适当的改造是可以使实际生产能力大大超过制程设计产能的。

企业在年度计划中规定本年度要达到的实际生产能力称为计划能力。

计划能力包括两大部分。首先是企业已有的生产能力,是近期内的查定能力;其次是企业在本年度内新形成的能力。后者可以是以前的基建或技改项目在本年度形成的能力,也可以是企业通过管理手段而增加的能力。

计划能力的大小基本上决定了企业的当期生产规模,生产计划量应该与计划能力相匹配。企业在编制计划时要考虑市场需求量,能力与需求不可能完全一致,利用生产能力的不确定性,在一定范围内可以对生产能力作短期调整,以满足市场需求。

对于老企业可能由于产品方向有所改变,或者是产品结构重新设计,也可能因为工艺方法有所改进等原因,当初的设计能力已完全不能反映实际情况,这时需要对企业的产能作重新核准,称此结果为查定能力。查定能力是企业的实际能力,对于企业各类计划有指导作用,是企业计划工作的基本参数。

二、生产能力计算

要计算生产能力需要首先确定生产能力的计量单位。不同类型的企业生产能力计算方式不同。相比之下,机械制造企业的生产能力计算稍微复杂一些,主要原因是这类企业产品的加工环节多,参与加工的设备数量大,设备能力又不是连续变动的,而是呈阶梯式发展的,所以各环节的加工能力是不一致的。计算工作通常从底层开始,自下而上进行,先计算单台设备的能力,然后逐步计算班组(生产线)、车间、工厂的生产能力。生产能力的计算主要有以下三种类型:流水线生产类型企业的生产能力计算,成批加工生产类型企业的生产能力计算和服务行业的生产能力计算。

1. 生产能力计算的步骤

在计算生产能力时,必须了解每条独立生产线的情况、每家独立工厂的生产水平以及整个生产系统的生产分配状况,一般可通过以下步骤来进行:

(1)运用预测技术预测每条独立生产线的产品的销售情况;

(2)计算为满足需求所需投入的设备和劳动力数量;

(3)合理配置可获得的设备与劳动力数量。

企业常常还要考虑一个生产能力余量作为平衡设计生产能力与实际生产能力的缓冲。生产能力余量是指超过预期需求的生产富余能力。例如,某产品的预计需求为 1000 万,而设计生产能力为 1200 万。这样,生产能力余量为 20% ,即企业是以 83% 的生产能力利用率生产该产品。相反,如果一家企业的设计生产能力低于为满足产品需求应达到的生产能力,则说明该企业的生产能力余量为负值。比如一家企业的产品年需求量为 1200 万,而其生产能力仅为 1000 万,则该企业的生产能力余量为 -20% 。

2. 生产能力的计量单位

由于企业种类的广泛性,不同企业的产品和生产过程差别很大,在作生产能力计划以前,必须确定本企业的生产能力计量单位。常见的生产能力计量单位如下:

（1）以产出量为计量单位

调制型和合成型生产类型的制造企业生产能力以产出量表示十分确切明了。如钢铁厂、水泥厂都以产品吨位作为生产能力,家电生产厂是以产品台数作为生产能力。这类企业的产出数量越大,能力也越大。若厂家生产多种产品,则选择代表企业专业方向,产量与工时定额乘积最大的产品作为代表产品,其他的产品可换算到代表产品。换算系数 k_i 由下式求得:

$$k_i = \frac{t_i}{t_0}$$

式中:k_i——代表 i 产品的换算系数;t_i——代表 i 产品的时间定额;t_0——代表产品的时间定额。

（2）以原材料处理量为计量单位

有的企业使用单一的原材料生产多种产品,这时以工厂年处理原材料的数量作为生产能力的计量单位是比较合理的,如炼油厂以一年加工处理原油的吨位作为它的生产能力。这类企业的生产特征往往是分解型的,使用一种主要原材料,分解制造出多种产品。

（3）以投入量为生产能力计量单位

有些企业如果以产出量计量它的生产能力,则会使人感到不确切,不易把握。如发电厂,年发电量几十亿度电,巨大的天文数字不易比较判断,还不如用装机容量来计量更方便。这种情况在服务业中更为普遍,如航空公司以飞机座位数量为计量单位,而不以运送的客流量为计量单位;医院以病床数而不是以诊疗的病人数来计量;零售商店以营业面积,或者标准柜台数来计量,而不能用接受服务的顾客数;电话局以交换机容量表示,而不用接通电话的次数。这类企业的生产能力有一个显著特点,就是能力不能存储,服务业往往属于这种类型。

3. 产能收缩

当企业不能适应市场的变化,因经营不佳而陷入困境时,需要进行产能收缩。在收缩中应尽可能减少损失,力争在收缩中求得新的发展。下面介绍产能收缩的几条途径。

（1）逐步退出无前景行业

经过周密的市场分析,如果确认本企业所从事的行业行将衰退,企业就需要考虑如何退出该行业。由于市场衰退是预测分析的结果,还不是现实,企业只不过在近年中感觉到衰退的迹象。所以企业首先停止在此行业的投资,然后分阶段地撤出资金和人员。之所以采取逐步退出的策略,是因为还有市场。另外,企业资金的转移也不是一件容易的事情,企业不能轻易放弃还有利可图的市场,这样做可以尽可能地减少损失。

（2）出售部分亏损部门

对于一些大企业,如果某些子公司或分厂的经营状况很差,消耗企业大量的资源,使公司背上了沉重的负担,扭亏又无望,这时不如抛售亏损部门。这个方法是西方企业处理亏损子公司通常采用的方法。对待出售资产的决策应有积极的态度,出售是收缩,但收缩是为了卸掉包袱,争取主动,为发展创造条件。

（3）转产

如果本行业已日暮途穷,而企业的设备还是比较先进的,员工的素质也很好,可以考虑转向相关行业。由于是相关行业,加工工艺相似,大部分设备可以继续使用,员工们的经验可以得到充分发挥。例如,服装厂可以转向床上用品和居室装饰品,食品厂可以转向生产动物食品等等。

4. 产能扩张

在生产过程中,企业有时可能需要扩大产能。企业在扩大其生产能力时,应考虑许多方面的问题,其中最重要的几个方面是维持生产系统的平衡,控制扩大生产能力的频率以及有效利用外部生产能力。

（1）维持生产系统的平衡

在一家生产完全平衡的工厂里,生产第一阶段的输出恰好完全满足生产第二阶段输入的要求,生产第二阶段的输出又恰好完全满足生产第三阶段的输入要求,依次类推。然而,实际生产中达到这样一个"完美"的设计几乎是不可能的,而且也是人们不希望的。因为其一:每一生产阶段的最佳生产水平不同;其二:产品需求是会发生变化的,而且由于生产过程本身的一些问题也会导致生产不平衡的现象发生,除非生产完全是在自动化生产线上进行,因为一条自动化生产线就像是一台大机器一样,是一个整体。

解决生产系统不平衡问题的方法有很多。例如:一、增大瓶颈的生产能力。可采取一些临时措施,如加班工作、租赁设备、通过转包合同购买其他厂家的产成品等;二、在生产瓶颈之前留些缓冲库存,以保证瓶颈环节持续运转,不会停工;三、如果某一部门的生产依赖于前一部门的生产,那么就重复设置前一部门的生产设备,可以充足地生产以便供应下一部门的生产所需。

（2）控制扩大生产能力的频率

在扩大生产能力时,应考虑两种类型的成本问题:生产能力升级过于频繁造成的成本与生产能力升级过于滞缓造成的成本。首先,生产能力升级过于频繁会带来许多直接成本的投入,如旧设备的拆卸与更换、培训工人、使用新设备等等。此外,升级时必须购买新设备,新设备的购置费用往往远大于处理旧设备回收的资金量。最后,在设备更换期间,生产场地或服务场所的闲置也会造成机会成本。

反之,生产能力升级过于滞缓也会有很大的成本支出。由于生产能力升级的间隔期较长,每次升级时,都需要投入大笔资金,大幅度地扩大生产能力。然而,如果当前尚不需要的那些生产能力被闲置,那么,在这些闲置生产能力上的投资就将作为管理费用计入成本,这就造成了资金的占用和投资的浪费。

（3）有效利用外部生产能力

有些情况下还可以利用一种更为经济有效的办法,那就是不扩大本企业的生产能力,而是利用现有的外部生产能力来增加产量。常用的两种方式是签订转包合同或共享生产能力。共享生产能力的新途径还有利用一种企业联合体间的分时柔性工厂等。

5. 生产能力调节

可由企业对生产能力加以调节控制的因素很多。从计划的观点看,可将这些因素按取得能力的时间长短,分为长期、中期和短期三类。

（1）长期因素

取得生产能力的时间在一年以上的都可归入长期因素。它们包括建设新厂、扩建旧厂、购置安装大型成套设备、进行技术改造等。这些措施都能从根本上改变生产系统的状况,大幅度地提高生产能力,但同时也需要大量的资金投入。应用这些因素属于策略性决策。

（2）中期因素

在半年到一年之内对生产能力发生影响的那些因素为中期因素。如采用新的工艺装备、添置一些可随时买到的通用设备，或对设备进行小规模的改造或革新；增加工人，以及将某些生产任务委托其他工厂生产等，其中，也包括利用库存来调节生产的作用。这些因素是在现有生产设施的基础上所作的局部扩充。它们属于中层管理的决策。一般在年度生产计划的制定与实施中加以考虑。

（3）短期因素

在半年之内以至当月就能对生产能力产生影响的属于短期因素。这类因素很多，如：

①加班加点。

②临时增加工人，增开班次。

③采取措施降低废品率。

④改善原材料质量。

⑤改善设备维修制度。这能减少设备故障时间，提高设备利用率而提高生产能力。

⑥采用适当的工资奖励制度，激发工人的劳动积极性，在短时间内提高生产。

⑦合理选择批量。批量选择的不同会影响设备调整时间的变化。合理选择批量能减少不必要的设备调整时间，从而提高设备利用率，即提高设备的生产能力。

生产能力的短期调节因素是对现有生产设施利用的改善，都属于作业层的决策。

三、生产线投资分析

1. 生产线产能与效率分析

在沙盘模拟中，有四种生产线，分别为手工、半自动、全自动和柔性生产线，这些生产线的生产效率是不同的，这点可以从生产周期上看出来。

从生产效率上来看，手工生产线生产一个产品需要 $3Q$，半自动生产线需要 $2Q$，全自动和柔性生产线需要 $1Q$，因此，从生产效率上比较，柔性或全自动生产线>半自动生产线>手工生产线；从产能上比较，一年 1 条手工生产线可以生产 1.25 个产品，1 条半自动生产线可以生产 2 个产品，1 条全自动或柔性生产线可以生产 4 个产品，产能明显是全自动或柔性生产线>半自动生产线>手工生产线。1 条全自动或柔性生产线的一年的产能相当于 2 条半自动生产线或 3.2 条手工生产线的生产能力。

2. 投资成本分析

生产线投资成本是沙盘模拟企业必须要考虑的，为了比较各种生产线投资成本，我们必须在假设产能一致的情况下考虑。在这里，我们按照一年 4 个产品的产能（也就是以全自动或者柔性生产线的一年的产能）来比较。

按照产能分析的结果，1 条全自动或柔性生产线的一年的产能相当于 2 条半自动生产线或 3.2 条手工生产线的生产能力。

表 3.16　生产线投资成本比较

生产线类型	年生产能力（个）	投资成本（M）
1 条柔性生产线	4	24
1 条全自动生产线	4	16
2 条半自动生产线	4	16
3.2 条手工生产线	4	16

从分析可以看出,从投资成本角度看,柔性生产线>全自动生产线,全自动生产线与半自动、手工生产线的投资成本相当。

3. 运营成本分析

投资成本分析表明,柔性生产线投资最高,其他三种生产线投资相当,那么,生产线运营起来的成本又如何呢?

我们接着上面投资成本的分析往下分析。在产能相当的情况下,对生产线的一年运营成本进行比较。

表 3.17 生产线运营成本比较

生产线类型	折旧(以建成第2年为例)(M)	维护费(M)	资金占用成本(以长贷为例)=资金占用额×10%	占用厂房生产线位置成本(以租赁大厂房为例)(M)	总运营成本(M)
1 条柔性生产线	6	1	2.4	5/6	10.2
1 条全自动生产线	5	1	1.6	5/6	8.4
2 条半自动生产线	4	2	1.6	10/6	9.3
3.2 条手工生产线	3.2	3.2	1.6	16/6	10.7

从上面分析可以看出,在产能相当,且不考虑转产的情况下,总运营成本的比较:手工生产线>柔性生产线>半自动生产线>全自动生产线。

4. 柔性分析

在生产过程中,往往会出现转产情况,因此,企业在投资生产线时,生产线的柔性也是必须要考虑的因素之一。从各种生产线的转产周期上可以看出,手工和柔性生产线转产时不需要停工,也不需要支付转产费,而半自动和全自动生产线转产时,分别要停工1Q和2Q,且需要支付转产费,柔性相对比较差一些。

5. 综合比较分析

(1)生产线选型

生产线投资选型需要考虑以下因素:①资金压力;②成本压力;③产能与效率;④柔性;⑤评分标准;⑥安装时间;⑦市场需求;⑧竞争状况。

柔性生产线投资费用和运营成本较高,但是,生产效率和柔性较高,手工和半自动生产线投资费用较低,生产效率较低,运营成本相对较高,手工生产线柔性较高,半自动生产线柔性较低,全自动生产线无论从生产效率还是运营成本方面都比较理想,但是,投资比较大,柔性也差些。

到底选择哪种生产线比较合适,最终要看企业各个阶段重点考虑哪些因素,同时,还要结合企业产品组合和竞争策略来决定。

(2)生产线投资时机

由于规则规定:当年建成的生产线不需要折旧,当年在建的生产线不需要交纳维护费,因此,从控制成本的角度来说,生产线投资策略中,还应包括生产线投资时机选择的问题,早建成生产线,可以多生产产品,晚建成生产线,可以少折旧,少交维护费,看似矛盾,其实,正是这样,才在生产线投资时机上需要权衡和取舍。

(3)生产线投资数量

一般来说,生产线数量越多,产能越大,企业可以争取更大的订单,从而获取更高的销售额。但是,生产线的生产能力如果不能得到充分利用,企业不仅不会因为有数量众多的生产线而受益,反而会因此背上沉重的负担,比如大量的贷款的利息、维护费、巨额的折旧、厂房租金、库存增多、广告投放增大等,因此,生产线数量并不是越多越好,而应以合适为宜。什么是合适呢?简单来说,就是与市场需求相匹配。当然,做到这一点并不容易,因为既需要掌握市场需求,也要同时了解市场上其他竞争对手的生产能力。企业可以通过 CIO 的工作,把这方面的不确定性降低,从而降低生产线投资风险。

 学习测评

一、知识测评

1. 什么是生产能力? 有哪些种类?
2. 生产能力调节有哪些措施?
3. 如何看待企业的扩张与收缩行为?

二、技能测评

1. 从投资额、运营成本和柔性方面比较全自动生产线和柔性生产线。
2. 制定企业第一年的生产线投资计划,并说明制定计划的依据。

模块五 CPO：采购谋划

采购作为企业生产经营活动过程中的基本环节，是企业生产和销售的基础，是企业一切活动的开始，对维持企业正常运转起着至关重要的作用。

编制采购计划是采购过程迈出的第一步，是采购管理的起点和基础。其中如何在合适的时间获取合适数量的所需物料是采购数量计划的重点所在。科学的采购管理可以大大降低企业的生产经营成本，给企业带来很大的经济效益和利润空间。本模块主要介绍如何利用 MRP 的基本思想编制采购计划。

任务一　认识 MRP

原材料采购是采购总监的基本职责之一，采购是保障企业生产顺利进行的一项重要工作，因此，本任务的主要目的是指导采购总监在沙盘模拟过程中，如何进行原材料采购，同时，在采购总监采购过程中，需要其他部门给予相关配合。

知识目标

1. 了解 MRP 概念；

2. 理解并掌握 MRP 基本思想与原理；

3. 掌握 MRP 计算与采购计划。

技能目标

1. 辨别企业中 MRP 的三个主要输入；

2. 利用 MRP 来编制采购计划。

任务情境

在沙盘模拟过程中，有的模拟企业采购总监总是为计算什么时候要采购什么原材料、需要多少采购资金而烦恼和发愁，而有很多模拟企业的采购总监却轻松自如，泰然自若，他们为什么不必为这个烦恼？难道他们有什么秘诀吗？原来，这些企业的采购总监有一件秘密武器，在沙盘模拟过程中，有了它，就可以轻松应对采购问题，不必为编制采购计划而一筹莫展。那么，他们的武器是什么呢？原来，他们采用自行开发的一种可以根据生产计划自行生成采购计划（或采购预算）的小软件，正是这个小软件解决了他们的大问题。

这款软件开发的基本原理和思想是什么呢？其实，它就是依据物料需求计划（MRP）的原理和思想开发出来的。

一、MRP 概念及产生

物料需求计划(material requirement planning,简称 MRP)是指根据产品结构各层次物品的从属和数量关系,以每个物品为计划对象,以完工时期为时间基准倒排计划,按提前期长短区别各个物料下达计划时间的先后顺序,是一种工业制造企业内物料计划管理模式。MRP 是根据市场需求预测和顾客订单制定产品的生产计划,然后基于产品生成进度计划,组成产品的材料结构表和库存状况,通过计算机计算所需物资的需求量和需求时间,从而确定材料的加工进度和订货日程的一种实用技术。主要用于相关性需求性质的物料库存控制。

约瑟夫·奥利奇(Joseph Orlicky)把产品中的各种物料按需求性质区分为独立需求和相关需求。独立需求物料是指某项物料的需求量和需求时间不依赖于企业内部其他物料的需求量和需求时间,而是由企业外部因素决定的,如客户订单、市场预测等。相关需求物料的需求量和需求时间取决于企业内部其他物料的需求量和需求时间,可以依据产品之间从属关系、比例关系和提前期准确推算出来。

MRP 起初出现在美国,并由美国生产与库存管理协会倡导而发展起来的。MRP 是一种以计算机为基础的编制生产与实行控制的系统,它不仅是一种新的计划管理方法,而且也是一种新的组织生产方式。MRP 的出现和发展,引起了生产管理理论和实践的变革。MRP 是根据总生产进度计划中规定的最终产品的交货日期,规定必须完成各项作业的时间,编制所有较低层次零部件的生产进度计划,对外计划各种零部件的采购时间与数量,对内确定生产部门应进行加工生产的时间和数量。一旦作业不能按计划完成时,MRP 系统可以对采购和生产进度的时间和数量加以调整,使各项作业的优先顺序符合实际情况。MRP 被看做是以计算机为基础的生产计划与库存控制系统。

二、MRP 基本思想与原理

MRP 的基本思想是围绕非独立需求的物料,按需准时生产。MRP 的逻辑原理如图 3.9 所示。

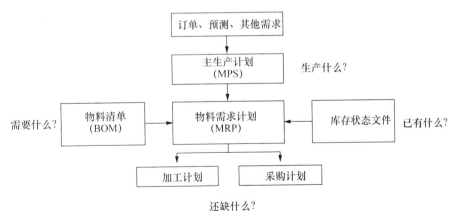

图 3.9　MRP 的逻辑原理

物料需求计划主要解决以下问题:

(1)生产什么?生产多少?(来源于主生产计划)

（2）要用到什么？（由物料清单展开计算得到）

（3）已有什么？（由库存状态文件得到）

（4）还缺什么？（输出结果：采购计划、加工计划……）

（5）何时安排？（依据物料提前期，由 MRP 计算得到）

三、MRP 主要输入输出

MRP 的主要输入有主生产计划、物料清单、库存状态文件。

1. 主生产计划（MPS）

MPS 是 MRP 的主要输入，它是 MRP 运行的驱动力量。MPS 是确定每一具体的最终产品在每一具体时间段内生产数量的计划。这里的最终产品是指对于企业来说最终完成、要出厂销售的完成品，要具体到产品的品种、型号。这里的具体时间段，通常是以周为单位，在有些情况下，也可以是日、旬、月。主生产计划详细规定生产什么、什么时段应该产出，它是独立需求计划。主生产计划根据客户合同、市场预测和其他需求，把经营计划或生产大纲中的产品系列具体化，使之成为展开物料需求计划的主要依据，起到了从综合计划向具体计划过渡的作用。如表 3.18 和表 3.19 所示。

表 3.18 主生产计划实例 1

周次	1	2	3	4	5	6	7	8	9
产品 A（台）		20			10			20	
产品 B（件）				30			20		10
配件 C（件）	15	15	20	20	20	20	20	20	20

表 3.19 主生产计划实例 2

月份	1 月				2 月				3 月			
周	1	2	3	4	5	6	7	8	9	10	11	12
A	1500	1600	1500	1500	2200	2400	2200	2400	3000	3200	300	3000
B	400	1500	400	1600	650	2250	650	2250	800	3000	3500	3200
产量	10000				15000				20000			

2. 物料清单（bill of material，也称产品结构文件，简称 BOM）

指产品所需要的零部件的清单及组成结构。BOM 表明了产品——部件——组件——零件——原材料之间的结构关系以及每个装配件所需要的下属部件（或零件）的数量和提前期（LT）。BOM 是一种树形结构，因此，也称产品结构树。一个 BOM 包括物料编码、需求量（每一父项所需子项的数量）、层次码（该物料在结构表中相对于最终产品项的位置）、损耗率、有效日期等。在 BOM 中，各个物料处于不同的层次。每一层次表示制造最终产品的一个阶段。通常，最高层为零层，代表最终产品项；第一层代表组成最终产品项的子项；第二层为组成第一层物料的子项……依此类推。图 3.10 是简化了的自行车产品结构图。

以自行车产品结构为例，如企业主生产计划规定第 3 周要生产 100 辆自行车，则依据 BOM，需要 100 副车架、200（100×2＝200）个车轮，100 副车把。而车轮是自制件，生产 200 个车轮，需要 200 个轮胎、200 个轮圈和 8400（200×42）根辐条。

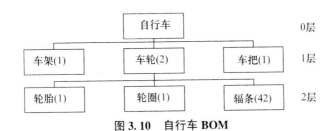

图 3.10 自行车 BOM

为了便于计算机识别,BOM 通常采用列表明细形式在系统中列出。

3. 库存状态文件

库存状态文件保存了每一种物料的有关数据,MRP 系统关于订什么、订多少、何时发出订货等重要信息,都存贮在库存状态文件中。产品结构文件是相对稳定的,而库存状态文件却处于不断变动之中。

MRP 的主要输出:MRP 系统可以提供各种生产和库存控制用的计划和报告。主要输出如下:

(1)零部件投入出产计划。

(2)原材料需求计划。

(3)互转件计划。

(4)库存状态记录。

(5)工艺装备机器设备需求计划。

(6)计划将要发出的订货。

(7)已发出订货的调整,包括改变交货期、取消和暂停某些订货等。

(8)零部件完工情况统计,外购件及原材料到货情况统计。

(9)对生产及库存费用进行预算的报告。

(10)交货期模拟报告。

(11)优先权计划。

四、MRP 计算实例

(1)计算物料毛需求量。毛需求量指某种物料在计划期内每个时间段的需求的总量。独立需求物料毛需求量由市场预测和客户订单决定,相关需求物料毛需求量由计划订单信息和 BOM 结构关系确定。

毛需求量=物料独立需求量+父项相关需求量

(2)计算物料净需求量。当当期可用库存量和当期计划接收量不能满足毛需求量时,就产生了净需求量。净需求如果不能得到满足,就会造成物料短缺。

净需求量=毛需求量+安全库存量-计划接收量-预计库存量(前一时段末)

本时段末预计库存量=前一时段末现有库存量-已分配量

本时段末预计库存量=前一时段末预计库存量+本时段计划接收量-本时段毛需求量+本时段计划收到订货量

已分配量表示物料已被分配出去,但是物料还没有从仓库领走的量。计划接收量指前期已经下达正在执行,但是还没有到货,并将在计划期内某时段到达的量。当净需求量>0,就产生净需求;反之,则没有净需求。

(3)计算计划收到订货量。计划收到订货量是指按照所生成的计划订单,为了弥补净需求

(避免缺货)而必须在某时段采购或者加工完毕某种物料的数量。计划收到订货量不能小于净需求。根据净需求量,考虑批量规则,得出计划收到订货量,计划收到订货量的时间就是产生净需求的时间。

我们在做计划时,为了避免在计划实施过程中产生净需求而缺货,必须在缺货时间有一定数量的相应物料加工完毕或采购到货,这一定数量的加工或者采购数量称为订货批量。订货批量选择的方法称为批量规则。常见的批量规则有:

①直接批量法:物料采购到货量或者加工完毕数量(计划收到订货量)等于净需求量。这时,订货批量为最小基本单位。如净需求量为13件,则计划收到订货量也等于13件;净需求量为10.1吨,则计划收到订货量也等于10.1吨。适用于生产或订购数量和时间基本能得到保证、价值较高、不适合过多生产或采购的物料。

②固定批量法:每次加工或采购数量是某固定值的倍数,通常此倍数是大于净需求的最小整数倍。如固定批量是10,净需求是25,计划接收订货量为30。此法适用于单次订货费用较高的物料。

③固定周期法:每次加工或订货时间间隔周期相同,但加工或订货数量不一定相同的批量方法。订货量等于未来期间净需求量之和。一般用于到货周期较长而有规律的物料。

④经济订货批量法:指某种物料的订购费用和保管费用之和最低时的最佳订货批量法。一般用于需求均衡、订货和保管成本与订货提前期均是常量和已知的,且库存能立即补充的情况。

(4)计算计划发出订货量。根据计划完工,考虑损耗系数,计算计划发出订货量;考虑该物料提前期,计算计划发出订货时间,即倒推一个提前期。如计划收到订货量时间为第4周,提前期为1周,则计划发出订货量时间为第3周。

例1 产品 A 的 BOM 如图 3.11 所示。MRP 所需要的信息如表 3.20 和表 3.21 所示。请据此编制物料需求计划。

图 3.11 产品 A 的 BOM

表 3.20 库存状态参数

物料	计划接收量(周)								现有库存	已分配量	提前期	订货批量
	1	2	3	4	5	6	7	8				
A									0	0	1	1
B			40						65	0	2	40
C			30						30	0	3	30

由产品 A 的毛需求量、计划接收量、预计库存量,可以计算出净需求、计划收到订货量和计划发出订货量,如表 3.21 所示。

表 3.21　A 的物料需求计划

周	1	2	3	4	5	6	7	8	9
毛需求量		10	10	10	10	10	10	10	10
计划接收量									
预计库存量		0	0	0	0	0	0	0	0
净需求量		10	10	10	10	10	10	10	10
计划收到订货量		10	10	10	10	10	10	10	10
计划发出订货量	10	10	10	10	10	10	10	10	

　　下面编制物料 B 的物料需求计划。由 BOM,1 个 A 产品需要 2 个 B,根据 A 的计划发出订货量,可以计算出 B 物料的毛需求量和时间。如第 2 周 A 的计划发出订货量为 10,表示第 2 周需要加工 10 个 A 所需要的物料 B 和 C,因此,B 第 2 周的毛需求量为 2×10＝20,B 的其他周次的毛需求量也可以得到。B 的计划接收量、期初库存为已知,计算净需求量。如期初库存是 65,计划接收量、安全库存量为 0,净需求＝毛需求量+安全库存量−计划接收量−上期库存量＝20−65＝−45,为负数,没有净需求;第 4 周,净需求＝20+0−40−5＝−25,没有净需求;第 6 周,净需求＝20+0−0−5＝15,为正数,产生净需求,为了避免缺货,考虑批量策略。物料 B 的固定批量为 40,所以 B 的计划收到订货量为 40,考虑物料 B 的提前期为 2 周,所以,在第 4 周开始执行物料 B 的生产或采购(下生产指令或采购订单),即计划收到订货量为 40,第 6 周的预计库存量＝前一时段末预计库存量+本时段计划接收量−本时段毛需求量+本时段计划收到订货量＝5+0−20+40＝25,B 的物料需求计划如表 3.22 所示。

表 3.22　B 的物料需求计划

周	期初	1	2	3	4	5	6	7	8
毛需求量		20	20	20	20	20	20	20	20
计划接收量					40				
预计库存量	65	45	25	5	25	5	25	5	25
净需求量							15		15
计划收到订货量							40		40
计划发出订货量					40		40		

　　C 的 MRP 计划由大家自行完成,C 的物料需求计划如表 3.23 所示。

表 3.23　C 的物料需求计划

周	期初	1	2	3	4	5	6	7	8
毛需求量		10	10	10	10	10	10	10	10
计划接收量				30					
预计库存量	30	20	10	30	20	10	0	20	10
净需求量								10	
计划收到订货量								30	
计划发出订货量					30				

例2 产品 X 和 Y 的 BOM 如图 3.12 所示,产品 X 和 Y 的毛需求量如表 3.24 所示,各个物料的基础数据如表 3.25 所示,请据此编制 MRP 计划。

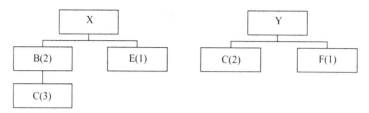

图 3.12 X 和 Y 的 BOM

表 3.24 产品 X 和 Y 的毛需求量

周	1	2	3	4	5	6	7	8	9
X 毛需求量					100	130		120	170
Y 毛需求量						60	70	100	100

表 3.25 各物料基础数据

物料	提前期	安全库存	计划接收量	期初库存	已分配量	订货批量
X	1	0	0	40	0	50
Y	1	0	0	50	0	1
B	1	15	0	40	0	30
C	2	160	200(第3周)	300	200	250

根据以上信息,可以得出如表 3.26、表 3.27 所示的 X、Y 的 MRP 计划表。

表 3.26 产品 X 的 MRP

周	期初	1	2	3	4	5	6	7	8	9
毛需求量						100	130		120	170
计划接收量										
预计库存量	40	40	40	40	40	40	10	10	40	20
净需求量						60	90		110	130
计划收到订货量						100	100		150	150
计划发出订货量					100	100		150	150	

表 3.27 产品 Y 的 MRP

周	期初	1	2	3	4	5	6	7	8	9
毛需求量							60	70	100	100
计划接收量										

续表

周	期初	1	2	3	4	5	6	7	8	9
预计库存量	50	50	50	50	50	50	0	0	0	0
净需求量							10	70	100	100
计划收到订货量							10	70	100	100
计划发出订货量						10	70	100	100	

根据表 3.26、表 3.27 的 X、Y 的 MRP 计划表，可以得到 B、C 的 MRP 计划表。

表 3.28　物料 B 的 MRP

周	期初	1	2	3	4	5	6	7	8	9
毛需求量					200	200		300	300	
计划接收量										
预计库存量	40	40	40	40	20	30	30	30	30	30
净需求量					160+15	180+15		270+15	270+15	
计划收到订货量					180	210		300	300	
计划发出订货量				180	210		300	300		

表 3.29　物料 C 的 MRP

周	期初	1	2	3	4	5	6	7	8	9
毛需求量				540	630	20	1040	1100	200	
计划接收量				200						
预计库存量	300−200	100	100	260	380	360	320	220	270	270
净需求量				240+160	370+160		680+160	780+160	140	
计划收到订货量				500	750		1000	1000	250	
计划发出订货量		500	750		1000	1000	250			

其余的物料 E 和 F 的 MRP 计划编制由大家自行完成。也可以把几个表合并起来。

 学习测评

一、知识测评

1. 什么是 MRP？

2. MRP 的主要输入是什么？

3. MRP 的基本思想是什么？

4. 产品 A 的 BOM 如图 A 所示，若生产 100 个产品 A，需要加工几个 B 和采购几个 C？若期初 B 和 C 库存分别为 10 个和 15 个，则还需要加工几个 B 和采购几个 C？

5. MRP 的驱动力量是什么？

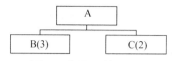

图 A 产品 A 的 BOM

6. 如果 A 的 BOM 如图 A 所示,有一 A 订单,需要在第 8 周交货,A 的生产周期为 2 周,则应该在第几周准备好 B 和 C,才不会耽误交货时间? B 和 C 的加工和采购提前期分别是 2 周和 3 周,则 B 应该在第几周开始加工? C 应该在第几周向供应商下订单?

二、技能测评

1. 已知某产品毛需求量如表 A 所示,该产品已分配量为 0,提前期为 2 周,在第 2 周计划接收量为 20 件,现有库存为 20 件,请用直接批量法编制 MRP 计划。

表 A 某产品的毛需求量

周	1	2	3	4	5	6	7	8
毛需求量	5	10	18	0	10	6	0	14

2. 产品 X 和 Y 的毛需求量如表 B 所示,编制各物料 MRP 计划。

表 B X 和 Y 的毛需求量

周	1	2	3	4	5	6	7	8	9
X 毛需求量					100	130		120	170
Y 毛需求量					60	70	100	100

各物料的基础数据如表 C 所示。

表 C 各物料基础数据表

物料	提前期	安全库存	期初库存	订单批量
X	1	0	40	50
Y	1	0	50	15
B	1	15	40	30
C	2	160	300	25

X 和 Y 的产品结构如图 B 所示。

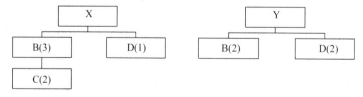

图 B X 和 Y 的 BOM

任务二 采购计划编制

编制原材料采购计划是采购总监的主要职责之一,是开展采购工作的依据。科学的采购计划可以科学地指导采购工作。在沙盘模拟过程中,很多企业的采购总监不会制定采购计划,要么原材料库存过剩,要么由于原材料采购时间不及时或者数量不足,导致企业有限资源的极大浪费,甚至企业因此而停工待料,导致企业订单违约,不能按时交货,被扣违约金。采购决策不应该是"拍拍脑袋"就想出来的,想采购多少,就采购多少,想采购什么,就采购什么,想什么时候采购,就什么时候采购,而是应该有理有据,"理"和"据"就是采购计划。编制一个合理的采购计划是有效地开展采购工作的第一步,也是采购总监的一个主要职责。本任务主要介绍依据 MRP 的逻辑原理编制采购计划的方法。

知识目标

1. 理解闭环 MRP 逻辑流程;
2. 了解实施 MRP 采购的条件。

技能目标

1. 利用 MRP 思想与原理编制采购计划;
2. 利用采购计划指导采购工作。

本模块"任务一"介绍了 MRP 的基本思想和原理,那么,在沙盘模拟过程中,如何利用 MRP 来编制采购计划呢? 如何保证采购计划是符合企业生产需要的呢?

本任务介绍利用 MRP 的思想编制采购计划的方法,并通过实例来说明如何在沙盘模拟中编制符合模拟企业需要的采购计划。

一、利用 MRP 思想与原理编制采购计划

1. 闭环 MRP

闭环 MRP 是在 MRP 的基础上,增加了能力计划模块。通过对能力供需矛盾情况的分析,采取相应调整生产能力或生产计划的措施,从而使最终得到的 MRP 更具有实现的可行性。在沙盘模拟过程中,企业生产计划确定之后,要看企业生产能力能否满足生产计划,如果不能完成,就需要调整生产计划或者调整生产能力(上新生产线或转产等)。如图 3.13 所示。

2. 根据 MRP 的计算结果确定采购量和采购时间

通过 MRP 系统的运行结果确定了所需物料的计划发出订货的订货量和订货时间,这就是订货计划,也就是采购计划。根据这个计划规定的时间发出订货,订货量取计划中规定的订货量,则经过一个采购提前期,采购回来的物资刚好可以满足这一周的需要。图 3.13 是闭环 MRP 的逻辑流程。

如根据表 3.30,经过 MRP 计算的结果,零件 C 在第 2 周,有一个计划发出订货量 500 件。则根据这个计划实施采购,第 2 周就要向 C 零件供应商订货和采购,订货量为 500 件(订货批量为 1 件)。由于 C 的采购提前期为 2 周,即经过 2 周,也就是第 4 周,200 件零件 C 就应该到货,正好满足第 4 周的净需求量 500 件。

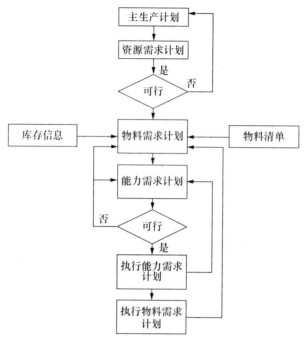

图 3.13　闭环 MRP 逻辑流程

表 3.30　C 物料的计划发出订货量

周	1	2	3	4	5	6	7	8
计划发出订货量		500	750		1000	1000	250	

3. 实施 MRP 采购条件

企业实施 MRP 需要企业满足两个基础条件:一是企业实施了 MRP 管理系统,二是企业有良好的供应商管理。

如果企业没有实施 MRP 系统,不运行 MRP 系统,物料的需求计划就不可能由相关性需求转换成独立性需求;没有 MRP 系统生成的计划订货量,MRP 采购就失去了依据。如果手工计算,那计算量可想而知,对于复杂产品的物料相关性需求靠手工计算根本就是不可能的。

实施 MRP 采购管理必须要有良好的供应商管理作为基础。在 MRP 采购中,购货的时间性要求比较严格。如果没有严格的时间要求,那么 MRP 采购也就失去了意义。如果没有良好的供应商管理,不能与供应商建立起稳定的客户关系,则供货的时间性要求很难保证。

二、编制采购计划实例

(1)首先,确定产品出产计划。

根据企业生产线及在制品情况,确定生产线出产各种产品产量和时间。以某企业第一年 P1 产品为例,假设所有生产线均生产 P1,且生产线持续生产,P1 产品 BOM 为 1R1+1M。企业有 3 条手工生产线和 1 条半自动生产线。如表 3.31 所示,第一年开始时,手工生产线 1 的在制品 P1 目前处于 1Q 位置,在第一年第 3 季度可以完工;手工生产线 2 的在制品 P1 处于 2Q 位置,在第一年第 2 季度可以完工;手工生产线 3 的在制品 P1 处于 3Q 位置,在第一年第 1 季度可以完工;半自动生产线 4 的在制品 P1 目前处于 1Q 位置,在第一年第 2 季度可以完工。这样在第 1 年可以确定产出 6 个 P1。

（2）由在制品在生产线位置、产品 BOM 及生产线生产周期，可以推算出各产品所需原材料投入时间和数量。例如，拿第一条手工生产线来说，第一年第 3 季度，产出 P1，生产完工，开始下一批 P1 生产，为了保证 P1 在第 3 季度顺利开工，必须要保证原材料 R1 在第 3 季度到货，因为 R1 原材料采购提前期为 1Q，因此，必须在第 2 季度订货，其他生产线类似（如表 3.31）所示。这样，把各个生产线的情况汇总起来，就可以得到各个季度的采购计划，如表 3.32 所示；同时，也可以获得采购原材料的财务预算，也可以得到各个产品的开工计划，根据每个产品均需要 1M 的加工费的规则，可以得出各个季度所需要的加工费。

表 3.31　生产、采购计划以及相关费用支出

生产线		第一年				第二年		
		一季度	二季度	三季度	四季度	一季度	二季度	三季度
线1（手工）	产品	→		→ P1	→		→ P1	
	原材料		R1			R1		
线2（手工）	产品	→	→ P1			→ P1		
	原材料	R1			R1			R1
线3（手工）	产品	→ P1				→ P1		→ P1
	原材料			R1			R1	
线4（半自动）	产品	→	→ P1		→ P1		→ P1	
	原材料	R1		R1		R1		R1
线5（　　　）								
完工产品		1×P1	2×P1	1×P1	2×P1	1×P1	2×P1	1×P1
下原材料订单		2×R1	1×R1	2×R1	1×R1	2×R1	1×R1	2×R1
支付原材料款			2M	1M	2M	1M	2M	1M
下一批加工费用		1M	2M	1M	2M	1M	2M	1M
支出资金合计		1M	4M	2M	4M	2M	4M	2M

表 3.32 是根据 P1 的生产计划、开工完工计划以及生产线情况（表 3.31），得到的 R1 原材料采购计划（假设前一年第四季度企业订购了 1 个 R1 原材料，表中考虑了第四季度的订货）。

表 3.32　原材料采购计划

原材料	第一年								第二年							
	一季度		二季度		三季度		四季度		一季度		二季度		三季度		四季度	
状态	订货	入库	订货	入库	订货	入库	订货	入库	订货	入库	订货	入库	订货	入库	订货	入库
R1	2	1	1	2	2	1	1	2	2	1	1	2	2	1		2
R2																
R3																
R4																
支付原材料款		1		2		1		2		1		2		1		2

![学习测评]

一、知识测评

1. R1、R2、R3、R4 的采购提前期为几个季度？若想在第 3 季度开始生产 P2，则需要在第几季度向供应商订多少个原材料？

2. 讨论采购计划对企业生产、营销与销售等活动的意义。

二、技能测评

1. 某企业营销总监在年初订货会上拿到 3 张 P1 订单，总数量为 4 个，1 张 P2 订单，总数量为 2 个，其中 1 张订单 1 个 P1 是加急订单，需要在第 1 季度交货，年初时，库存情况 P1 为 0，P2 为 1 个，1 条手工生产线的在制品 P1 处于第 2 季度，2 条全自动生产线在制品 P1 和 P2，假设生产持续进行，资金足够多，原材料无库存。请你制定采购计划。

2. 在公司年度计划会议上，请采购总监报告沙盘经营第一年的采购计划（结合初始年末的状态，不考虑订单情况，生产持续进行），然后由各部门共同讨论采购计划的可行性。

——失之东隅　收之桑榆

模块一　经营分析与评价

模块二　总结报告

模块一　经营分析与评价

 模块导读

　　在沙盘模拟每年经营结束或者最后经营结束时，企业都希望对采购、生产、营销和财务等方面的信息进行分析和汇总，既可以了解企业的经营成果，使企业成员能够具有成就感，又可以通过这些知道自己与竞争对手的差距，看到自己的不足，便于下一年度改进，为决策提供依据，或者总结经验，来日再战。因此，本项目主要介绍对企业各方面的战力——采购、生产、营销、财务等方面业务能力的分析与对比，让学员了解企业经营过程中的战略制定、广告决策、市场决策、产品研发决策、资本决策、采购决策、生产决策等作出的依据，从而认识到企业经营过程不是企业的一相情愿，而是在综合考虑多方面因素的情况下所作出的取舍。

任务一　市场分析

　　沙盘模拟经营的环境是一个简化的微缩市场，真实市场环境中存在的竞争性、协作性、不确定性等也在模拟市场中得到体现。本任务从什么是市场出发，简要介绍中西方经济学对市场的理解差异，市场的要素与不同分类，并结合六组模拟企业经营的实际数据进行评价。通过本任务的学习，学员将了解市场的基本含义和中西方市场观的差异，理解市场分析在企业决策中的重要性。

知识目标

1. 了解市场的概念及不同类型；
2. 掌握 ERP 沙盘模拟市场分析。

技能目标

1. 能够结合 ERP 沙盘模拟市场预测对不同市场进行分类；
2. 能够根据不同类型的市场对产品进行定位。

 任务情境

　　模拟企业经过六年的经营，经营记录记录表中记录了每组每年的经营数据，并且合并产生了组间统计数据，包括每年综合费用表、利润表、资产负债表、市场份额饼图、广告产出比图等。

　　结合这些数据分析评价模拟企业在市场领域的经营得失。

任务导学

一、市场细分

　　市场细分(market segmentation)是指营销者通过市场调研，依据消费者的需要和欲望、购买行

为和购买习惯等方面的差异,把某一产品的市场整体划分为若干消费者群的市场分类过程。每一个消费者群就是一个细分市场,每一个细分市场都是具有类似需求倾向的消费者构成的群体。市场细分的目的是使同类产品市场上,同一细分市场的顾客具有更多的共同性,不同细分市场之间需求具有更多的差异性,以使企业明确有多少数目的细分市场及各细分市场需求的主要特征。

1. 市场细分的依据

(1)地理细分:国家、地区、城市、农村、气候、地形。

(2)人口细分:年龄、性别、职业、收入、教育、家庭人口、家庭类型、家庭生命周期、国籍、民族、宗教、社会阶层。

(3)心理细分:社会阶层、生活方式、个性。

(4)行为细分:时机、追求利益、使用者地位、产品使用率、忠诚程度、购买准备阶段、态度。

(5)受益细分:追求的具体利益、产品带来的益处,如质量、价格、品位等。

2. 市场细分的步骤

(1)选定产品市场范围。公司应明确自己在某行业中的产品市场范围,并以此作为制定市场开拓战略的依据。

(2)列举潜在顾客的需求。可从地理、人口、心理等方面列出影响产品市场需求和顾客购买行为的各项变数。

(3)分析潜在顾客的不同需求。公司应对不同的潜在顾客进行抽样调查,并对所列出的需求变数进行评价,了解顾客的共同需求。

(4)制定相应的营销策略。调查、分析、评估各细分市场,最终确定可进入的细分市场,并制定相应的营销策略。

3. 市场细分的方法

(1)单一变量法

所谓单一变量法,是指根据市场营销调研结果,选择影响消费者或用户需求最主要的因素作为细分变量,从而达到市场细分的目的。这种细分法以公司的经营实践、行业经验和对组织客户的了解为基础,在宏观变量或微观变量间找到一种能有效区分客户并使公司的营销组合产生有效对应的变量而进行的细分。例如:玩具市场需求量的主要影响因素是年龄,可以针对不同年龄段的儿童设计适合不同需要的玩具,这早就为玩具商所重视。除此之外,性别也常作为市场细分变量而被企业所使用,妇女用品商店、女人街等的出现正反映出性别标准为大家所重视。

(2)主导因素排列法

主导因素排列法即用一个因素对市场进行细分,如按性别细分化妆品市场、按年龄细分服装市场等。这种方法简便易行,但难以反映复杂多变的顾客需求。

(3)综合因素细分法

综合因素细分法即用影响消费需求的两种或两种以上的因素进行综合细分,例如用生活方式、收入水平、年龄三个因素可将妇女服装市场细分为不同的市场。

(4)系列因素细分法

细分市场所涉及的因素是多项的,并且各因素是按一定的顺序逐步进行,可由粗到细、由浅入深,逐步进行细分,这种方法称为系列因素细分法。目标市场将会变得越来越具体。

二、目标市场

著名的市场营销学者麦卡锡(John McCarthy)提出了应当把消费者看作一个特定的群体,称为目标市场。通过市场细分,有利于明确目标市场,通过市场营销策略的应用,有利于满足目标市场的需要。即目标市场就是通过市场细分后,企业准备以相应的产品和服务满足其需要的一个或几个子市场。

目标市场覆盖策略选择:

假设有 M1、M2、M3 三个子市场和 P1、P2、P3 三种产品,则目标市场选择的方法有市场集中化、产品专业化、市场专业化、选择专业化和完全市场覆盖。利用这些方法确定目标市场的方法如图 4.1~图 4.5 所示。

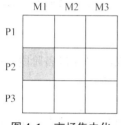

图 4.1 市场集中化

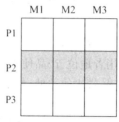

图 4.2 产品专业化

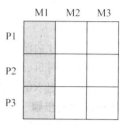

图 4.3 市场专业化

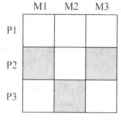

图 4.4 选择专业化

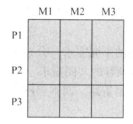

图 4.5 完全市场覆盖

三、市场分析及经营评价

在沙盘模拟中,每年都可以对各模拟企业的市场占有率和广告投放效用进行评价和比较。

市场占有率又称市场份额,它在很大程度上反映了企业的竞争地位和赢利能力,是企业非常重视的一个指标。市场份额具有两个方面的特性:数量和质量。市场份额的大小只是市场份额在数量方面的特征,是市场份额在宽广度方面的体现。市场份额还有另外一个内涵——质量方面的特征,这就是市场份额的质量,它是对市场份额优劣的反映。市场份额数量也就是市场份额的大小。一般有两类表示方法:一类是用企业销售额占总体市场销售额的百分比表示,另一类是用企业销售额占竞争者销售额的百分比表示。市场份额质量是指市场份额的含金量,是市场份额能够给企业带来的利益总和。这种利益除了现金收入之外,也包括了无形资产增值所形成的收入。衡量市场份额质量的标准主要有两个:一个是顾客满意率,一个是顾客忠诚率。顾客满意率和顾客忠诚率越高,市场份额质量也就越好;反之,市场份额质量就越差。在这里,我们分析市场占有率主要考虑数量方面的因素。采用各模拟企业的销售额占所有企业销售额的百分比进行分析。

广告投放效用可以用广告产出比来衡量。广告产出比是指单位广告投入所获得的产出,用当年销售额与当年广告投入的比值表示。广告产出比越大,说明其广告效用越高。

下面,我们以第一、三、六年的市场占有率和广告产出比进行比较。

1. 第一年市场占有及广告产出比分析与评价

在第一年初,各模拟企业的广告费用投放情况如表 4.1 所示。

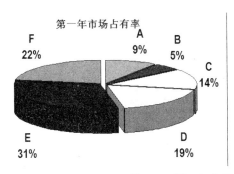
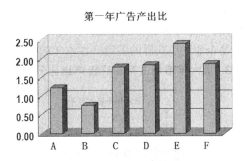

图 4.6 第一年市场占有及广告产出比

表 4.1 第一年各组广告费投入表

组别	A 组	B 组	C 组	D 组	E 组	F 组
广告费	9	8	9	12	15	14

由于本年度无市场老大,依据广告费投放的多少来确定选择订单的先后顺序,并且六组竞争一个市场的一个产品,市场竞争的激烈程度是非常大的。各组在广告费的投入上数额较大,从图 4.6 和表 4.1 可以看出,F 组的广告费比 E 组少 1M,失去选择最优订单的机会;A 组与 C 组广告投入数额相等,但 C 组在投放时间上较早,获得先于 A 组选择订单的机会,使得市场占有率高了3%,同时广告产出比高出 0.5;这充分体现了市场竞争的不确定性。在这一年的经营中,E 组的产出比最高,接近 2.5,是收获最大的组,B 组订单总额只有 6M,损失较大。

2. 第三年市场占有及广告产出比分析与评价

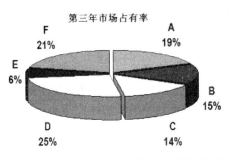
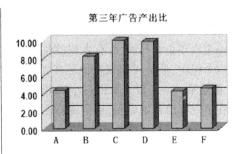

图 4.7 第三年市场占有及广告产出比

第三年初,各组广告费投放情况及上年市场地位如表 4.2 所示。

表 4.2 第三年各组广告费投入表

组别	A 组	B 组	C 组	D 组	E 组	F 组
广告费	12	5	4	7	4	13
市场老大		区域			本地	

从图 4.7 和表 4.2 可以看出,第三年与第一年相比,变化最大的是 E 组和 B 组。在经过前三年的经营后,E 组没有保持第一年的市场优势,广告产出比降低到所有组的最低值;B 组经过广告策略的调整,市场占有率已经增加到 15%,广告产出比增加到 8.0,排名第三;而在六组中,F 组

的市场占有率 21%,排名第二,但是广告产出比仅为 4.0,较多的广告费投入成为比率较低的主要原因,情况与 A 组极其相似。由此,我们不难得出在多个市场的多个产品上展开竞争,正确的策略是企业竞争获胜的关键。在本年的经营中,D 组取代了 E 组成为本地市场的领导者。

3. 第六年市场占有及广告产出比分析与评价

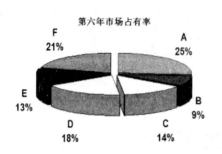
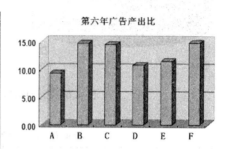

图 4.8 第六年市场占有及广告产出比

第六年初,各组广告费投放情况及上年市场地位如表 4.3 所示。

表 4.3 第六年各组广告费投入表

组别	A 组	B 组	C 组	D 组	E 组	F 组
广告费	24	5	8	14	10	12
市场老大	国际	区域			本地	国内、亚洲

从图 4.8 及表 4.3 可以看出,在这一年里,A 组获得了 25% 的市场占有率,但由于广告投入超出竞争对手第二位的一倍,使得广告产出比在六个组中是最低的,由此说明,不合理的广告投放给 A 组带来了不小的损失。

第一至六年企业利润、所有者权益及市场老大情况如图 4.9 所示。

在六个组中,最终 A 组权益值最高,F 组排名第二,D 组排名第三,C 组排名最后。在这四个组中,C 组是唯一一个没有取得过市场老大地位的组,并且在第五年才开始扭转亏损的局面,而其他组在第三年已开始赢利,从中说明企业市场决策对企业业绩的影响巨大。

公司 \ 年份	起始年	1	2	3	4	5	6
A	66	50	30	64	76	168	237
	2	-36	-20	34	12	92	69
B	66	58	36	47	69	105	109
	2	-28	-22	11	22	36	4
C	66	59	32	30	19	80	102
	2	-27	-27	-2	-11	61	22
D	66	64	38	51	69	98	137
	2		-26	13	29	39	
E	66	61	46	40	33	100	127
	2	-25	-15	-6	-7	67	27
F	66	55	33	83	101	155	206
	2	-31	-22	50	18	54	51
本地		E	E	D	DE	E	E
区域			B	D	B	B	B
国内				F	F	F	F
亚洲					D	F	F
国际						A	A

图 4.9 第一至六年企业利润及所有者权益及市场老大情况

一、知识测评

1. 什么是市场细分？市场细分有哪些依据？
2. 什么是目标市场？如何选择目标市场？

二、技能测评

1. 根据下图第五年市场占有率及广告产出比对本年度市场情况进行分析与评价。

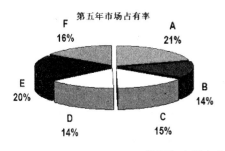
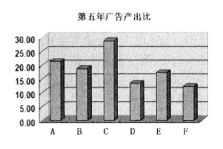

第五年市场占有率及广告产出比

2. 比较本企业和竞争对手的市场占有率及广告产出比情况,并确定本企业下一年的策略。

任务二 产品分析

企业通过生产经营活动生产出多种产品,满足市场需求同时也实现了企业的价值,而产品是实现企业价值的物质载体。本任务从产品组合的概念出发,简要介绍产品组合的宽度、长度、深度和关联性,结合六组模拟企业经营的实际数据进行分析。通过本任务的学习,学员将理解产品分析对企业经营决策的重要性,掌握沙盘模拟产品分析的途径和方法。

知识目标

1. 了解产品组合的概念；
2. 理解产品组合的策略。

技能目标

1. 能够根据沙盘模拟提供的信息分析产品分布；
2. 产品分布信息进行决策和评价。

任务情境

模拟企业经过六年的经营,经营流程记录表中记录了每组每年的经营数据,并且合并产生了组间统计数据,包括每年综合费用表、利润表、资产负债表、产品市场分布图等。

结合这些数据分析评价模拟企业在产品研发上的经营得失。

任务导学

一、产品组合概述

1. 产品组合的含义

产品组合是指一个企业生产或经营的全部产品线和产品项目的组合方式,它包括四个变数:产品组合的宽度、产品组合的长度、产品组合的深度和产品组合的关联性。

（1）产品组合的宽度

产品组合的宽度指企业的产品线总数。产品线也称产品大类、产品系列,是指一组密切相关的产品项目。密切相关是指使用相同的生产技术,产品有类似的功能,同类的顾客群,或同属于一个价格范围。如家电生产企业有电视机生产线、电冰箱生产线等。产品组合的宽度说明了企业的经营范围大小、跨行业经营,甚至实行多角化经营程度。增加产品组合的宽度,可以充分发挥企业的特长,使企业的资源得到充分利用,提高经营效益。

（2）产品组合的长度

产品组合的长度指一个企业的产品项目总数。产品项目指列入企业产品线中具有不同规格、型号、式样或价格的最基本产品单位。通常,每一产品线中包括多个产品项目,企业各产品线的产品项目总数就是企业产品组合的长度。

（3）产品组合的深度

产品组合的深度是指产品线中每一产品有多少品种。如,A 化妆品产品线下的产品项目有三种,A1 化妆品是其中一种,A1 有三种规格和两种配方,A1 的深度是 6。

产品组合的长度和深度反映了企业满足各个不同细分子市场的程度。增加产品项目,增加产品的规格、型号、式样、花色,可以迎合不同细分市场消费者的不同需要和爱好,招徕、吸引更多顾客。

（4）产品组合的关联性

产品组合的关联性指一个企业的各产品线在最终用途、生产条件、分销渠道等方面的相关联程度。较高的产品的关联性能带来企业的规模效益和企业的范围效益,提高企业在某一地区、行业的声誉。

2. 产品组合策略

企业产品组合策略就是根据企业目标,对产品组合的宽度、深度及关联程度进行组合决策。

企业在进行产品组合时,涉及三个方面的问题,需要作出考虑:是否增加、修改或剔除产品项目;是否扩展、填充和删除产品线;哪些产品线需要增设、加强、简化或淘汰,以此来确定最佳的产品组合。

企业在调整产品组合时,可以针对具体情况选用以下产品组合策略:

（1）扩大产品组合策略

扩大产品组合策略是开拓产品组合的广度和加强产品组合的深度。开拓产品组合的广度是指增添一条或几条产品线,扩展产品经营范围;加强产品组合的深度是指在原有的产品线内增加新的产品项目。扩大产品组合的优点是:

①满足不同的偏好的消费者多方面需求,提高产品的市场占有率。

②充分利用企业信誉和商标知名度,完善产品系列,扩大经营规模。

③充分利用企业资源和剩余生产能力,提高经济效益。

④减小市场需求变动性的影响,分散市场风险,降低损失程度。

扩大产品组合的具体方式有:

①在维持原产品品质和价格的前提下,增加同一产品的规格、型号和款式。

②增加不同品质和不同价格的同一种产品。

③增加与原产品相类似的产品。

④增加与原产品毫不相关的产品。

(2)缩减产品组合策略

缩减产品组合策略是削减产品线或产品项目,特别是要取消那些获利小的产品,以便集中力量经营获利大的产品线和产品项目。缩减产品组合的优点有:

①集中资源和技术力量改进保留产品的品质,提高产品商标的知名度。

②生产经营专业化,提高生产效率,降低生产成本。

③有利于企业向市场的纵深发展,寻求合适的目标市场。

④减少资金占用,加速资金周转。

缩减产品组合的方式有:

①减少产品线数量,实现专业化生产经营。

②保留原产品线,削减产品项目,停止生产某类产品,外购同类产品继续销售。

(3)高档产品策略

高档产品策略,就是在原有的产品线内增加高档次、高价格的产品项目。实行高档产品策略主要有这样一些益处:

①高档产品的生产经营容易为企业带来丰厚的利润。

②可以提高企业现有产品声望,提高企业产品的市场地位。

③有利于带动企业生产技术水平和管理水平的提高。

采用这一策略的企业也要承担一定风险。因为,企业惯以生产廉价产品的形象在消费者心目中不可能立即转变,使得高档产品不能很快打开销路,从而影响新产品项目研制费用的迅速收回。

(4)低档产品策略

低档产品策略,就是在原有的产品线中增加低档次、低价格的产品项目。实行低档产品策略的好处是:

①借高档名牌产品的声誉,吸引消费水平较低的顾客慕名购买该产品线中的低档廉价产品。

②充分利用企业现有生产能力,补充产品项目空白,形成产品系列。

③增加销售总额,扩大市场占有率。

低档产品策略的实行能够迅速为企业寻求新的市场机会,同时也会带来一定的风险。如果处理不当,可能会影响企业原有产品的市场声誉和名牌产品的市场形象。此外,这一策略的实施需要有一套相应的营销系统和促销手段与之配合,这些必然会加大企业营销费用的支出。

二、产品研发分析与评价

1. 产品研发分析

对于市场环境中的某种产品,在企业进行产品研发决策时,主要从以下三个方面进行产品分析:

(1)市场需求

企业研发新产品直接目的是为了满足消费者的潜在需求,最终目的是创造条件将潜在需求转换成销售额实现企业价值创造。为此,企业将在研发前期及研发过程中对市场对该产品的需求数量、价格定位、投放市场的时间进行分析研究,确定最值得优先开发的产品,和最后考虑开发的产品。

结合 ERP 沙盘模拟提供的商业预测表,可知,在 P2、P3、P4 三种产品中,P2 产品需求数量及平均毛利最高,其次是 P3 产品,而 P4 产品不仅生产成本高,需求数量少,且平均毛利最低。因此,模拟企业应将产品研发的重心放在 P2、P3 产品上。

(2)研发成本

每种产品的研发成本随着产品技术含量的增加而变大,P2 研发成本最低,P3 其次,而 P4 的研发费用为 18M,结合之前市场需求得出的 P4 需求量最少的情况,研发 P4 的风险最大。

(3)竞争对手

由于市场对同一产品的需求数量是有限的,而企业为了追求自身利益最大化,必然想尽办法提高该产品市场占有率,由此带来了激烈的市场竞争。在竞争中,同一产品的生产厂家越多,竞争就越激烈,围绕着竞争产生的费用越高;而如果某家企业能够采取有效措施规避竞争,或将竞争的激烈程度降低,将会在产品的销售中获得丰厚的回报,寻求产品研发的差异化在所难免。

2. 产品研发评价

图 4.10、图 4.11 是各模拟企业第五年和第六年产品市场分布图及销售业绩图。

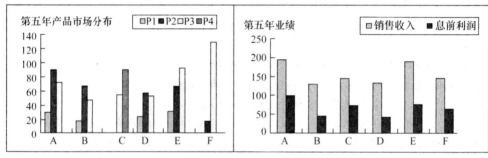

图 4.10　第五年产品市场分布及业绩

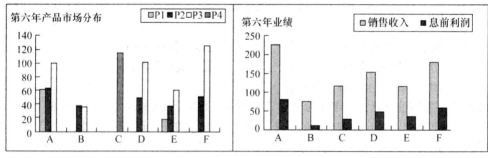

图 4.11　第六年产品市场分布及业绩

由图 4.10 和图 4.11 可以得出如下结论:

(1)六组企业均不重视 P1 产品的生产供应,甚至放弃 P1 产品生产,在生产能力允许的情况下丢失了一部分利润。

(2)P2、P3 产品的竞争异常激烈,每组的单个产品销售额较为均衡。

(3)P4 产品只有一个企业生产,形成显著的差异化竞争,C 从中收获很大。

(4)部分企业产品构成过于单一,难以在不同市场形成产品互补,销售情况波动较大。

（5）销售收入高,但是净利润偏低,需要合理控制成本。

学习测评

一、知识测评

1. 什么产品组合? 产品组合的变数有哪些? 分别表示产品组合哪方面的特征?

2. 产品组合的策略有哪些?

二、技能测评

1. 分析评价图 A 第三年产品市场分布图及销售业绩图。

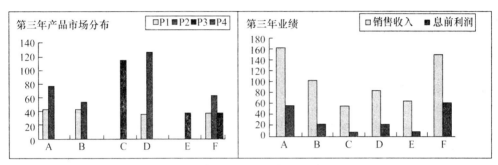

图 A　第三年产品分布及业绩图

2. 结合图 B 第四年产品市场分布及业绩图,试分析模拟企业 C 在第五年的市场应采取的决策。

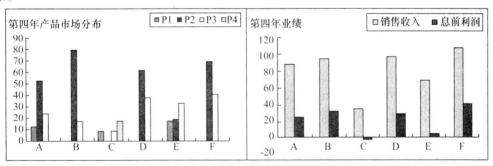

图 B　第四年产品分布及业绩图

任务三　成本分析

沙盘模拟过程中,企业成本的分析与控制也是企业管理的重点。企业不仅要通过营销活动,打开销路,扩大销售额,还应该通过节约成本,在企业竞争中建立成本优势,沙盘模拟中对企业经营过程中的各种成本进行分析,据此提出控制成本的策略。

知识目标

1. 了解成本的含义;

2. 理解成本构成;

3. 掌握成本管理。

技能目标

1. 分析自己企业的成本；
2. 控制企业成本。

 任务情境

A 企业的各个部门在讨论企业的成本问题，纷纷认为过高的成本吃掉了企业的利润。但是，大家争论的焦点是哪些成本吃掉了企业的利润，有的认为是库存成本，有的认为是过高的广告费，有的认为是折旧费用……

沙盘模拟中，企业的成本包括哪些？应该从哪些角度去控制成本？你的企业利润被哪些成本吃掉了？

 任务导学

一、成本与成本管理

1. 成本含义

成本(cost)是企业为生产商品和提供劳务等所耗费物化劳动、活劳动中必要劳动的价值的货币表现，是商品价值的重要组成部分。成本是商品经济的一个经济范畴。

2. 成本分类

成本按照不同的分类标准、从不同的角度可以有不同的分类。

(1)按经济用途可划分成若干个成本项目

①直接材料：有助于产品形成或者构成产品实体的材料耗费。

②直接工资：生产工人工资及福利费用。

③其他直接成本：燃料、动力、专用工具等。

④制造费用：为产品生产发生的各项间接费用，及为组织和管理产品生产所发生的费用。

(2)其他分类

①按形成时间可分为历史成本和未来成本。

②按生产运营过程可分为产品设计成本、采购成本、制造成本、销售成本等。

③按成本管理模式可分为战略成本、标准成本、目标成本等。

④按成本责任可分为责任成本、工时定额、材料消耗定额、能源消耗定额等。

3. 成本管理

成本管理是以企业价值最大化为目的，以成本信息的产生和利用为基础，进行预测决策、计划、控制、分析和考核等一系列的科学管理活动。

二、沙盘模拟企业中的成本问题

1. 沙盘模拟企业的成本与费用构成

(1)经常性费用构成

经常性费用包括直接成本、广告费用、经营费用、管理费、折旧和利息。

直接成本是指企业已销售的产品成本，包括原材料成本和加工费，如某企业第三年共销售出去 3 个 P1 和 3 个 P2，P1 的单位直接成本为 2M，P1 直接成本为 2M×3＝6M，P2 的单位直接成本为 3M，P2 直接成本为 3M×3＝9M，因此，企业直接成本为 P1 和 P2 的直接成本之和，为 6M＋9M ＝15M。

经营费用包括设备维护费、厂房租金、转产费用。

（2）其他成本与费用

其他成本支出还有贴现费用、税金、市场开拓费用、ISO 认证费用、产品研发费用、其他费用等。其他费用包括违约金、卖生产线时、生产线净值超过残值部分等。

另外，原材料成本、生产线投资也是企业需要投入资金的地方。

2. 沙盘模拟企业的成本分析与控制

（1）经常性费用分析与控制

经常性费用的分析主要是通过各部分经常性费用占当年销售收入的比重来衡量成本的结构是否合理，找出成本支出高的费用项目，分析产生原因，并提出控制措施。

经常性费用比例=各部分费用/销售收入，各部分费用之和占销售额的比例小于1，说明企业费用支出少于收入，企业赢利；否则，企业亏损或不赚钱。

从图4.12可以看到，在第三年，D 企业总费用支出占销售额比重最高，支出超出收入46%，费用支出比重较大的是直接成本和利息，直接成本支出比重大（41%），说明销售出去的产品较多，利息支出比重大（46%），说明利息压力较大。E 企业总费用支出占销售额比重小于1，企业赢利，各部分成本控制较为合理（该企业最后获得该组冠军）。A 企业广告成本占销售额比重稍大（19%）。

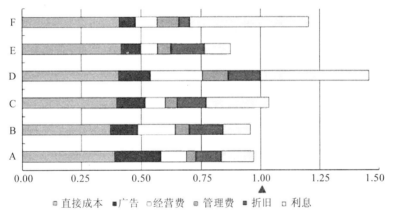

图 4.12　某次沙盘模拟第三年经常性费用占销售额比例

广告费用是对企业影响比较大的一种支出，因为广告投入多少及其分布，不仅要受到企业内部因素（如现金流、竞争战略、产品开发与生产等）的影响，而且还是关注竞争对手的动态，与竞争对手博弈的一个过程。广告投入工作做得好，能使资金使用价值最大化，钱半功倍，否则，可能钱倍功半。广告投入策略可以参考"应战篇模块四任务一"广告投放部分内容。

经营费用中设备维护费是为了保证生产线正常运转而必须支付的费用，此成本的控制主要是在生产线投资和变卖生产线时机的选择上。例如，生产线投资规则中规定，当年卖掉的生产线是不需要交纳设备维护费的，设备维护费是在每年的第四季度末时交纳，而生产线在每个季度都可以卖掉，因此，企业可以选择在交纳维护费之前的任何一个季度卖掉生产线，就可以少交维护费。

利息的支出控制主要是合理选择贷款种类、贷款时机，提高资金运用效率等。各种贷款的利率是不一样的，高利贷利率最高，短贷次之，长贷最低。企业贷款之后，要合理运用资金，只有资金流动起来，才会"生"出更多的钱。如果企业贷款之后，把资金放在金库里不投资，而又要支付无谓的利息,便得不偿失。

(2)其他成本分析与控制

市场开拓费用、ISO 认证费用、产品研发费用属企业生存和发展必要的投入,对于这些投资来说,一般只在前几年进行,后期基本没有投入,因此,属于阶段性成本支出。对于这类属于投资性的支出来说,应该事先做好规划,关键是确定开发哪些市场、进行哪种 ISO 认证、研发哪些产品,以及选好投资时机。在沙盘模拟中,有很多企业开发了产品 P4,却还没有安排生产 P4 的生产线,或者从来没有在 P4 产品上投入广告。

生产线投资是企业提高生产能力和生产效率的需要。新生产线的投资属于增加企业固定资产价值,但是,生产线每年都有维护费,还需要计提折旧,因此,对于企业来说,生产线投资是企业参与竞争的利器,但是,在投资之前,需要做好规划和预算,关键是确定好投资时机和生产线类型。

原材料成本支出主要通过合理制定采购计划、控制原材料库存等方式进行控制,保证企业能够在需要时得到需要数量和合适品种的原材料,坚决避免缺货,尽量避免提前采购和过量采购,控制采购成本,减少资金占用。具体可以参考"善战篇模块五任务二"采购计划编制和"应战篇模块六任务二"库存控制的内容。

对于贴现费用的控制,主要要做好现金预算和各种投资和支出的预算,比较各种筹资方式的成本,选择筹资成本最小的方式。

违约金是由于企业不能按时或按量交货,导致订单违约而支付给客户的赔偿。企业出现违约,不仅要遭受资金损失,而且还可能对企业市场地位产生影响,因此,营销总监在选择订单时,必须要了解企业各种产品的库存和产能,慎重选择订单。

 学习测评

一、知识测评

1. 成本的含义是什么?
2. 企业的成本构成有哪些?

二、技能测评

1. 分析企业的经常性费用情况,并与竞争对手比较,提出相应改进策略。
2. 讨论:如何避免违约?
3. 结合"善战篇模块三任务三"关于广告策略部分内容,分析如何提高广告效用。

任务四　财务分析

企业年度经营结束后需要编制综合费用表、利润表、资产负债表等财务报表,通过财务报表,相关人员可以明确企业年度经营状况,并为日后的经营提供指导。沙盘模拟中,编制财务报表是财务总监的重要职责;但报表编制不是财务总监一人的职责,该过程中需要各个部门通力合作,为财务总监提供相应数据支持。

知识目标

1. 了解财务指标分析的概念与方法;
2. 理解并掌握偿债能力分析;
3. 理解并掌握营运能力分析;

4. 理解并掌握赢利能力分析;

5. 理解杜邦财务分析体系。

技能目标

1. 能够根据本企业财务报表的相关数据进行基本财务指标分析;

2. 在基本财务指标分析的基础上,能够运用杜邦分析体系综合分析本企业的经营状况;

3. 综合评价企业经营现状,为日后发展提供指导。

 **任务情境**

　　沙盘模拟中,C 小组上交了本年度的资产负债表、利润表等财务报表后,发现有两个竞争对手 A 小组和 B 小组的总资产、当年销售额跟本企业的数据不相上下,但三个企业的当年得分却相差很大,其中 B 小组的经营业绩明显好于本企业,而 A 小组则差很多。C 小组的财务总监陷入深思:是什么原因导致经营结果的差异如此之大? 如何通过财务数据进一步分析企业的经营情况,从而指导来年的经营?

　　如果你是该企业的财务总监,你知道需要哪些财务报表吗? 你知道如何编制利润表、资产负债表吗? 你知道如何解读利润表、资产负债表吗?

任务导学

　　在"应战篇模块三"中,我们已经学习了沙盘中财务总监所必需完成的操作,并最终编制了利润表、资产负债表等财务报表,似乎财务总监的年度任务已经完成了。然而编制的财务报表有何意义? 透过财务报表又能发现哪些问题? 实际上,为了更深入地了解企业的状况,我们必须对企业的财务数据进行详细的分析。

　　财务分析能将会计数据背后的经济含义从晦涩的会计程序中挖掘出来,使投资者和债权人等更全面地了解一个企业经营业绩和财务状况的真实面目,从而为他们的决策提供支持。对于包括投资人、债权人、管理者在内的许多人来说,掌握财务分析的技能是必需的,特别是对公司内部的管理者。只有掌握这种技能,才能诊断公司的症状,开出治疗药方,并能预测其经营活动的财务成果。对于财务分析可以从偿债能力、营运能力、赢利能力等角度分析,也可以借助杜邦分析体系进行综合分析。

一、偿债能力分析

　　偿债能力是指企业偿还到期债务(包括本息)的能力,偿债能力分析包括短期偿债能力分析和长期偿债能力分析,其具体指标如图4.13所示。

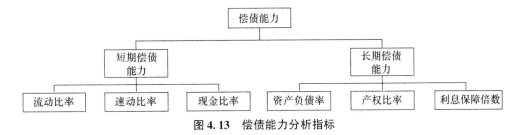

图 4.13　偿债能力分析指标

1. 短期偿债能力分析

短期偿债能力是指企业流动资产对流动负债(即短期负债)及时足额偿还的保证程度,是衡量企业当前财务能力,特别是流动资产变现能力的重要标志,衡量指标主要有流动比率、速动比率和现金流动负债率。

(1)流动比率

流动比率是流动资产与流动负债的比率,表示企业单位流动负债有多少流动资产作为偿还的保证,反映了企业的流动资产偿还流动负债的能力。其计算公式为:

流动比率=流动资产÷流动负债

一般情况下,流动比率越高,反映企业短期偿债能力越强,因为该比率越高,不仅反映企业拥有较多的营运资金抵偿短期债务,而且表明企业可以变现的资产数额较大,债权人的风险越小。从理论上讲,流动比率为2是比较合理的。但是,由于行业性质不同,流动比率的实际标准也不同。所以,在分析流动比率时,应将其与同行业平均流动比率、本企业历史的流动比率进行比较,才能得出合理的结论。

沙盘模拟中,流动资产主要由现金、应收账款和存货(含库存产品、在制品和库存原材料)组成,流动负债由短期贷款、高利贷、应交税金组成。应该注意到,流动资产中的存货变现能力是较慢的,例如原材料变现需要经过至少1Q的生产周期(即使采用生产效率最高的柔性生产线、全自动生产线也需要1Q),还需要经过至少1Q方可销售,且在库成品也可能存在滞销的问题,即使顺利销售之后得到的也多是应收账款(沙盘模拟中,0账期的销售订单是很少的)。因此,分析流动比率时应充分考虑存货所造成的影响。

(2)速动比率

速动比率又称酸性测试比率,是企业速动资产与流动负债的比率。其计算公式为:

速动比率=(流动资产-存货)÷流动负债

速动比率扣除了存货对于偿债的影响,传统经验认为,速动比率维持在1较为正常,它表明企业的每1元流动负债就有1元易于变现的流动资产来抵偿,短期偿债能力有可靠的保证。速动比率过低,企业的短期偿债风险较大,速动比率过高,企业在速动资产上占用资金过多,会增加企业投资的机会成本。

沙盘模拟中,考虑速动比率时应着重考虑流动资产中的应收账款所带来的影响。沙盘中销售订单的账期大多在1~4季度之间,而应收账款并不能直接偿还贷款(除非通过贴现的形式得到现金,而此时则产生了大量额外财务费用,降低企业竞争能力),当应收账款的账期大于流动负债的偿还期时,企业经营可能存在风险。

(3)现金比率

现金比率=(流动资产-存货-应收账款)÷流动负债

现金比率进一步扣除了应收账款的影响,反映了企业流动负债的绝对偿还能力,但该指标并不是越大越好,企业保留过多的现金则可能意味着经营过于保守。

2. 长期偿债能力分析

长期偿债能力是指企业偿还长期负债的能力。它的大小是反映企业财务状况稳定与否及安全程度高低的重要标志,其分析指标主要有四项:

(1)资产负债率

资产负债率又称负债比率,是企业的负债总额与资产总额的比率。它表示企业资产总额中,债权人提供资金所占的比重,以及企业资产对债权人权益的保障程度。其计算公式为:

资产负债率=(负债总额÷资产总额)×100%

资产负债率高低对企业的债权人和所有者具有不同的意义。债权人希望负债比率越低越好,此时,其债权的保障程度就越高。对所有者而言,最关心的是投入资本的收益率。只要企业的总资产收益率高于借款的利息率,举债越多,即负债比率越大,所有者的投资收益越大。一般情况下,企业负债经营规模应控制在一个合理的水平,负债比重应掌握在一定的标准内。

（2）产权比率

产权比率是指负债总额与所有者权益总额的比率,是企业财务结构稳健与否的重要标志,也称资本负债率。其计算公式为:

负债与所有者权益比率＝（负债总额÷所有者权益总额）×100%

该比率反映了所有者权益对债权人权益的保障程度,即在企业清算时债权人权益的保障程度。该指标越低,表明企业的长期偿债能力越强,债权人权益的保障程度越高,承担的风险越小,但企业不能充分地发挥负债的财务杠杆效应。

沙盘模拟中,起始年过后,企业长期负债为40M,所有者权益为66M,产权比率为60.6%,说明该企业的产权比率相对较低,企业可以进一步通过贷款方式获得更多的资金用于市场开拓、产品研发及生产能力提升等领域,从而使企业获得更多的发展空间。

（3）利息保障倍数

利息保障倍数又称为已获利息倍数,是企业息税前利润与利息费用的比率,是衡量企业偿付负债利息能力的指标。其计算公式为:

利息保障倍数＝息税前利润÷利息费用

利息费用是指本期发生的全部应付利息,包括流动负债的利息费用、长期负债中进入损益的利息费用以及进入固定资产原价中的资本化利息。利息保障倍数越高,说明企业支付利息费用的能力越强;利息保障倍数越低,说明企业难以保证用经营所得来及时足额地支付负债利息。因此,它是企业是否应当举债经营,衡量其偿债能力强弱的主要指标。

二、营运能力分析

营运能力反映企业在资产管理方面的绩效,营运能力分析是对企业管理层管理水平和资产运用能力的分析,其主要指标包括:

1. 应收款项周转率

应收款项周转率也称应收款项周转次数,是一定时期内销售收入净额与平均应收款项余额的比值,是反映应收款项周转速度的一项指标。其计算公式为:

应收款项周转率＝销售收入÷平均应收账款余额

应收账款周转率反映了企业应收账款变现速度的快慢及管理效率的高低,周转率越高表明:①收账迅速,账龄较短;②资产流动性强,短期偿债能力强;③可以减少收账费用和坏账损失,从而相对增加企业流动资产的投资收益。同时借助应收账款周转期与企业信用期限的比较,还可以评价购买单位的信用程度,以及企业原定的信用条件是否适当。

沙盘模拟的起始年,企业销售收入为32M,年末应收账款为15M,年初应收账款为0M,则应收款项周转率＝32÷（（15+0）÷2）×100%＝4.27%,该比率较低;当然,实际经营过程中,订单的账期对该比率产生较大影响。

2. 存货周转率

存货周转率也称存货周转次数,是企业一定时期内的销售成本与存货平均余额的比率,它是反映企业的存货周转速度和销货能力的一项指标,也是衡量企业生产经营中存货营运效率的一项综合性指标。其计算公式为:

存货周转率＝销售成本÷存货平均余额

存货周转速度快慢,不仅反映出企业采购、生产、销售各环节管理工作状况的好坏,而且对企业的偿债能力及获利能力产生决定性的影响。一般来说,存货周转率越高越好,存货周转率越高,表明其变现的速度越快,资金占用水平越低。存货占用水平低,存货积压的风险就越小,企业的变现能力以及资金使用效率就越好。

沙盘模拟起始年,企业销售 6 个 P1 产品,总销售成本为 12M(每个 P1 的成本为 2M),年初存货为 17M(含在库成品、在制品、原材料),年末存货为 16M(含在库成品、在制品、原材料);因此,存货周转率 $= 12 \div [(16+17) \div 2] = 0.72$,存货周转天数 $= 360 \div 0.72 = 500$ 天,说明企业的存货周转速度过慢。究其原因,一是企业生产能力差(3 条手工生产线、1 条半自动生产线)、生产周期过长;二是起始年企业得到的订单较少,造成了大量库存积压。

3. 总资产周转率

总资产周转率是企业主营业务收入净额与资产总额的比率。它可以用来反映企业全部资产的利用效率。其计算公式为:

总资产周转率 = 销售收入 ÷ 平均资产总额

总资产周转率反映了企业全部资产的使用效率。该周转率高,说明全部资产的经营效率高,取得的收入多;该周转率低,说明全部资产的经营效率低,取得的收入少,最终会影响企业的赢利能力。

沙盘模拟中,企业应采取各项措施来提高企业的资产利用程度,如提高销售收入或处理多余的资产。

三、赢利能力分析

赢利能力就是企业资金增值的能力,它通常体现为企业收益数额的大小与水平的高低。企业赢利能力的分析可从销售利润率、资产利润率和净资产收益率等方面分析。

1. 销售利润率

销售利润率是企业的利润与主营业务收入净额的比率,其计算公式为:

销售利润率 = 净利润 ÷ 销售收入 × 100%

销售利润率指标反映了每元销售收入给企业带来的利润。该指标越大,说明企业经营活动的赢利水平较高。沙盘模拟起始年,企业销售收入为 32M,根据利润表得知当年的净利润为 2M,因此销售利润率 $= 2 \div 32 \times 100\% = 6.3\%$,企业经营绩效一般,日后经营中应着力提升该比率。

2. 资产净利率

资产净利率是企业净利润与平均资产总额的比率。它是反映企业资产综合利用效果的指标。其计算公式为:

资产净利率 = 净利润 ÷ 平均资产总额

资产净利率越高,表明企业资产利用的效率越好,整个企业赢利能力越强,经营管理水平越高。沙盘模拟起始年,企业净利润为 2M,年初资产总额为 105M,年末资产总额为 107M,可得到资产利润率 $= 2 \div [(105+107) \div 2] \times 100\% = 1.9\%$。

3. 净资产收益率

净资产收益率亦称净值报酬率或权益报酬率,它是指企业一定时期内的净利润与平均净资产的比率。它可以反映投资者投入企业的自有资本获取净收益的能力,即反映投资与报酬的关系,因而是评价企业资本经营效率的核心指标。其计算公式为:

净资产收益率 = 净利润 ÷ 平均净资产 × 100%

净资产收益率是评价企业自有资本及其积累获取报酬水平的最具综合性与代表性的指标,反映企业资本营运的综合效益。该指标通用性强,适用范围广,不受行业局限。一般认为,企业净资产收益率越高,企业自有资本获取收益的能力越强,运营效益越好,对企业投资人、债权人的保障程度越高。沙盘模拟起始年,企业的净利润为2M,年初企业净资产(所有者权益)为64M,年末为66M,净资产收益率 $= 2 \div [(64+66) \div 2] \times 100\% = 3\%$,说明该企业的净资产收益率处于较低水平,需要进一步提升。

四、杜邦分析法

以上介绍的财务指标本身存在一定的局限性,企业的财务分析不能仅针对一个或几个指标,需要全面地综合分析,从而达到全面分析、评价的目的,我们可以借助杜邦分析法。

杜邦分析法是20世纪20年代由美国杜邦公司首先采用的表现衡量标准,一直沿用至今,故称为杜邦分析法。杜邦分析法是利用各个主要财务比率之间的内在联系,建立财务比率分析的综合模型,综合地分析和评价企业财务状况和经营业绩。采用杜邦分析图将有关分析指标按内在联系加以排列,可直观地反映出企业的财务状况和经营成果的总体面貌,如图4.14所示。

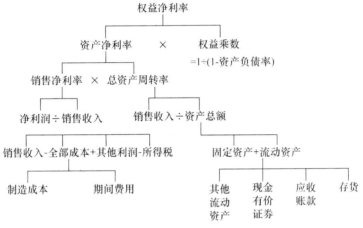

图4.14　杜邦分析体系

由杜邦分析体系图可以看出,杜邦分析法将若干评价企业经营绩效和财务状况的比率综合起来分析,形成一个综合性评价体系,该方法为使用者提供了一个层次清晰的分析模型,其基本思路是:

净资产收益率是一个综合性最强的财务分析指标,是杜邦分析系统的核心。

资产净利率是影响权益净利率最重要的指标,具有很强的综合性,而资产净利率又取决于销售净利率和总资产周转率的高低。总资产周转率是反映总资产的周转速度;对资产周转率的分析,需要对影响资产周转的各因素进行分析,以判明影响公司资产周转的主要问题在哪里。销售净利率反映销售收入的收益水平,扩大销售收入、降低成本费用是提高企业销售利润率的根本途径,而扩大销售也是提高资产周转率的必要条件和途径。

权益乘数表示企业的负债程度,反映了公司利用财务杠杆进行经营活动的程度。资产负债率高,权益乘数就大,这说明公司负债程度高,公司会有较多的杠杆利益,但风险也高;反之,资产负债率低,权益乘数就小,这说明公司负债程度低,公司会有较少的杠杆利益,但相应承担的风险也低。

以某沙盘模拟比赛实际数据为例,E小组经营6年的利润表如表4.4所示、资产负债表如表4.5所示,可以根据杜邦分析法得出该企业第6年的相关数据,如图4.17所示。

销售净利率 $= 24 \div 133 = 0.18$

总资产周转率 = 133 ÷ 222.5 = 0.60

总资产收益率 = 0.18 × 0.6 = 0.11

净资产收益率 = 0.11 × 1.82 = 0.20

通过以上数据可以看出,E 小组在第 6 年的经营情况良好,企业已经步入正轨。

表 4.4 E 小组 6 年的利润表

项目	1	2	3	4	5	6	7	8
销售收入	36	44	72	66	138	133		
直接成本	14	18	30	26	57	65		
毛利	22	26	42	40	81	78		
综合费用	29	19	24	15	20	19		
折旧前利润	−7	7	18	25	61	59		
折旧	4		10	6	9	12		
息前利润	−11	7	8	19	52	47		
财务收/支	4	7	8	10	11	11		
额外收/支								
税前利润	−15			9	41	36		
税					13	12		
净利润	−15			9	28	24		

表 4.5 E 小组 6 年的资产负债表

资产									负债+权益								
流动资产	1	2	3	4	5	6	7	8	负债	1	2	3	4	5	6	7	8
现金	26	15	24	27	35	25			长期负债	60	60	80	80	80	60		
应收	36	44	56	39	103	84			短期负债	20	40	40	40	60	20		
在制品	8	11	11	15	18	18			应付款								
产成品	4	4	2	12	2	7			应缴税					13	12		
原材料					1				1年期长贷								
流动合计	34	74	93	93	159	134			负债合计	80	100	120	120	153	92		
固定资产									权益								
土地和建筑	40	40	40	40	40	40			股东资本	50	50	50	50	50	50		
机器设备	5	37	26	35	42	30			利润留存	16	1	1	1	10	38		
在建工程	12		12	12					年度利润	−15			9	28	24		
固定合计	57	77	78	87	82	70			权益小计	51	51	51	60	88	112		
资产总计	131	151	171	180	241	204			负债权益总计	131	151	171	180	241	204		

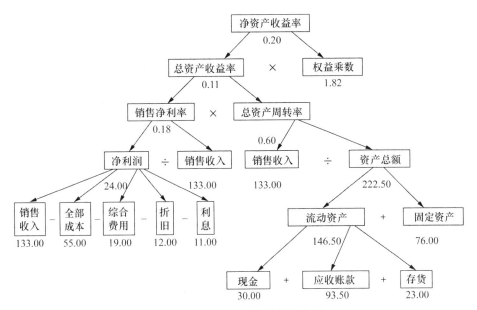

图 4.15　E 小组 6 年的杜邦分析

学习测评

一、知识测评

1. 企业编制的利润表、资产负债表等财务报表有何意义?

2. 衡量企业偿债能力的指标有哪些? 衡量企业营运能力的指标有哪些?

3. 企业可用销售利润率、资产利润率和净资产收益率等指标分析赢利能力,你知道这几个指标有何含义吗?

二、技能测评

1. 沙盘模拟中,你能否用杜邦分析法综合分析、评价本企业的经营状况?

2. 能否计算本企业销售利润率、资产利润率和净资产收益率这三个指标? 能否用这三个指标分析企业的赢利能力?

3. 依据上题计算结果,讨论本企业该如何提高企业赢利能力。

任务五　综合评价

沙盘模拟经营结束了,企业需要了解自己的经营成果,对自己的战绩进行分析和评价。在沙盘模拟中,提供了综合评价的指标和评价方法。本任务以该评价标准为基础,介绍如何对模拟企业进行综合评价。

知识目标

1. 了解沙盘模拟企业综合评价指标;

2. 掌握沙盘模拟企业综合评价计分方法。

技能目标

1. 评价企业经营成果;

2. 各个角色能利用综合评价结果评价自己的工作。

任务情境

　　沙盘模拟经营结束了,企业各个角色都热切地关注着企业在市场竞争中的地位如何。A企业CEO高兴地说:"我们的所有者权益排名第一,所以,我们应该是第一名!"而营销总监却不以为然。

　　该如何评价我们的经营成果呢?

任务导学

一、沙盘模拟企业参与评价条件

1.企业参与综合评价条件

(1)在企业沙盘模拟过程中,企业没有破产(破产条件:资金链断流或所有者权益为负);

(2)企业没有作弊行为;

(3)各种材料齐备、完整、规范;

(4)各角色自始至终参与企业经营。

2.参评资格审查

(1)是否破产;

(2)是否有作弊行为;

(3)材料是否齐备;

(4)各年度各企业加分、扣分情况汇总。

二、沙盘模拟企业综合评价

　　沙盘模拟经营结束后,将对各个企业的经营状况进行综合评价,选出获胜企业。综合评价是根据企业的所有者权益、资产状况、产品开发、市场开拓、市场地位等综合评分计算出来的。计算公式为:

　　综合得分=所有者权益×(1+企业发展潜力分数/100)

　　评分以最后一年的企业所有者权益为基数。企业发展潜力分数按照下列表格中的规定计分。

表4.6　企业发展潜力评价标准

	A	B	C	D	E	F	权重系数按下列条件计算
大厂房							+15
小厂房							+10
手工生产线							+5/条
半自动生产线							+10/条
全自动/柔性生产线							+15/条
区域市场开发							+10
国内市场开发							+15
亚洲市场开发							+20

续表

	A	B	C	D	E	F	权重系数按下列条件计算
国际市场开发							+25
ISO9000							+10
ISO14000							+10
P2产品开发							+10
P3产品开发							+10
P4产品开发							+15
本地市场							+15/第六年市场第一
区域市场							+15/第六年市场第一
国内市场							+15/第六年市场第一
亚洲市场							+15/第六年市场第一
国际市场							+15/第六年市场第一
高利贷扣分							每次扣分分数（　　）
其他扣分							其他扣分分数

评价标准说明：

（1）厂房分数以第六年是否具有自主产权为依据，"1"表示具有自主产权。

（2）生产线分数按照条计算，生产线条数计算可以按照该生产线是否加工完成产品为标准。

（3）市场开发分数以开发完成为标准计分，由于本地市场原来就有，因此不计分。"1"表示已经开发完成;ISO、产品计分方式与此类似,P1产品原来就已经开发,因此也不计分。

（4）市场地位加分是指第六年时获得市场老大地位,之前取得的市场老大地位不计算分数,"1"表示是该市场老大。

（5）扣分分为高利贷扣分和其他扣分。高利贷扣分按次数计算,每次扣分分数可以由指导教师自行设定,如5分/次。其他扣分是指企业在模拟运营过程中,由于违规而受到的罚分。常见罚分情况有超时、报表错误、违规操作、作弊、迟到、旷课、损坏教具等,具体分数可由教师自行决定。

（6）指导教师也可以对运营效率高的企业给予加分,如报表规范准确且速度快（在规定时间内交报表）,加分分值由教师自行设定,加分分数最后在第六年经营结束之后,折算成各种相应分数资产,计算分数,如某企业+50分,可以折算成3条全自动生产线和1条手工生产线。

表4.7　某次沙盘模拟各企业发展潜力评价实例

	A	B	C	D	E	F	权重系数按下列条件计算
大厂房			1				+15
小厂房			1				+10
手工生产线	1			1	1		+5/条
半自动生产线	1				5		+10/条
全自动/柔性生产线			6	3	2		+15/条

续表

	A	B	C	D	E	F	权重系数按下列条件计算
区域市场开发			1				+10
国内市场开发			1	1			+15
亚洲市场开发			1	1	1		+20
国际市场开发	1				1		+25
ISO9000	1	1	1		1		+10
ISO14000					1		+10
P2 产品开发	1	1	1				+10
P3 产品开发	1	1	1	1	1		+10
P4 产品开发							+15
本地市场		1					+15/第六年市场第一
区域市场			1				+15/第六年市场第一
国内市场			1				+15/第六年市场第一
亚洲市场					1		+15/第六年市场第一
国际市场	1						+15/第六年市场第一
高利贷扣分							每次扣分分数( )
其他扣分							其他扣分分数

由表 4.8 可以看出各个企业各年度的所有者权益和市场地位情况,最后一列总分是根据表 4.7 的评分标准综合得出的。可以看出,C 企业最后的所有者权益最高,总分也最高,F 企业由于在第 3 年所有者权益为负,因此宣告破产,不参与最后评分和排名(比赛时,为了保证竞争强度,可以让破产企业继续经营,但是,对其经营要做限制,如设定广告投入上线,避免其扰乱市场)。B 企业所有者权益和总分均最低。

表 4.8 某次沙盘模拟各企业经营成果展示

企业年份	1	2	3	4	5	6	总分
A	50	29	17	24	22	39	72.2
B	32	15	10	22	25	37	53.7
C	42	35	46	67	95	145	464.0
D	49	31	37	27	38	53	103.4
E	44	32	29	29	39	51	142.8
F	41	14	−13	−39	33	36	

续表

企业年份	1	2	3	4	5	6	总分
本地市场	A	E	D	B	B	B	
区域市场		C	C	C	C	C	
国内市场			C	C	C	C	
亚洲市场				E	E	E	
国际市场					A	A	

学习测评

一、知识测评

1. 沙盘模拟企业的综合评价指标有哪些？

2. 沙盘模拟企业的综合评价计分标准有哪些？

3. 什么样的企业不能参与最后综合评价？

二、技能测评

1. 依据表4.4的评价标准评价自己的企业。

2. 与竞争对手相比较，综合评价中哪些指标落后于竞争对手？

模块二 总结报告

任务一 报告撰写

经营模拟结束后,企业 CEO 要对模拟经营过程中的企业发展情况进行总结,并对各个成员,尤其是自己在企业发展过程中的作用给予评价。其他角色也要对自己六年模拟经营过程中的工作进行总结和报告,本任务主要介绍 CEO 及其他角色如何撰写总结报告。

知识目标

CEO、CFO、CPO、CSO、COO、CIO 总结报告的主要内容。

技能目标

1. 撰写符合自己角色的总结报告;
2. 分析其他角色的总结报告。

经过六年的模拟运营,每个企业的角色都完成了这次沙盘模拟的任务,但是,完成不等于结束。在沙盘模拟过程中,每个角色都发挥着自己的作用,但是,有的企业可能取得了成功,也有的企业可能成绩不理想,不管什么样的结果,不管是什么角色,每个人都在沙盘模拟过程中有了收获和值得反思的地方,尤其是作为企业的灵魂——CEO,更是应该带领自己的团队总结经验和教训,把沙盘模拟的心得体会进行总结,形成报告。

那么,CEO 应该从哪些方面去总结呢? 其他角色人员又应该从哪些方面去总结呢?

任务导学

一、CEO 总结报告的主要内容

CEO 总结报告的主要内容包括以下几个方面:

(1)承担的角色以及主要职责。

(2)企业的经营成果及其与竞争对手比较。

(3)企业经营模拟过程回顾。

(4)企业经营模拟主要决策及其背景。

(5)从 CEO 角度出发,总结企业成功或失败的原因。

(6)主要的经验与教训。

(7)继续经营的设想与方案。

(8)沙盘经营模拟对自己未来生活与工作的启示。

二、CFO 总结报告的主要内容

CFO 总结报告的主要内容包括以下几个方面:

(1)承担的角色以及主要职责。

(2)企业的经营成果及其与竞争对手比较(侧重于财务指标)。

(3)企业经营模拟过程回顾。

(4)企业经营模拟主要决策及其背景(侧重于财务决策)。

(5)从 CFO 角度出发,总结企业成功或失败的原因。

(6)从 CFO 角度总结主要的经验与教训。

(7)继续经营的财务管理设想与方案。

(8)沙盘经营模拟对自己未来生活与工作的启示。

三、CPO 总结报告的主要内容

CPO 总结报告的主要内容包括以下几个方面:

(1)承担的角色以及主要职责。

(2)企业的经营成果及其与竞争对手比较(侧重于采购、库存方面)。

(3)企业经营模拟过程回顾。

(4)企业经营模拟主要决策及其背景(侧重于采购与库存决策)。

(5)从 CPO 角度出发,总结企业成功或失败的原因。

(6)从 CPO 角度总结主要的经验与教训。

(7)继续经营的采购管理对策。

(8)沙盘经营模拟对自己未来生活与工作的启示。

四、CIO 总结报告的主要内容

CIO 总结报告的主要内容包括以下几个方面:

(1)承担的角色以及主要职责。

(2)企业的经营成果及其与竞争对手比较(侧重于采购、库存方面)。

(3)企业经营模拟过程回顾。

(4)经营模拟过程中,哪些是你所在企业的潜在竞争对手。

(5)在沙盘模拟过程中,你搜集了哪些方面的情报。

(6)这些情报是如何分析的。

(7)这些情报哪些在企业决策过程中发挥了重大作用。

(8)你的工作的失误之处。

(9)沙盘经营模拟对自己未来生活与工作的启示。

五、CSO 总结报告的主要内容

CSO 总结报告的主要内容包括以下几个方面:

(1)承担的角色以及主要职责。

(2)企业的经营成果及其与竞争对手比较(侧重于销售额、市场占有率、产品组合、市场开发等方面)。

(3)企业经营模拟过程回顾。

(4)企业经营模拟主要决策及其背景(侧重于市场与产品开发、ISO 认证、订单选取等)。

(5)从 CSO 角度出发,总结企业成功或失败的原因。

(6)从 CSO 角度总结主要的经验与教训。

(7)继续经营的营销对策。

(8)沙盘经营模拟对自己未来生活与工作的启示。

六、COO 总结报告的主要内容

COO 总结报告的主要内容包括以下几个方面：

(1)承担的角色以及主要职责。

(2)企业的经营成果及其与竞争对手比较(侧重于生产线、产品产能、厂房等)。

(3)企业经营模拟过程回顾。

(4)企业经营模拟主要决策及其背景(侧重于生产线投资、变卖、转产,生产计划等)。

(5)从 COO 角度出发,总结企业成功或失败的原因。

(6)从 COO 角度总结主要的经验与教训。

(7)继续经营的生产对策。

(8)沙盘经营模拟对自己未来生活与工作的启示。

学习测评

一、知识测评

从你的角色出发说说总结报告需要总结哪些内容。

二、技能测评

1. 结合经营实际和你的角色撰写总结报告。

2. 企业召开全体会议,讨论各个角色报告,并针对报告提出自己的意见和建议。

任务二　报告实例

本任务把一些参加沙盘模拟的学员的总结报告以实例形式展示出来,这些报告可能提供一些值得借鉴的经验,也可能存在着一些不足,在此仅供大家参考。

知识目标

各种角色总结报告的实例。

技能目标

1. 结合自己的角色,对该任务中给出的报告实例进行评析;

2. 与自己的报告相比较,说明自己的报告有哪些优点和不足。

任务情境

对任务中的一些报告大家必然是仁者见仁,智者见智。现在 A 企业的 CEO 正带领本企业成员讨论每个角色的报告,有人认为自己的报告比任务中的报告写得好,有人则认为还是任务中的报告写得更好。那么,你认为如何?

任务导学

一、CEO 总结报告实例

某沙盘模拟企业 CEO 总结报告

一、担任的工作分析

在沙盘模拟实践中,我担任 B 组的 CEO。主要负责企业整体的运营和规划,在企业中处于管理核心地位,整个盘面都是工作区域,经常与营销总监共同工作。具体包括同营销总监共同决定企业的营销策略,考虑营销策略对现金流的影响以及是否具有相应的生产能力。CEO 的决策对整个企业具有关键作用,很大程度上决定了企业生存发展状况。

在沙盘模拟中,CEO 必须制定公司的发展策略,比如与营销总监商讨应当重点开发哪个市场,重点开发哪个产品等等,这些都是会议的重点。我深切地体会到,明确长期的发展战略是我的工作重点。

二、本企业发展状况的分析及成功之处

第一年

在第一年的实际操作中,我们在本地市场对 P1 产品投下了 1M 的广告费,可以说这是一个比较低而且出乎意料的数字,实际中,我们拿到了 3 个 P1 的订单,切合我们的产量需求。按照我们的计划,我们不打算在第一年争市场老大,而是充分利用多余的资金在 2Q 来进行 2 条全自动生产线的投资,这样在第二年的第二季度我们就能尽快进行 P2 的生产,P2 则是接下来两年的重点销售产品。第一年结束,我们组的所有者权益是 54,一个意料中的数字,因为第一年中,对生产线的投资才是我们的工作重点。然而值得一提的是,我们在广告的投资上,以最小的资金换得了理想中的广告订单,取得了最大的广告效率。

出奇的策略,让我们制胜。第一年的顺利让我们对接下来几年的经营充满了信心。

第二年

在最初广告费的投入上,我们投下了 11M。具体是本地市场 8M(P1 为 3M、P2 为 5M),区域市场 3M(P1),销售产品数量 10 个。在第二年的 2Q,P2 产品开始进行生产,P1 仍是第二年的主打产品,按照我们的预算,到年末,我们共有 9 个 P1,4 个 P2。在第二年的 2Q,P2 产品开始进行生产,P1 仍是第二年的主打产品,按照我们的预算,到年末,我们共有 9 个 P1,4 个 P2,鉴于我们团队认为本地市场的市场需求乃至价格仍有十分大的利润空间,因此我们所投的广告费是为了力保我们在第三年仍然能保持市场老大的地位,实际操作中,我们也的确保住了市场老大的地位。

这一年我们的所有者权益是 53,略有亏损。

第三年

首先讲解一下我们这年初所投下的广告费。在本地市场方面投入了 2M(P1 为 1M、P2 为 1M),区域市场 1M(P2),国内市场 4M(P1 为 1M、P2 为 3M),最终销售产品的数量是 14 个。由于我们是第三年的本地市场的老大,所以在本地市场我们争取拿到对我们组较有利的订单,我们依然能够以尽量少的资金获取较大的营业额,这对我们继续保持第四年的本地市场老大有关键作用。

第三年,由于在现金运算方面的失误,导致我们陷入了资金短缺的困局,且所开的生产线仍得继续开发,同时又必须开发新的生产线,以提高第四年的产能,这些都让我们感到非常棘手。

但是由于这一年销售的情况非常理想,所以从这一年开始,我们企业由亏损转为赢利,所有者权益达到了 68。

第四年

第四年开始,我们已经开始逐步了解市场的大致需求,计算出自己的产能后,我们最终在本地市场投入了 3M、区域市场 1M、国内市场 1M、亚洲市场 3M 的广告费,销售产品达到了 17 个。良好的销售情况让企业继续处于正常赢利状态。这一年我们的所有者权益达到了 90。

但是在这一年,我们却出现了一个决策上的失误,即没有在资金充裕的情况下继续开发生产线,让过多的现金积压而没有充分利用。

第五年

按照本来的策略计划,从第五年开始,生产重心逐步向 P3 转移。所以在这一年,我们把更多

的广告费投在了P3的订单上。共投入8M的广告费,其中本地市场4M,区域市场1M,国内市场1M,亚洲市场2M,销售产品达到了16个。由于在第四年没有开发新的生产线,直接导致了第五年较低的产能,我们减少了销售的数额。所以这一年在资金非常充裕的前提下,我们开发了4条半自动生产线,务求在第六年大大提升产能。

这一年我们的生产者权益达到了108,利润可观。

第六年

第六年是这次沙盘模拟的最后一年,由于这一年的产能非常大,所以我们在这一年投下了很大的一笔广告费。其中本地市场6M,区域市场4M,国内市场4M,亚洲市场4M。但是这一年我们过高估计了市场的需求量,导致我们这一年产品无法完全售罄,积压了相当一部分,广告费的投入没有与销售额直接挂钩,广告费造成了一定的浪费。这是我们失误的地方。

但这一年我们仍然取得了相当不错的成绩,企业继续赢利,所有者权益达到了134。

以下是我们公司的运营状况表。

公司六年业绩表

时间	第一年	第二年	第三年	第四年	第五年	第六年
所有者权益	54	53	68	90	108	134
净利润	−12	−1	15	22	18	26

从这个表格可以得知,第二至第四年发展较快。

市场分析:

1. 本地市场

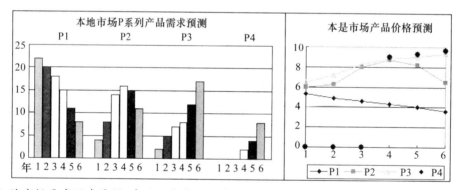

P1的市场需求逐步降低,在头三年市场需求仍十分可观,可以作为过渡产品。P2前四年的市场需求逐步上升,头两年价格稳定,但是在第三年、第四年价格走高,因此P2在第三、四年应该作为主打产品。P3六年的价格需求年年上涨,利益十分诱人,因此从第四年开始就应该主打P3产品。(P4我们放弃了)

2. 区域市场

P1产品需求量和价格的走势可能与本地市场相似,P2从第二年开始市场需求快速提升,价格上涨,投资前景大,但第四年就应适当向P3转移。P3产品与本地市场的情况相似。

3. 国内市场

国内市场对P1产品的需求逐步下滑,但头三年需求与价格都相对稳定。P2产品则更适合于国内市场,头四年由于价格与市场需求都不错,因此可以考虑。P3的情况与本地市场、区域市场相类似。

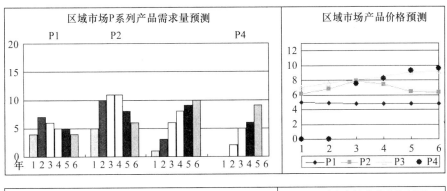

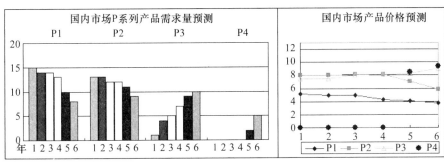

4. 亚洲市场

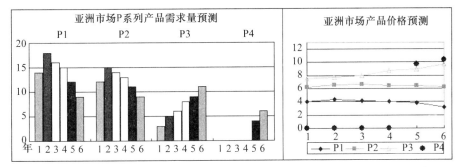

P1 产品头三年的价格还是相对比较稳定的,而需求也比较大。亚洲市场 P2 产品的需求走势与 P1 相似,P3 产品的需求量较大,与前几个市场相比,这里的 P3 价格是较高的。

5. 国际市场(国际市场从一开始就不纳入我们的考虑范围中,因此这里就不分析了)

总战略分析

在沙盘模拟开始前,我们组就已经设想好了大致的发展策略。在重点发展产品的环节上,我们把目光放在了利润相对较高、市场逐年扩大的 P3 产品,而 P1 与 P2 产品则作为累积资金,侵占市场的过渡产品。在市场方面,我们在保证本地市场不丧失的前提下,逐步开发区域、国内以及亚洲市场,因为在这几个市场中,P3 的价格与市场都是很可观的。

三、工作中的失误

身为 CEO,在制定年度的发展策略,与营销总监商讨广告投入这些事情都尤为重要,但是我们在第六年的广告投入中出现了浪费的现象。很多时候,我们投了 3M、5M 都只能拿到 1 张订单,这就是没有好好估算市场需求与订单数量的恶果。

没有监督财务总监的工作,导致实际操作中,出现了两次财务年度总结的误时,白白扣掉了不少分数。

第四年没有投资生产线,直接导致第五年的低产能。

四、对日后工作、学习的启示

这一次的沙盘模拟让我大致了解了一个企业的运作,虽然这次的沙盘还略显粗糙,且现实中很多东西都被简化掉了,但是对我来说,还是很有教育意义的。这其中对市场的分析、对产品的分析、对其他竞争对手的分析,以及如何制定适宜本公司发展的整体规划,都让我们受益匪浅。所以说,ERP沙盘的实践课对我们还是非常有用的。

作为一个管理者,首先必须具备协调下属工作的能力,让下属各司其事,各尽其能,充分发挥他们的作用。我们应当发挥的是团队意识,而不是个人主义。管理者兼听则明,偏听则暗,应当从众多的意见中筛选出有用的信息,并加以运用。

一个公司,发展策略是重中之重,适宜的发展策略已经是成功的一半了。但是发展策略要注意知己知彼才能百战不殆。因此,对竞争对手的分析是必不可少的。

二、CFO 总结报告实例

某沙盘模拟企业 CFO 总结报告

一、本人所承担的工作

本人在这次沙盘模拟比赛中担任的是财务总监的工作,经过紧张的六年企业经营,让我收获良多。

进入大学的时候,我的专业第一志愿,不是现在我学习所在的信息管理与信息系统专业,而是会计专业。因为从小到大,我知道自己的优势在于对待事情的细心与富有耐心,相信会计专业对于我来说会是个不错的选择。可是没想到,由于几分之差,我与这个专业"无缘"了。这是我当时唯一的一种想法,也因此,在那段时间,郁闷了很久,感觉自己完全不知道未来的方向在哪。后来,经过了一段时间的调整,我慢慢接受了我现在所读的专业,也正在努力着。所以在这次ERP模拟比赛中,我毫不犹豫地担起了财务总监的职务,希望能满足一下我曾经未能实现的愿望。而现在,我可以很清楚地说出,这次我得到了许多,总之是一种 fantasy feeling。

二、工作中的成功之处

1. 团结和谐

一个组织是否成熟,明显的标志就是看它有没有能力形成并运用组织的智慧。沟通、协作和群体意识在未来企业竞争中的作用越来越被有远见的组织所关注。中国企业更是迫切需要走出独断决策的传统误区,因为我们聆听过太多能人的成功史,感染了过分浓重的企业英雄主义情结。在昔日的英雄们一次一次地上演着同一出悲壮的《霸王别姬》和愚蠢的承诺升级的今天,结论已经显而易见:仅仅依靠特殊资源构建竞争优势的老路已经走到了尽头,企业的竞争越来越趋向于组织整体智慧的较量。我们组在这方面做得很好,虽然在做决策的时候难免会有一些不同的意见,但我们彼此互相尊重,耐心聆听别人的意见,深刻思考,从而让自己作出正确的决策。最后我们取得了所有者权益最高的满意成绩。在巨大的竞争压力和时间压力下,要想取胜就必须快速建设能力超群的高效团队,形成团队个体之间的优势互补,运用团队智慧,对环境变化作出准确的判断和正确的决策。在没有经验的一群人中,如果就按照自己分内的职责做事,不情愿别人插手的做法,无疑是很狭隘且没有发展的。

2. 分工明确

在聆听别人意见的同时,能对自己的工作负起百分百的责任与努力,也是至关重要的。每个人的能力都不同,想要高效地作出决策,团队的每个成员能认真并做好自己分内的工作是必不可少的,这一点在比赛过程当中是深有体会的。无论是采购总监、生产总监、财务总监,还是营销总监,只要在某个环节上出一点差错,都会给企业带来很大的影响。所以虽然我不是会计财务专业的学生,但我尽自己的所能,努力把自己的工作做好,算是给自己一个交代,也是给我的队友的交代。在整个比赛当中，我认真做好每年的预算，保证企业的现金不断流，一个企业要是没了现金，那就等于是没了血液。还有，资金的筹集也至关重要，在企业开始的几年，企业的产能太低，根本满足不了市场需求，企业想要发展，就必须扩大产能，而这个时候企业最急迫的也是资金的问题，我认为我在这方面的工作做得还是蛮出色的，选择在合适的时间贷合适的款，使得企业的投入产出比最大化。财务最本质的工作就是在不影响企业发展的情况下减少企业的支出。所以，一些可以减少的支出能免则免。比如隔年投生产线，可以少折一年的旧。到了年末，除了资产负债表的核算，还有一项很重要的工作就是财务分析，根据财务指标，能让企业作出更合理的决策。

三、工作中的失误

前面我也提到了，企业每年的现金预算是至关重要的，但一开始我以为只要比赛三年，就只制定了三年的预算。所以经营第四年的时候出现了资金问题，更导致了在第五年因为现金的不足而不能扩大产能。到了第五、第六年(到现在我还不清楚到底是哪个环节出了问题)年末的报表一直做不平，致使我们组被扣了很多分，也就让我们从第一名掉到第二名了。对于这点，我认为我有责任认真反思，查清楚到底是哪里出的错误，避免以后再犯同样的错误。不能拿到第一，我们组难免会有遗憾的，虽然我们并不是把名次放在第一位，对于我们来说，在过程中学到的经验更为珍贵。但名次却是对我们的努力的一种肯定，在比赛之前，我相信我们组的每个人都付出了很多的努力，做了很多工作，所以，这个结果就像我们CEO所说的，是不错的结果，可不是我们所期望的结果。

四、对本企业发展状况的分析

经过六年的经营，本企业取得了较好的成绩，是区域和亚洲市场的老大，使我们在选订单时具有很好的优势。P2、P3产品是我们的主打产品，有六条全自动生产线的较好产能。

1. 我公司的运营状况

时间	第一年	第二年	第三年	第四年	第五年	第六年
所有者权益	39	53	63	90	121	139
净利润	-27	0	14	36	31	46

我公司与其他公司第六年经营对比：

公司	A	B	C	D	E
所有者权益	51	134	52	100	139
净利润	11	26	17	18	26
总分	125.0	408.7	117.0	305.0	382.3

图表分析得出，虽然我们的企业在第一年的时候亏了27M，成本支出太大，但由于在第二、三年的时候，我们组接到了本次比赛组中最好的订单，使得我们的所有者权益有所上升。

2. 广告投入

我公司投入的广告费处于中等偏下，销售数量比较乐观，销售额较多，在广告投入方面比较适当，总体上达到了低投入高收益的目标。

在第一年的时候，我们放弃了参与市场老大的竞争，因为我们分析得出在未来的几年，市场需求量大大增加，到时如果我们能把产能跟上，无疑是一个可行的战略，我们不以广告费去争市场老大，而是用销量去抢占市场。结果告诉我们，我们的决策是正确的。所以我们的广告投入一直都是处于一种理性投资。这无疑给我们在扩大产能方面提供了很大的优势。

3. 主打产品的选择

前4年,P2产品的价格与P3、P4产品相当,在前四年主要生产的产品为P2产品。后两年,P2产品的价格与P3、P4产品有一定差距,考虑到P2产品无论在生产还是市场上处在成熟的情况,我公司不放弃P2产品的生产,并以最小的广告投入争取在市场更强的地位。相比之下,在第五年、第六年不放弃P2产品的生产依然是理智的选择。同时,在第三年P3产品已经研发成功,并能投入生产,P3也成为重要生产的产品。我公司放弃P4产品的生产,主要是观察分析市场情况得出,P4产品的市场占有率较低,成本高,可以用P3取代P4产品。

4. 市场的选择

我们开发了本地市场、区域市场、国内市场、亚洲市场四个市场,放弃了国际市场,并把区域市场和亚洲市场作为主导市场。当A、B、C、D公司将目光放在本地和国内市场时,我公司抓住机遇,快速加大区域和亚洲市场的销售量,很快占领了龙头老大地位,大大减少了广告费的投入,并打开了销售渠道。

五、对日后工作、学习的启示

为期两天的实践课结束了,我们亲身感受到了一个企业要做强做大,必须进行企业各种资源的有效利用和规划,即实施企业的ERP。我们公司的业绩虽然没能达到我们所要求的,但我们在学习与实践的过程中,学到了很多。主要有两点体会:

1. ERP训练带给我们的感受:树立三个意识。

一是战略意识:目标要明确,事先一定要很好地去分析企业内部资源和外部资源,筛选出有用的信息,作出恰当决策,不打无准备之仗。

二是财务意识:用数字说话。

三是合作意识:各司其职,通力合作,但不能越位。

2. ERP是成功的案例教学。

ERP模拟训练的真正魅力在于对传统"纸上谈兵"教育方式的突破!一直以来我们文科类的学生在学习中很少有机会接触到企业的真实运作,这个沙盘刚好把你安在了职业经理人的位子上,把一个活生生的企业交到你手上,然后把你推上市场接受市场的竞争,体验竞争的残酷和创业的艰辛。这里不是纸上谈兵,而是把企业市场竞争的游戏规则整合后摆在一个盘面上的真枪实弹。为了成为一名较好的管理者,要有完整的知识结构。当然完整并不等于面面俱到,因为面面俱到是不现实的,作为一名出色的管理者更应该是有所专长,同时对其他方面都有所了解,并能融会贯通。同时,提高自己的实践技能。这是最重要的,要与时俱进,活学活用,让学生有目标、有方向并为之奋斗,这种岗前模拟训练会大大缩短就业的磨合期。

三、CPO总结报告实例

某沙盘模拟企业采购总监总结报告

一、本人所承担的工作——采购总监

在沙盘模拟中我所承担的工作是采购总监,采购是生产的前提,我主要负责各种原料的准时采购和安全管理,确定企业生产的正常进行;负责编制并实施采购供应计划,分析各种物资供应渠道及市场供求变化的情况,与各个供应商进行谈判,力求从价格、质量上把好第一关,为企业生产做好后勤保障;还需要进行供应商管理,加强对供应商的控制,并与优秀的供应商建立持久的合作关系,从而降低采购的费用;此外还需要进行原材料库存的数据统计与分析。通过这次的模拟训练,我认识到了企业运营中的重要性,了解真实企业的运营过程,身临其境地进行操作,真正

感受一个企业经营者直面市场竞争的精彩与残酷，承担经营风险与责任，在实习过程中体悟企业经营管理的关键，了解ERP对企业的管理之道。

二、工作中的成功之处

我们组在工作中能够做到对市场进行详细的分析，这是一个非常重要的环节，它对决策起着决定性作用。我们经过研究对各产品和各个市场有了一定的了解，发现P1和P2产品在本地市场、国内市场和国际市场都有不错的发展前景。于是我们决定在前两年生产P1的同时开发P2，并且开发区域市场与ISO9000。考虑到其他企业可能会对亚州、国内和国际市场及P3产品更有兴趣，而我们把目光放在P2产品在区域市场的销售情况。首先是P2产品在本地市场与区域市场价格较高，需求较为稳定，我们决定走产品单一化这条战略来实现我们企业的最大利润。在第一年我们就进行了区域市场的开拓和ISO9000的资格认证申请，争取在第一时间内进入市场并占取P1或P2的市场份额。我们在市场竞争订单方面也做得相当好，根据规则，在第一年的市场竞单主要是按广告费的投入多少来决定选单先后。我们投入的广告费相当合理，广告费不算高但还做了市场的大佬，让我们拿到了大量的订单，刚开始我们取得了很不错的成绩，我们都感到特自豪。第二年的经营工作重点是进行P2的研发和生产以及生产线的投资改造。第二年比较平稳，每一步都是按照计划在执行，期间并卖出1条手工生产线，换成1条半自动化生产线，以提高生产率，为第二年的P1市场占有率与第三年P2的生产率提供了保障。由于当时P1产品库存很多，所以P1产品生产量不需要很多。虽然在生产P2产品之后还可以继续进行P1产品的销售，但P1产品并不是我企业的核心产品，故P1生产量日益减少，直到P2产品市场成熟后退出市场，今后两年内P1可以进行低生产低销售。总体来看在前三年里我们组取得了很好的成绩，在班里排在了第一。

三、工作中的失误

一开始我们的方向就在广告方面投资得多了点。到第四年考虑到市场的P2竞争不小，广告投入较多的情况下，我们拿到了较多的订单。但是我们想得不够全面，虽然每年都拿了不少的订单，但是我们都忽略了一个重大的问题，就是生产线的问题。我们就顾着拿订单，但到我开始采购材料时才知道我们的生产率落后了，而且还很严重，其他组到第四年都以全自动的生产线为主了，有的甚至还拥有了6条全自动的生产线，生产率大大提高，前两年其他的公司都亏了很多，到第四年结束之后其他公司的净利润也超过了我们。因为生产率的问题使我们不能按时完成订单，本企业损失了5个单位收入。

第五年，在第四年的惨痛教训下，我们尽量提高市场占有率与生产率。开始变卖生产线改全自动生产线，虽然我们知道此时已经落后于别的公司，但是我们也希望能及时把公司拯救出来，虽然净利润是不如别的公司了，但至少也能让自己的公司不要面临破产就是最大的收获了。我们就都是从不要破产这个出发点去努力，开始全面提高生产率，加大生产规模，年末清算后，发现财务还是处于亏损状态，值得安慰的是其亏损日趋降低。

对于现金流量管理，我们有一期短期贷款与一期长期贷款。短期贷款相对而言利息较高，当时只考虑对于现金流量不够而进行短期贷款，期待下一年的赢利以偿还本与息。但长期贷款我们就没有及时去贷，因为当时并没有算到现金不足这问题，导致了在中途出现了好几次的资金周转不过来的问题。不得已只好贴现，无形中使公司损失了很多，有一次还因为资金不足以去采购原材料不得已把部分生产线停了下来。

四、对本企业发展状况的分析

在第一年我们就进行了区域市场的开拓和ISO9000的资格认证申请，争取在第一时间内进入市场并占取P1或P2的市场份额，还投了较多的广告费，拿到了很多订单，成了市场的老大。

第二年经营的工作重点是进行P2的研发和生产。第二年比较平稳，每一步都是按照计划在执行,期间卖出 1 条手工生产线,换成 1 条半自动化生产线,以提高生产率,由于当时 P1 产品库存很多,所以 P1 产品生产量不需要很多。虽然在生产 P2 产品之后还可以继续进行 P1 产品的销售,但 P1 产品并不是我企业的核心产品,故 P1 生产量日益减少,直到 P2 产品市场成熟后退出市场,今后两年 P1 可以进行低生产低销售。

第三年我们开发的区域市场可以进入了,由于前两年的运营情况过得去,继续投入适量广告,我们拿到了符合当前生产与销售水平的订单。这年的业绩还可以,接近了成本,很快就可以奔向赚钱的方向。

第四年,因为没有更换生产线。只有 1 条全自动和 1 条半自动的生产线,其余的都是手工线,因为第四年订单就相对多了,又加上别人的企业生产率都大大提高了,所以面对的是生产效率低下,货不能如期交。所以本年不能为公司创造利益。本年我们开始更换生产线。希望来得及补救。对于现金流量管理,我们有一期短期贷款,及一期长期贷款。但长期的贷款不及时导致了中途停产。

第五年,因为 ISO9000 的顺利开发,同时我们的生产线也可以用上生产,生产效率慢慢赶上来了,开始转亏为盈。在拿到大量 P2 产品订单后,我们抓紧了对 P2 产品的生产,采购、生产、销售等环节正常运行,并偿还了一期短期贷款。

第六年,在上一年的积极市场响应下,我们继续实行之前的战略。在这一年,我们是 P2 产品的领导者。我企业如愿得到大批 P2 产品订单。我企业利润继续以高生产率去生产,最终创造出了不少利益,虽然不是胜利者但是也没有让企业破产。之所以没有其他企业好是因为错过了很多时间和机会。

五、对日后工作、学习的启示

通过本次的实习,我对 ERP 企业资源计划系统有了一个更深刻的认识和了解。我体验了一个制造型企业管理者的工作本职,对于企业运营环节更加了解,对实际工作起到了引导作用,并且从中学到了很多道理。我深深地认识到企业里不只是要拿到更多的订单,投入更多的广告,更重要的还是企业的生产率;还有企业里面的合作跟团队精神等都要俱备。如果缺少了哪一方面都是不能取得好成绩的。虽然这只是一次模拟的沙盘,但这也是一家真正的企业的映象,除了物质不是真实的,其他理论、概念都是真的。通过这次的模拟使我从中学到了很多也认识了很多,做事情也想得周详了很多。我相信一个人是在不断犯错误中长大的,模拟中我犯了不少的错误,同时也让我长大了不少,这次的沙盘模拟将是我走向成功的砝码!

四、CSO 总结报告实例

某沙盘模拟企业营销总监总结报告

为期两天半的 ERP 沙盘模拟结束了,沉浸在灰币、订单、广告的世界里,一路摸爬滚打下来,我仿佛真实地经历了六年的企业运行。我有太多的心得、太多的体会,毫不夸张地说,这两天半学到的东西比我过去四年的收获都要多。

一、本人所承担的工作

所有同学被分为六个小组,每组有 7 人,分别是总裁、财务总监、财务助理、营销总监、生产总监、采购总监和人力资源总监(间谍)。每人各司其职,合力经营一个虚拟企业六年,相互竞争。通过分析市场、制定战略、采取合理的广告策略获取销售订单、进行产品开发、做好营销策划并组织生产,从而达到企业良性发展并在竞争中脱颖而出的经营结果。当然在这一系列的经营活动中,始终贯穿着财务管理这一个重要环节,时刻记录企业的经营状况。

我作为营销总监,主要负责开拓市场、实现销售、回收货款。"营销与规划中心"是我的主要工作区。具体工作包括根据市场分析预测确定企业的营销策略,制定相关的产品研发和市场开发计划。根据市场前景、企业产能以及财务状况制定相关广告计划取得足够的市场订单,与生产部门做好沟通,并按照订单交货以及督促应收账款的回收。同时还兼任商业间谍以把握预测竞争对手的发展动态。

二、工作中的成功

(1)产品研发。我们生产了 P1 和 P3 这两个产品。现在回想起来,我们没有研发 P2 和 P4 产品是明智的选择。首先,P2 产品由于它的研发费用和原材料成本都相对较低,同时 P2 产品在很多市场的需求量和价格都很可观,所以我们小组预测会有很多组选择研发 P2 产品,为了减少竞争压力,我们放弃了 P2 产品的研发。其次,P4 的研发费用高达 15M,假如产品研发中我们先期就投入到 P4 的研发上,那很可能会压住资金,没法让资金运营得更顺畅,同时 P4 的需求量在各个市场都不足,原材料成本又很高,且其主要原料 R2、R3 均需提前两个季度预订,这极大地影响了 P4 产品的产能,因此我们也放弃了 P4 的研发。就这样,考虑到 P1、P3 产品有互补的特征,于是我们决定了主打产品就是 P1、P3。

(2)市场开发。我们总共开发了四个市场:区域、国内、亚洲、国际,加上原有的本地市场一共五个。后期我们发现区域和国内市场竞争十分激烈,很难拿到较好的订单,而且 P1、P3 产品第三年以后在这两个市场的销售量并不高,于是我们小组决定在第四年的时候放弃区域和国内市场,这也是注重市场细分的体现。我们后两年致力于国内与亚洲市场的发展,同时兼顾本地市场,并于第四年开始连续三年成为亚洲市场老大,这也从侧面上减少了我们的广告投入,使资金得到更有效的利用。

(3)团队协作能力。在这个 7 人的团队里,每个角色都很重要,我们的顺利完成每个人都有功劳,我们的失败每个人也都有不可推卸的责任。我们小组各成员基本上都能各司其职,特别是第一年除外的每一年我们都制定了年度预算,每年都完成了订单。随着时间的推进,我们进入了困境,但是各部门的配合却越来越默契,我能够很好地同生产总监、采购总监以及财务总监沟通,各种信息都能较好地传递,很好地表现在我们的供应、生产和销售各环节的配合,特别是第六年做到了零库存。

三、工作中的失误

(1)生产规模的决策。这个步骤主要是由生产总监、营销总监和财务总监共同完成的。营销总监根据市场趋势分析预测出今后的市场需求,生产总监根据数据进行决策生产线的数量、种类以及厂房的闲置和利用。我们必须承认,这是企业的加速度,要超过其他的组必须能拿到好订单,有能力生产足够数量的产品,规模效应是一个制胜的法宝。而这方面的投资和规划属于战略范畴,需要全局统筹,否则由于短视,可能会让企业发展受阻,滞后于竞争对手。在这方面,我们小组做得不够好,由于资金周转不灵,我们无法及时更新生产线,导致生产能力滞后,生产成本增加,造成了恶性循环。可是,这也是受现实的制约,当我们顾不上眼前的开支时,就更顾不上更新生产线了。当然,这都归咎于没有统筹规划,使得资金紧缺。

(2)预算的失误。由于缺乏经验,我们一开始就借了 60M 的长期贷款,这不得不说是一个重大失误,直接导致我们后期的偿贷压力很大,在销售额不高的情况下,我们在第五年做了与其他各组相同的决策:出售厂房并以每年 5M 的代价回租。这样我们就损失了 25M 的所有者权益,同时以较高的代价对其进行贴现,又增加了我们的费用。在经营结束盘点时,我们小组虽然历尽千辛万苦还了 60M 的贷款,但所有者权益也降到了 51M,甚至低于初始状态。这不得不说是一个遗憾。

(3)广告费的投入。作为营销总监的我在广告投入环节中总有些保守、畏首畏尾,尽管每年所投出的广告费都不少,却屡屡拿不到大单,成效甚微,致使我们的资金投入到生产线和产品成本中不能及时收回,这样就得不断地借贷款,直接导致了在第五、第六年当我们谨慎地用最少的广告拿到最大的订单产生了最大的利润后,这些利润却全部用来归还了各种各样的贷款和利息。在这样封闭式的同类竞争中,抢占市场先机才能获得突破性的增长,并且会获得赢家越能赢的效应。比如说市场老大可以用很少的广告费获得较好的订单,而我们直到第四年才拿到亚洲市场老大的地位,这才扭亏为盈。由于投入的广告费没有恰到好处,我们多花费了财务费用,这在今后的工作中一定要注意改进。

四、对本企业发展状况的分析

(1)总体规划

第一年:第一次接触ERP,受实际情况的限制,我们只能把广告重点放在本地P1产品上。但因为对市场了解得不够透彻,我们投入的广告费只有3M,没能取得市场老大的地位,且拿到了最少的P1产品订单,导致P1产品大量库存,没能为后面几年打下一个良好的基础。所以为了让市场更广阔,我们第一年就向银行取得长期贷款60M,投资区域、国内、亚洲和国际市场。同时,我们研发P3产品并且进行ISO14000的认证投资。

第二年:基于去年P1产品大量积压的原因,我们把广告重点放在本地市场P1产品上,争取得到有竞争力的P1产品订单。同时我们也为P3产品本地订单投了广告,希望获得一定数量的订单;而且我们很好地利用银行贷款,进行ISO的两个认证投资。同时我们在当年拿到了本地市场老大的地位。企业也进入了正常的运营轨道,但是事实证明我们的生产线更新过慢。

第三年:我们预测P1产品在本地市场有下滑趋势,但仍占有大量份额,P3产品在第三年在本地及国内市场占较重比例,于是我们广告重点放在本地市场P1产品和国内市场P3产品上。遗憾的是我们没能保持住本地市场老大的地位,这使我们的广告费用又增加了。

第四年:该年P1产品在本地市场依然有较大份额,P3产品在国内市场也有较大份额,可是因为前几年资金的利用不是很好,我们广告费用有限,还贷压力也增加了,幸运的是我们拿到了亚洲市场老大的地位。

第五年:由于长期贷款的逼近,我们不得不选择卖厂房,同时放弃了区域和国内市场,主攻亚洲和国际市场,保持亚洲市场老大地位。同时情况逐渐好转,但是生产线依然较为落后,产能无法跟上。

第六年:经营到了尾声,我们尽可能加大广告费用,拿到更多订单,获得最大市场份额,继续保持亚洲市场老大地位,做到了零库存,同时也顺利偿还了60M的贷款。

(2)未来的分析

为期六年的模拟经营令人意犹未尽,企业在此刻已步入正轨,我们却完成了自己的使命。假如能持续经营下去,我们将会吸取以前的经验教训,每年制定年度的财务预算,分配好资源和资金;根据市场预测,锁定重点市场;争取市场先机,抢先开拓市场;锁定主打产品,争取利润较高的产品;广告费要集中投放,争取成为该市场的老大;扩建或改造生产设备,提高产能;原材料供应适时适需,不能断产;提高设备利用率,尽量消除生产中的浪费,不让生产停滞;争取规模化生产,规模效应可以降低很多成本;在融资过程中,充分考虑融资成本;在可以向外融资的情况下,应该先借短期贷款和长期贷款,而不要轻易卖掉厂房。总之,我们相信一定会做得比现在好很多。

五、对日后工作、学习的启示

(1)重视人才。人才是企业最活跃、最有价值的因素。

(2)市场调研。"知己知彼,方可百战不殆",只有在进行了市场调查,对市场信息(市场需求、生产能力、原材料、现金流等)有了充分的了解,并加以分析(利润表、资产负债表等财务报表)和判断后,才能作出适当的战略计划(广告订单、贷款、设备的改造更新、认证资格、市场的开拓、产品的研发等)。

（3）工作总结。在实验中就可以发现,一年广告费用的投入是非常重要的,它能决定企业一年利润的多少,所以对于营销人员来说应加以重视,应在上一年的基础上对市场进行认真地调研与分析,结合各年情况,作出合理的决策。

（4）团队精神。通过ERP沙盘模拟实验的学习,我切身体会到团队协作的重要性。在企业运营这样一艘大船上,每一个角色要各司其责、各尽其力,否则大船将经不起风浪的冲击。

（5）个性能力。在实验中,个人性格的差异使ERP沙盘模拟实验异彩纷呈:有的小组轰轰烈烈,有的小组稳扎稳打,还有的小组则不知何去何从。个性能力的不同深深渗透到企业运营管理过程中。

（6）共赢理念。在激烈的市场竞争中,学生们通过自己的亲身实践认识到市场中企业间的协作是必要的,市场并不是独赢、双赢,而是共赢。只要做好市场分析、竞争对手分析、自我分析,一个共赢的战略思路是可以找到的。

（7）诚信原则。ERP沙盘模拟试验中,具体体现为对"游戏规则"的遵守,如市场竞标规则、产能计算规则、生产设备购置以及财务报表等业务具体的处理规则等,虽然在实验中只表现为"游戏规则",但在具体实践中意义重大,因为诚信是一个企业立足之本,诚信也是一个经济体系有效之本,因此让学生在课程中体会和感悟诚信原则是重要的。

（8）职业定位。这次实验让我们体会到,实际工作中,并不是"爱一行,干一行",更多的是"干一行,爱一行",否则,由于个人的喜好而影响工作的完成,这可能会影响到一个企业的生存。

最后感谢学院给我们的这次ERP沙盘模拟实验的机会,同时感谢我的老师和我的组员。ERP沙盘模拟实验运用独特的工具,融入虚拟的企业,结合不同角色的情景模拟,让我们感受真正的企业经营,为我们以后走入社会奠定了一定的基础。在六年的艰苦运营中,我明白了只有理论没有实践是不行的,成功之路在于不断地实践;同时,也明白了社会在时时刻刻关注着我们,复杂的工作在等待着我们,我相信此次ERP沙盘模拟实验将会是我走向社会的一个很好路标。

五、COO总结报告实例

某沙盘模拟企业生产总监总结报告

为期两天的沙盘模拟课程结束了。起初,这门课对我来说是完全陌生的,但经过两天的模拟对抗后,我对这门课产生了很大的兴趣。

短短两天,公司就要运营六年。老师将我们分成了六组,每组七人。七人担当的角色分别是CEO、财务总监、财务助理、营销总监、生产总监、采购总监和人力资源总监(间谍)。在模拟对抗的过程中,我们积极参与模拟公司的运营,分别担任不同的职务,为自己公司的起步、正式运营出谋献策。这个课程给了我们足够的自由空间发掘潜能,并从思维、认识、行为等方面锻炼学员的经营管理能力,更重要的是,它教会我们团队合作的意义,只有上下一心,协调合作,有效沟通,才能为公司创造实实在在的效益。在这里,尽管职务是虚拟的,但由于工作内容的实在性与充实性,它并不是虚职。

我担任的是生产总监,一个很具有挑战性的工作,主要负责生产运营过程的正常运行、生产设备的维护与设备的变更处理、管理成品库等工作。为了巩固现有市场和开拓新市场,企业需要生产更多品种的产品并不断提高产品质量,因此,我还要负责新产品的研发和质量体系认证。生产计划是采购计划制定的依据,为了能够及时提供足够的原材料,我还需要制定生产计划。总体来说,我主要是要有计划地扩大生产能力,以满足市场竞争的需要。

一开始,因为之前我根本没有接触过沙盘,害怕在课程中发生错误,所以早在沙盘开始前的一天晚上,我已经制定了三年内的生产线变换计划,CEO更加有她自己的一套执行方案。再加上在初始年,由老师带着我们运营,使我们对沙盘对抗有了更深入的了解,明白企业各部门间是紧密相连的。这样一来,就镇定了许多。随后我们便各自开始了运营。

第一年,我们投了较少的广告费,取得了两张订单,资金借入60M,购置了一条全自动生产线,并打算开发所有市场和两个认证,研发P3产品,这都在CEO的计划内完全进行。所以第一年,我们获得了本地市场老大地位。

第二年,对于本地市场,只要我们投了广告费就能优先选订单,所以第二年,我们在投入较少广告费的情况下获取了三张订单。生产线方面,由一条手工线换成一条半自动手工线,再购买了一条全自动生产线。P3产品投入生产。两年间,原先制定好的计划都在进行着,产品及时完工。但我们失去了本地市场老大的地位。

第三年,不可预料的事情发生了,接到的订单很多,但我们好像不能完工出货,到了第四年,还在最后一季的生产线上的产品,CEO决定拿去交货。当时,我们全组人都在疑惑,这样子可以吗?但CEO坚持,还说我们不明白。那好吧,就拿去交货吧。报表意外地算平了。生产线方面,由一条手工生产线换成了一条半自动生产线。

第四年,我们的资金非常紧张,接到的订单还算多,但已经到了没钱买原材料的地步了,CEO决定,年末才能应收到的款项年初就拿来用,当时我真的很疑惑,这样真的可以吗?CEO处于一个领导地位,既然她说了,那就拿来用吧。年末报表,怎样算都算不平,当时还不知道问题是出在哪里。

第五年,我们继续运用这种方法运行。CEO、财务总监、营运总监早在第一天晚上就已经确定好营运方案,就连每一年每一季度需要购买多少材料都确定好了。我们投入了较多的广告费,接到了五张订单。年末,报表又算不平了,大家都开始找错,最后发现,我算出来的折旧费第三、四年算少了,对此,我真的非常抱歉,唯有在第五、第六年用平均年限折旧法折旧。但是,报表还是算不平,我们开始怀疑,是不是所有的都一定要按顺序呢,没错,我们最后发现顺序上真的出现问题了。

第六年,继续运行,这一年,我们终于守规则正常运行了,该贴现的贴现,没完工的就不能拿来交货,我们正正规规地算了一年。

意外的是,我们竟然得第二了,大家都很开心,看来大家都比较重视那个结果吧。但我觉得,我真的不怎么满意CEO的做法,很多问题,很多时候,应该要和大家一起商量,而不是直接下决策,况且,她的决策也不是完全正确的。

下面我从几个方面总结了我们组这六年的得失。

1. 整体战略方面

首先,我们对公司的长远发展已经有一个长远的定位,每一年都按部就班地进行采购、生产、销售。我们还开发了P3产品,P3产品为高端产品,在经营的后三年需求量大,利润可观。市场全部开发,两个认证的获得,使我们在市场上尽可能多地获取订单,这也是我们的成功之处。

2. 采购方面

前四年,采购总监自主运行,到第四、五年,CEO决定了采购的原材料的种类和数量,期间没有出现重大错误。

3. 生产方面

作为生产总监的我,原定计划是将手工线全部换出,但最后没能够实施,只换出了两条手工线,计划赶不上变化吧。至于年末季末在生产线上的在产品拿去交货,我觉得完全是CEO的失误,当时财务助理和我也有相关的异议,但都被一一驳回了。这对整个运营期间造成了什么影响,就不得而知了。

4. 营销方面

越到后期越看出认证的重要性,因为市场开始注重公司实力与产品质量。营销总监做得很好,每年广告费投得相当恰当,且能获得较多较优的订单。我们连续三年获得亚洲市场的老大地位。

5. 财务方面

能充分利用资金,但连续三年的报表没能算平,这应该是CEO的决策错误所导致的吧。

6. 团队合作方面

我认为,我们E组没能很好地体现团队合作。更多的时候,是CEO作出决策,然后我们就去执行。虽然CEO很积极,很刻苦,独自埋头苦干,这我都是肯定的,但我认为CEO应听取多方面的意见,不能总坚持自己一定是正确的。疑人勿用,用人勿疑。

通过这次的课程,我有所感悟:

首先,团队合作的重要性。心态要摆正,我们要在过程中有所收获,而不是单单去追求结果。要更好地与队员之间作出沟通。

第二,组内人要做好分工合作。在企业运营这样一艘大船上,CEO是舵手、CFO保驾护航、营销总监冲锋陷阵……在这里,每一个角色都要以企业总体最优为出发点,各司其责,相互协作,才能赢得竞争,实现目标。财务总监、营销总监、生产总监与采购总监要做好协调计算,如果沟通不清楚,很容易造成有很多单接但是没有足够的生产能力,或者有生产能力,但是原材料跟不上造成违约。如果广告战略错误的话,也可能造成具有足够的生产能力但是却没有合适的订单,造成产品的积压。每组应该有一个人比较有主见的、强势一点的、在大局面前可以独立决策的CEO。这样在其他各个部门发生分歧的时候,可以平息分歧,帮助企业重新步入正轨。

第三,在企业的运转过程中,营销、生产、采购、财务,环环紧扣,息息相关。任何一步都不能出差错。生产部分的计划根据市场订单与生产能力相平衡。主生产计划确定后进行原材料需求计划的计算,接着采购原料。在财务方面,要时刻计算现金的流动(短期贷款、应付账款、账期、贴现)等等。而营销,涉及市场分析预测,接受顾客订单,甚至与其他公司的私下货款交易,分析规律、制定策略。每个组员都应该了解各个环节的运行规则并且保证信息的共享性,这样在发现问题的时候才可以实施全面管理,大家可以在各种决策的成功和失败的体验中学习管理知识,掌握管理技巧。

第四,诚信的重要性。诚信是一个企业立足之本,发展之本。诚信原则在沙盘模拟课程中体现为对"游戏规则"的遵守,如市场竞争规则、产能计算规则、生产设备购置以及转产等具体业务的处理。保持诚信是我们立足社会、发展自我的基本素质。虽然,这次我们没能好好地遵守游戏规则,但以后,我们就能更深刻地懂得应如何去做。

在残酷的市场与企业经营风险面前,是"轻言放弃"还是"坚持到底"这不仅是一个企业可能面临的问题,更加是我们在人生中需要选择的问题。但前提是,我们不能为了取得胜利而罔顾一切,没有规矩不能成方圆。

 学习测评

一、知识测评

1. 你担任何种角色?这种角色应该从哪些方面进行总结?

二、技能测评

1. 小组内讨论任务中各个报告实例的优点与缺点。

2. 与任务中对应角色的报告实例比较,自己的报告哪些方面总结得更好?

附录 1 运营记录表

附录 A 企业经营过程记录表

起始年

企业经营流程 请按顺序执行下列各项操作。	每执行完一项操作,CEO 请在相应的方格内打钩。 财务总监(助理)在方格中填写现金收支情况。			
新年度规划会议				
参加订货会/登记销售订单				
制定新年度计划				
支付应付税				
季初现金盘点(请填余额)				
更新短期贷款/还本付息/申请短期贷款(高利贷)				
更新应付款/归还应付款				
原材料入库/更新原料订单				
下原料订单				
更新生产/完工入库				
投资新生产线/变卖生产线/生产线转产				
向其他企业购买原材料/出售原材料				
开始下一批生产				
更新应收款/应收款收现				
出售厂房				
向其他企业购买成品/出售成品				
按订单交货				
产品研发投资				
支付行政管理费				
其他现金收支情况登记				
支付利息/更新长期贷款/申请长期贷款				
支付设备维护费				
支付租金/购买厂房				
计提折旧				( )
新市场开拓/ISO 资格认证投资				
结账				
现金收入合计				
现金支出合计				
期末现金对账(请填余额)				

订单登记表

订单号									合计
市场									
产品									
数量									
账期									
销售额									
成本									
毛利									
未售									

产品核算统计表

	P1	P2	P3	P4	合计
数量					
销售额					
成本					
毛利					

综合管理费用明细表　　　　　　　　　　单位:百万

项目	金额	备注
管理费		
广告费		
保养费		
租金		
转产费		
市场准入开拓		□区域　　　□国内　　　□亚洲　　　□国际
ISO 资格认证		□ISO9000　　　□ISO14000
产品研发		P2(　　) P3(　　) P4(　　)
其他		
合计		

利润表

项目	上年数	本年数
销售收入	35	
直接成本	12	
毛利	23	
综合费用	11	
折旧前利润	12	
折旧	4	
支付利息前利润	8	
财务收入/支出	4	
其他收入/支出		
税前利润	4	
所得税	1	
净利润	3	

资产负债表

资产	期初数	期末数	负债和所有者权益	期初数	期末数
流动资产：			负债：		
现金	20		长期负债	40	
应收款	15		短期负债		
在制品	8		应付账款		
产成品	6		应交税金	1	
原材料	3		一年内到期的长期负债		
流动资产合计	52		负债合计	41	
固定资产：			所有者权益：		
土地和建筑	40		股东资本	50	
机器与设备	13		利润留存	11	
在建工程			年度净利	3	
固定资产合计	53		所有者权益合计	64	
资产总计	105		负债和所有者权益总计	105	

第＿＿年

企业经营流程 请按顺序执行下列各项操作。	每执行完一项操作,CEO 请在相应的方格内打钩。 财务总监(助理)在方格中填写现金收支情况。			
新年度规划会议				
参加订货会/登记销售订单				
制定新年度计划				
支付应付税				
季初现金盘点(请填余额)				
更新短期贷款/还本付息/申请短期贷款(高利贷)				
更新应付款/归还应付款				
原材料入库/更新原料订单				
下原料订单				
更新生产/完工入库				
投资新生产线/变卖生产线/生产线转产				
向其他企业购买原材料/出售原材料				
开始下一批生产				
更新应收款/应收款收现				
出售厂房				
向其他企业购买成品/出售成品				
按订单交货				
产品研发投资				
支付行政管理费				
其他现金收支情况登记				
支付利息/更新长期贷款/申请长期贷款				
支付设备维护费				
支付租金/购买厂房				
计提折旧				( )
新市场开拓/ISO 资格认证投资				
结账				
现金收入合计				
现金支出合计				
期末现金对账(请填余额)				

现金预算表

	1	2	3	4
期初库存现金				
支付上年应交税				
市场广告投入				
贴现费用				
利息(短期贷款)				
支付到期短期贷款				
原料采购支付现金				
转产费用				
生产线投资				
工人工资				
产品研发投资				
收到现金前的所有支出				
应收款到期				
支付管理费用				
利息(长期贷款)				
支付到期长期贷款				
设备维护费用				
租金				
购买新建筑				
市场开拓投资				
ISO 认证投资				
其他				
库存现金余额				

要点记录

第一季度:＿＿＿＿＿＿＿＿＿＿＿＿＿＿＿＿＿＿＿＿＿＿＿＿＿＿＿＿＿

第二季度:＿＿＿＿＿＿＿＿＿＿＿＿＿＿＿＿＿＿＿＿＿＿＿＿＿＿＿＿＿

第三季度:＿＿＿＿＿＿＿＿＿＿＿＿＿＿＿＿＿＿＿＿＿＿＿＿＿＿＿＿＿

第四季度:＿＿＿＿＿＿＿＿＿＿＿＿＿＿＿＿＿＿＿＿＿＿＿＿＿＿＿＿＿

年底小结:＿＿＿＿＿＿＿＿＿＿＿＿＿＿＿＿＿＿＿＿＿＿＿＿＿＿＿＿＿

＿＿＿＿＿＿＿＿＿＿＿＿＿＿＿＿＿＿＿＿＿＿＿＿＿＿＿＿＿＿＿＿＿＿＿

订单登记表

订单号									合计
市场									
产品									
数量									
账期									
销售额									
成本									
毛利									
未售									

产品核算统计表

	P1	P2	P3	P4	合计
数量					
销售额					
成本					
毛利					

综合管理费用明细表　　　　　　　　　　单位:百万

项目	金额	备注
管理费		
广告费		
保养费		
租金		
转产费		
市场准入开拓		□区域　　□国内　　□亚洲　　□国际
ISO 资格认证		□ISO9000　　□ISO14000
产品研发		P2(　　) P3(　　) P4(　　)
其他		
合计		

利润表

项目	上年数	本年数
销售收入		
直接成本		
毛利		
综合费用		
折旧前利润		
折旧		
支付利息前利润		
财务收入/支出		
其他收入/支出		
税前利润		
所得税		
净利润		

资产负债表

资产	期初数	期末数	负债和所有者权益	期初数	期末数
流动资产：			负债：		
现金			长期负债		
应收账款			短期负债		
在制品			应付账款		
产成品			应交税金		
原材料			1年内到期的长期负债		
流动资产合计			负债合计		
固定资产：			所有者权益：		
土地和建筑			股东资本		
机器与设备			利润留存		
在建工程			年度净利		
固定资产合计			所有者权益合计		
资产总计			负债和所有者权益总计		

附录B　生产计划及采购计划

表B-1　生产计划及采购计划编制举例

生产线		第 1 年				第 2 年				第 3 年			
		一季度	二季度	三季度	四季度	一季度	二季度	三季度	四季度	一季度	二季度	三季度	四季度
1手工	产品			P1			P1					P2	P2
	原材料		R1										
2手工	产品		P1		R1	P1							
	原材料	R1	R1										
3手工	产品	P1			P1								
	原材料	R1	R1										
4半自动	产品	P1			P1								
	原材料	R1											
5	产品												
	原材料												
……	产品												
	原材料												
合计	产品	1P1	2P1	1P1	2P1								
	原材料	2R1	1R1		1R1								

表B-2 生产计划及采购计划编制（1~3年）

生产线	第 1 年				第 2 年				第 3 年			
	一季度	二季度	三季度	四季度	一季度	二季度	三季度	四季度	一季度	二季度	三季度	四季度
1 产品												
2 产品												
3 产品												
4 产品												
5 产品												
6 产品												
7 产品												
8 产品												
合计												

表B-3　生产计划及采购计划编制（4~6年）

生产线		第 4 年				第 5 年				第 6 年			
		一季度	二季度	三季度	四季度	一季度	二季度	三季度	四季度	一季度	二季度	三季度	四季度
1	产品												
	原材料												
2	产品												
	原材料												
3	产品												
	原材料												
4	产品												
	原材料												
5	产品												
	原材料												
6	产品												
	原材料												
7	产品												
	原材料												
8	产品												
	原材料												
合计	产品												
	原材料												

附录C 开工计划

产品	第1年				第2年				第3年			
	一季度	二季度	三季度	四季度	一季度	二季度	三季度	四季度	一季度	二季度	三季度	四季度
P1												
P2												
P3												
P4												
人工												
付款												

产品	第4年				第5年				第6年			
	一季度	二季度	三季度	四季度	一季度	二季度	三季度	四季度	一季度	二季度	三季度	四季度
P1												
P2												
P3												
P4												
人工												
付款												

产品	第7年				第8年				第9年			
	一季度	二季度	三季度	四季度	一季度	二季度	三季度	四季度	一季度	二季度	三季度	四季度
P1												
P2												
P3												
P4												
人工												
付款												

附录D　采购及材料付款计划

产品	第 1 年				第 2 年				第 3 年			
	一季度	二季度	三季度	四季度	一季度	二季度	三季度	四季度	一季度	二季度	三季度	四季度
R1												
R2												
R3												
R4												
材料												
付款												

产品	第 4 年				第 5 年				第 6 年			
	一季度	二季度	三季度	四季度	一季度	二季度	三季度	四季度	一季度	二季度	三季度	四季度
R1												
R2												
R3												
R4												
材料												
付款												

产品	第 7 年				第 8 年				第 9 年			
	一季度	二季度	三季度	四季度	一季度	二季度	三季度	四季度	一季度	二季度	三季度	四季度
R1												
R2												
R3												
R4												
材料												
付款												

附录2 6组市场需求预测

市场预测（6）

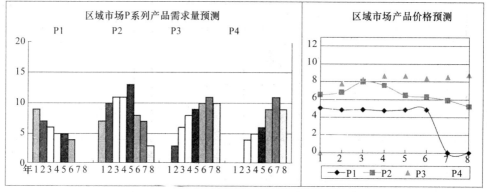

说明:本地市场将会持续发展,对低端产品的需求可能要下滑,伴随着需求的减少,低端产品的价格很有可能走低。后几年,随着高端产品的成熟,市场对 P3、P4 产品的需求将会逐渐增大。由于客户对质量意识的不断提高,后几年可能对产品的 ISO9000 和 ISO14000 认证有更多的需求。

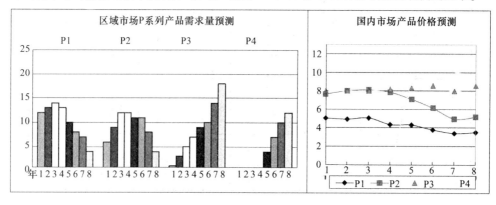

说明:区域市场的客户相对稳定,对 P 系列产品需求的变化很有可能比较平稳。因紧邻本地市场,所以产品需求量的走势可能与本地市场相似,价格趋势也应大致一样。该市场容量有限,对高端产品的需求也可能相对较小,但客户会对产品的 ISO9000 和 ISO14000 认证有较高的要求。

说明:因 P1 产品带有较浓的地域色彩,估计国内市场对 P1 产品不会有持久的需求。但 P2 产品因更适合于国内市场,估计需求一直比较平稳。随着对 P 系列产品的逐渐认同,估计对 P3 产品的需求会发展较快。但对 P4 产品的需求就不一定像 P3 产品那样旺盛了。当然,对高价值的产品来说,客户一定会更注重产品的质量认证。

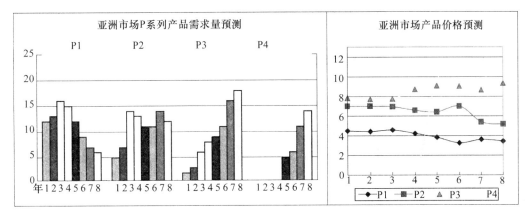

说明:这个市场一向波动较大,所以对 P1 产品的需求可能起伏较大,估计对 P2 产品的需求走势与 P1 相似。但该市场对新产品很敏感,因此估计对 P3、P4 产品的需求会发展较快,价格也可能不菲。另外,这个市场的消费者很看中产品的质量,所以没有 ISO9000 和 ISO14000 认证的产品可能很难销售。

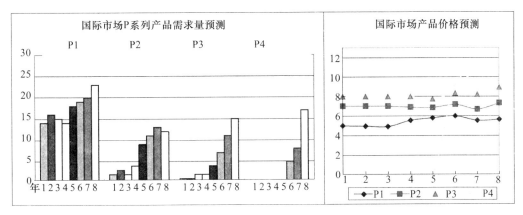

说明:P 系列产品进入国际市场可能需要一个较长的时期。有迹象表明,对 P1 产品已经有所认同,但还需要一段时间才能被市场接受。同样,对 P2、P3 和 P4 产品也会很谨慎地接受。需求发展较慢。当然,国际市场的客户也会关注具有 ISO 认证的产品。

参考文献

[1] 邓文博. 企业经营模拟沙盘实训. 广州:华南理工大学出版社,2010.

[2] 翟学智,王强,刘元元. 管理学基础教程. 北京:清华大学出版社,北京交通大学出版社,2010.

[3] 潘文燕."懒蚂蚁效应"对企业人才招聘的启示[J]. 人力资源管理. 2010.

[4] 中国竞争情报网:http://www.chinaci.com/

[5] 田艳. 企业管理模拟(ERP沙盘)实训教程. 广州:暨南大学出版社,2011.

[6] 刘树民. 竞争情报:挖掘企业的知识资源. 南京:东南大学出版社,2004.

[7] 稻香. 得情报者得天下——企业竞争情报管理. 青岛:青岛出版社,2006.

[8] 骆建彬. 竞争情报实务指南:知己知彼的商战方略. 海口:南海出版社,2005.

[9] 李琴. 用《易经》的观点读透《三国演义》. 北京:人民日报出版社,2011.

[10] 张涛. 企业资源计划(ERP)原理与实践. 北京:机械工业出版社,2010.

[11] 彭靖里,杨斯迈. 定标比超在竞争情报研究中的应用及案例[J]. 现代情报,2004.

[12] 谢新洲,吴淑燕. 竞争情报分析方法——定标比超分析, http://www.cctv.com/tvguide/tvcomment/tyzj/zjwz/5363.shtml